船舶与海洋结构物先进设计方法

浮式陆海接载装备自动配载技术及应用

林 焰 管 官 张明霞 著

科 学 出 版 社

北 京

内 容 简 介

本书系统介绍了下水浮体接载装备的配载力学原理、配载优化算法、预配载仿真模型和实时配载数学模型建立及求解方法、不同移运方式下接载装备承受产品载荷计算方法、配载系统开发等关键技术。根据下水作业实际要求，提出了保证安全作业的性能指标和约束条件，在此基础上提出了 K 系数方程组法、基于载荷曲线的配载强度控制算法、基于内点法的配载优化算法以及改进的遗传算法四种配载优化算法，并在载荷计算的基础上分别给出了滑道和气囊两种移运方式的实例分析，最后介绍了软件系统的开发和工程中的应用实例。

本书可供船舶与海洋工程领域相关专业人员阅读，也可供高等院校本科生、研究生和教师参考。

图书在版编目（CIP）数据

浮式陆海接载装备自动配载技术及应用 / 林焰，管官，张明霞著. —北京：科学出版社，2018.11

（船舶与海洋结构物先进设计方法）

ISBN 978-7-03-059271-2

Ⅰ. ①浮… Ⅱ. ①林… ②管… ③张… Ⅲ. ①船舶积配载–研究 Ⅳ. ①U693

中国版本图书馆 CIP 数据核字（2018）第 243590 号

责任编辑：裴 育 朱英彪 纪四稳 / 责任校对：王萌萌
责任印制：张 伟 / 封面设计：陈 敬

科 学 出 版 社 出版
北京东黄城根北街 16 号
邮政编码：100717
http://www.sciencep.com

北京九州迅驰传媒文化有限公司 印刷
科学出版社发行 各地新华书店经销

*

2018 年 11 月第 一 版 开本：720 × 1000 B5
2018 年 11 月第一次印刷 印张：14 1/2
字数：292 000

定价：95.00 元
（如有印装质量问题，我社负责调换）

"船舶与海洋结构物先进设计方法"丛书序

船舶与海洋结构物设计是船舶与海洋工程领域的重要组成部分,包括设计理论、原理、方法和技术应用等研究范畴。其设计过程是从概念方案到基本设计和详细设计;设计本质是在规范约束条件下最大限度地满足功能性要求的优化设计;设计是后续产品制造和运营管理的基础,其目标是船舶与海洋结构物的智能设计。"船舶与海洋结构物先进设计方法"丛书面向智能船舶及绿色环保海上装备开发的先进设计技术,从数字化全生命周期设计模型技术、参数化闭环设计优化技术、异构平台虚拟现实技术、信息集成网络协同设计技术、多学科交叉融合智能优化技术等方面,展示了智能船舶的设计方法和设计关键技术。

(1) 船舶设计及设计共性基础技术研究。针对超大型船舶、极地航行船舶、液化气与化学品船舶、高性能船舶、特种工程船和渔业船舶等进行总体设计和设计技术开发,对其中的主要尺度与总体布置优化、船体型线优化、结构形式及结构件体系优化、性能优化等关键技术进行开发研究;针对国际新规范、新规则和新标准,对主流船型进行优化和换代开发,进行船舶设计新理念及先进设计技术研究、船舶安全性及风险设计技术研究、船舶防污染技术研究、舰船隐身技术研究等;提出面向市场、顺应发展趋势的绿色节能减排新船型,达到安全、经济、适用和环保要求,形成具有自主特色的船型研发能力和技术储备。

(2) 海洋结构物设计及设计关键技术研究。开展海洋工程装备基础设计技术研究,建立支撑海洋结构物开发的基础性设计技术平台,开展深水工程装备关键设计技术研究;针对浮式油气生产和储运平台、新型多功能海洋自升式平台、巨型导管架平台、深水半潜式平台和张力腿平台进行技术设计研究;重点研究桩腿、桩靴和固桩区承载能力,悬臂梁结构和极限荷载能力,拖航、系泊和动力定位,主体布置优化等关键设计技术。

(3) 数字化设计方法研究与软件系统开发。研究数字化设计方法理论体系,开发具有自主知识产权的船舶与海洋工程设计软件系统,以及实现虚拟现实的智能化船舶与海洋工程专业设计软件;进行造船主流软件的接口和二次开发,以及船舶与海洋工程设计流程管理软件系统的开发;与 CCS 和航运公司共同进行船舶系统安全评估、管理软件和船舶技术支持系统的开发;与国际专业软件开发公司共同进行船舶与海洋工程专业设计软件的关键开发技术研究。

(4) 船舶及海洋工程系统分析与海上安全作业智能系统研制。开展船舶运输系统分析，确定船队规划和经济适用船型；开展海洋工程系统论证和分析，确定海洋工程各子系统的组成体系和结构框架；进行大型海洋工程产品模块提升、滑移、滚装及运输系统的安全性分析和计算；进行水面和水下特殊海洋工程装备及组合体的可行性分析和技术设计研究；以安全、经济、环保为目标，进行船舶及海洋工程系统风险分析与决策规划研究；在特种海上安全作业产品配套方面进行研究和开发，研制安全作业的智能软硬件系统；开展机舱自动化系统、装卸自动化系统关键技术和 LNG 运输及加注船舶的 C 型货舱系统国产化研究。

　　本丛书体系完整、结构清晰、理论深入、技术规范、方法实用、案例翔实，融系统性、理论性、创造性和指导性于一体。相信本丛书必将为船舶与海洋结构物设计领域的工作者提供非常好的参考和指导，也为船舶与海洋结构物的制造和运营管理提供技术基础，对推动船舶与海洋工程领域相关工作的开展也将起到积极的促进作用。

　　衷心地感谢丛书作者们的倾心奉献，感谢所有关心本丛书并为之出版尽力的专家们，感谢科学出版社及有关学术机构的大力支持和资助，感谢广大读者对丛书的厚爱！

大连理工大学

2016 年 8 月

前　言

随着现代造船技术的进步，使用驳船、半潜驳船、浮船坞等进行大型船舶与海洋工程结构物整体或分段滑道拖拉滑移下水作业已经成为一种高效的造船方式，这种方式可大大减轻船厂对于船坞和船台的使用需求。随着造船模式的发展和建造船舶吨位的增加，下水产品重量也在不断增加。在使用浮式接载装备作为产品下水工具时，如何保证整个作业过程平稳、安全和快速地完成，是一个非常值得研究的问题。使用浮式陆海接载装备下水方式的关键是在作业过程中对浮体的浮态进行调整，使甲板滑道与码头滑道始终保持平齐。浮态调整的实质是配载，即随着潮位的变化和产品不断进入，调整压载水。目前国内对滑道拖拉滑移下水作业的接载装备配载研究比较少，缺少提供使用的配载系统，因此研发一套适用于这种下水方式的配载系统很有必要。

浮式陆海接载装备在整个作业过程中需要始终保持特定的、适宜的浮态，而浮态调整是通过调节各压载舱的水量来实现的。何时进行调载，需要调节哪些压载舱以及调节多少水量，都是影响整个下水过程的关键因素。通常采用传统的人工手动方式进行调节，但其主要依靠操作人员的经验，而且操作烦琐，效率低下。本书首先依照力学平衡原理，分析作业过程中的受力特点，建立力学平衡方程组模型，并分析接载装备的配载力学原理，建立配载的力学模型；进而根据下水作业实际要求，提出保证安全作业的性能指标和约束条件，在此基础上提出四种配载算法，即 K 系数方程组法、基于载荷曲线的配载强度控制算法、基于内点法的配载优化算法和改进的遗传算法。

K 系数方程组法和基于载荷曲线的配载强度控制算法通过引入"配载能力比系数"等 K 系数将配载的不定方程组转化为可求解的方程组，同时实现了"每次配载排注水越少越好，存水量小的压载舱多注水，存水量大的压载舱多排水"的实际作业要求，并直接从每次配载前的载荷分布曲线出发，获得有利于总纵强度的配载方案。基于内点法的配载优化算法结合工程实际将配载的非线性规划问题转化为线性规划问题，采用原始-对偶路径跟踪法优化线性规划问题。遗传算法不依赖梯度信息，能在搜索过程中自动获取搜索空间信息，具有鲁棒性好、不要求目标函数连续可导、能够多点搜索、能与其他算法组成混合算法等众多优点，在求解非线性、多约束等问题时性能优越。实际计算表明，本书提出的配载优化算法不仅可以快速得到优化方案，而且方案符合配载实际要求。

本书在 K 系数方程组法和基于载荷曲线的配载强度控制算法基础上研究了实际下水配载问题。在实际下水过程中，通过合理建立下水配载模型，提出了浮差法，尽可能消除了变动重量等引起的误差。其中，采用"小范围等误差修正潮高预报法"对配载目标潮高进行预报，实例分析表明，该方法在其适用范围内具有相当高的预报准确性。采用滑动平均滤波法对传感器采集数据进行处理，减少了传感器数据的波动。本书对浮式陆海接载装备使用过程中各调节水舱配载方案的实时确定、上驳产品对接载装备施加载荷的计算方法以及待调节水舱阀门的打开时刻确定等方面进行了深入的研究。

根据本书提出的算法和数学模型，开发了 BALANCE 配载系统。该系统已经研发了三个版本，分别应用于三家实际造船企业，是目前国内用于陆海接载配载的技术成熟、功能完善的配载系统。

本书给出了浮式陆海接载装备自动配载技术实现方法，期望能有助于陆海接载自动配载技术的研究进展，缩短大型船舶与海洋工程结构物的下水时间，提高大型船舶与海洋工程结构物下水的效率，促进实际工程应用的进展。

本书由林焰、管官、张明霞撰写。作者长期从事船舶与海洋工程结构物研究工作，主持和参与了多项船舶与海洋平台的开发工作，积累了较为深厚的研究基础。本书是作者对科研成果的整理分析与提炼，提出的方法均通过充足的实例加以验证，并在实际工程中得到应用。感谢秦品乐、雷坤、孙承猛、蒋晓宁、夏华波、陈静和杨立等研究生，以及项目组相关人员的研究工作。

浮式陆海接载装备自动配载技术是一个广阔的研究领域，内容丰富且复杂，需要进一步研究的问题还有很多，书中的研究成果和观点也只是一些粗浅的尝试。希望本书的出版能够起到抛砖引玉的作用，引起更多的研究和讨论，对从事浮式陆海接载装备自动配载技术研究工作的读者有所帮助。限于作者的学识水平，书中难免存在不足之处，恳请广大读者批评指正。

目　　录

"船舶与海洋结构物先进设计方法"丛书序

前言

第1章　绪论 ……………………………………………………………………… 1

　1.1　背景与意义 ……………………………………………………………… 1

　1.2　配载技术研究现状 ……………………………………………………… 4

　1.3　大型结构物下水方法综述 ……………………………………………… 7

　　1.3.1　重力方式 ………………………………………………………… 7

　　1.3.2　自漂浮方式 ……………………………………………………… 9

　　1.3.3　机械化方式 ……………………………………………………… 9

　1.4　下水驳船移运大型海洋结构物下水研究综述 ……………………… 11

　1.5　本书结构安排 …………………………………………………………… 13

第2章　典型浮式陆海接载装备 ……………………………………………… 16

　2.1　驳船 ……………………………………………………………………… 16

　2.2　半潜驳船 ………………………………………………………………… 17

　2.3　浮船坞 …………………………………………………………………… 19

　2.4　下水工作船 ……………………………………………………………… 20

第3章　浮体静力学基础 ……………………………………………………… 21

　3.1　静水力特性 ……………………………………………………………… 21

　　3.1.1　坐标系定义 ……………………………………………………… 21

　　3.1.2　静水力曲线计算方法 …………………………………………… 21

　3.2　几何要素计算 …………………………………………………………… 22

　3.3　空间自由浮态计算 ……………………………………………………… 26

　3.4　稳性计算与校核 ………………………………………………………… 27

　　3.4.1　稳性计算 ………………………………………………………… 27

　　3.4.2　稳性校核 ………………………………………………………… 28

第4章　结构强度计算与校核 ………………………………………………… 29

　4.1　总纵强度计算 …………………………………………………………… 29

　　4.1.1　浮力载荷曲线计算 ……………………………………………… 29

　　4.1.2　重力载荷曲线计算 ……………………………………………… 29

      4.1.3　剪力弯矩曲线计算 ·· 30

      4.1.4　强度校核 ·· 30

  4.2　结构有限元计算 ·· 30

      4.2.1　有限元概述 ·· 30

      4.2.2　ANSYS 软件介绍 ··· 32

      4.2.3　产品接载极限情况分析 ·· 34

      4.2.4　规范标准 ·· 36

      4.2.5　实例分析 ·· 37

第 5 章　配载优化计算方法 ·· 72

  5.1　K 系数方程组法 ·· 73

      5.1.1　配载的力学简化 ·· 75

      5.1.2　K 系数方程组法计算步骤 ·· 76

      5.1.3　算法验证 ·· 81

  5.2　基于载荷曲线的配载强度控制算法 ································· 82

      5.2.1　载荷曲线控制 ·· 82

      5.2.2　配载算法模型 ·· 86

      5.2.3　算法验证 ·· 86

  5.3　基于内点法的配载优化算法 ·· 89

      5.3.1　配载线性规划模型 ·· 89

      5.3.2　内点法 ··· 92

      5.3.3　算法验证 ·· 94

  5.4　遗传算法及其改进 ·· 96

      5.4.1　遗传算法概述 ·· 96

      5.4.2　基本遗传算法 ·· 98

      5.4.3　约束条件的处理 ·· 105

      5.4.4　遗传算法的改进 ·· 105

      5.4.5　驳船配载问题中的遗传算法 ····································· 109

      5.4.6　程序及结果分析 ·· 112

第 6 章　预配载仿真模型和实时配载数学模型建立及求解 ············· 115

  6.1　预配载仿真模型 ·· 115

      6.1.1　预配载数学模型 ·· 115

      6.1.2　作业可行性预报 ·· 117

      6.1.3　预配载仿真实现 ·· 120

　6.2　实时配载数学模型的建立及求解 ……………………………………… 122
　　6.2.1　解平衡方程组法 ………………………………………………… 123
　　6.2.2　优化方法 ………………………………………………………… 135
　　6.2.3　驳船沉浮过程实时配载模型处理方法 ………………………… 142
　　6.2.4　潮汐变化对模型的影响及处理方法 …………………………… 143
　　6.2.5　上驳作业调节水舱阀门开关时刻优化计算 …………………… 145
　　6.2.6　驳船实时配载计算流程图 ……………………………………… 154
　　6.2.7　实时配载实例计算与分析 ……………………………………… 155
　6.3　下水作业配载模型的数据处理方法 ………………………………… 164
　　6.3.1　下水作业配载潮位预测 ………………………………………… 164
　　6.3.2　滑动平均法 ……………………………………………………… 167
　　6.3.3　下水作业配载数学模型 ………………………………………… 168
第7章　不同移运方式下驳船承受产品载荷计算方法 ……………………… 170
　7.1　滑道移运方式下驳船承受产品载荷计算方法 ……………………… 170
　　7.1.1　通常处理方法 …………………………………………………… 170
　　7.1.2　基于弹性基础梁理论的处理方法 ……………………………… 171
　　7.1.3　基于弹性支座的有限元法 ……………………………………… 176
　　7.1.4　实例分析 ………………………………………………………… 176
　7.2　气囊移运方式下驳船承受产品载荷实时计算方法 ………………… 180
　　7.2.1　气囊承受压力实时计算 ………………………………………… 180
　　7.2.2　支承产品气囊位置实时确定 …………………………………… 181
　　7.2.3　驳船承受已上驳部分产品载荷的计算 ………………………… 183
　　7.2.4　实例分析 ………………………………………………………… 183
第8章　配载系统开发 ………………………………………………………… 188
　8.1　软件开发方法 ………………………………………………………… 188
　8.2　配载系统需求分析 …………………………………………………… 189
　　8.2.1　用户需求 ………………………………………………………… 189
　　8.2.2　系统需求 ………………………………………………………… 190
　8.3　配载系统设计 ………………………………………………………… 190
　　8.3.1　工程管理子系统 ………………………………………………… 191
　　8.3.2　信息查询显示子系统 …………………………………………… 193
　　8.3.3　预配载仿真子系统 ……………………………………………… 194
　　8.3.4　下水作业子系统 ………………………………………………… 196

8.4 下水驳船压载水调节系统 ……………………………………………… 199
第9章 工程应用实例 ………………………………………………………… 206
9.1 9000t 矩形载荷分布产品配载计算 ……………………………………… 206
9.2 浮船坞接载 92500 DWT 散货船配载计算 …………………………… 207
9.3 半潜驳接载 SUPER M2 自升式海洋平台配载计算 ………………… 209
第10章 总结与展望 ………………………………………………………… 212
10.1 总结 ……………………………………………………………………… 212
10.2 展望 ……………………………………………………………………… 213
参考文献 ……………………………………………………………………… 215

第1章 绪 论

本书以浮式陆海接载装备自动配载技术及应用为主要内容,重点对配载力学原理、配载优化计算方法和软件系统开发等关键技术进行介绍。

1.1 背景与意义

进入 21 世纪,全球船舶订造出现历史性高峰,这对中国造船企业来说既是机遇又是挑战。组建新的造船设施和船厂等常规做法将可能面临场地紧张、投资巨大和建设周期长等一系列问题,以及设施建成后造船高峰过去可能出现闲置的风险。在韩国,许多船厂纷纷打破了这些常规做法,将很多创新型技术用于造船中,特别是近几年韩国造船企业采用的巨型总段建造、船坞快速搭载、平地造船和浮船坞内造船等技术[1],是对造船方式进行的一次次重大变革。在不投资新建、扩建船坞的条件下,通过平地造船、浮船坞内造船等创新方法提升了造船生产能力。2002 年 7 月,韩国率先采用"平地造船"技术成功建造了一艘 340000 DWT(dead weight tonnage, 载重吨)级 FSO(floating storage and off loading, 浮式储油卸油装置,常指浮式储油卸油船),并用两条刚性连接的半潜驳船,借助配载软件LMC(load master computer),采用滑道拖拉滑移方式成功完成下水作业[2],打破了在船台上造船的常规做法,减少了对造船关键设施如船坞、船台的基建投入。图 1.1 为平地造船场景。该方法首先在平地上建造完工整艘船舶,再利用侧行滑轨使新建的船舶滑行到下水驳船上,然后由驳船装载运送到预定海域,通过驳船下潜来实现船舶的下水。在平地造船方法中,如何实现船舶产品安全、快速的移运上驳是整个建造施工过程中的一个技术难题。

我国是一个发展中的海洋大国,拥有约 300 万 km² 的海域面积,接近陆地总面积的 1/3。众所周知,石油和天然气是我国经济保持快速发展必不可少的能源,而我国海域的油气资源储量丰富,具有极大的开发利用价值。目前,随着海洋油气勘探开发事业的日益发展和开发海域逐步由浅海向深海的延伸,油气钻采设备也越来越大型化,钻采平台组块也朝着高、大、重的方向发展[3]。特别是大型平台模块重量往往达到了万吨以上,建造完工的钻采平台模块的运输日益受到人们的重视。一般情况下,海上结构物的装船是用浮吊船进行吊装的,过去此方法只适应于重量较小的中小型结构物,对于大型结构物而言,没有大型起重

图 1.1　平地造船场景

设备,吊装作业就无法实施[3]。近年来,浮吊船的吊装能力也在不断提高,可以吊装重量达数千吨的重物,但浮吊船雇佣费用较高,如果浮吊船靠不上码头,就会耽误工期,从而影响整个工程的经济性。

下水驳船移运是目前海洋平台等大型海洋结构物所采用的一种主要运输方式。在该方式下,保证海洋结构物快速、安全的移运上驳尤为重要,是关系工程成败的重要环节。图 1.2 为某平台移运上驳场景图。

图 1.2　某平台移运上驳场景图

随着国民经济的飞速发展,我国港口的建设规模越来越大,大型重力式码头的单个沉箱重量已常达 1000t 以上。采用在已有码头前沿预制,通过大型起重设备出运并安装的工艺已不适应工程施工的需要，采用陆上预制、滑道下水或坞内预制后起浮出运的工艺则受到投资成本、工期和场地条件等多方面的制约，现在多采用陆上预制、高压气囊移运上驳下水的方式。同样，上驳过程的安全性和快速性是该方法的关键。

目前，国外如韩国、挪威、美国和墨西哥等国家运用滑道拖拉滑移技术，实现了产品的下水作业[4]。国内，半潜驳船 BH308 先后成功运用该技术完成了储油存箱和 SZ36-1 海洋平台下水作业；远通驳 8 号完成了海洋平台 SUPER M2 的下水作业。

滑道拖拉滑移下水如图 1.3 所示。随着产品的不断进入，作用在驳船上的载荷不断变化，同时加上潮水的变化，需要不断调整驳船的状态才能保持驳船甲板滑道和码头滑道处于一个水平面上，因此下水作业成功的关键在于驳船配载的实时性和有效性[5]。

图 1.3　驳船滑道拖拉滑移下水

配载作业需要获得产品作用在驳船上的载荷、潮高、吃水和各个压载舱的压载水量。以往，国内船厂产品的接载配载普遍是由技术人员依靠简单的工具，现场检测潮汐变化，预测一个上驳潮高；在接载过程中，根据作业人员现场报告产品进入长度和滑道高差等参数，依靠船长经验对驳船压载舱进行配载。这种操作方式对作业人员的素质要求非常高，由于缺少理论预测和准确的数据支持，作业的风险很大。对于造价高昂的产品来说，准确可靠的接载预配载计算、稳定无误的数据采集、正确安全的配载方案是十分必要和关键的。

从平地造船的规模预测，未来必将朝着产品建造的大型化和模块化发展。国外如韩国已经掌握了大重量结构滑移下水技术。国内，目前导管架滑移下水技术已经基本具备，但是大重量结构物(重量超过 10000t)滑移下水技术还没有成熟的作业经验，相关的配载系统在预配载仿真、下水作业配载和数据采集等方面还有待于开发和完善。因此，开发一套集数据遥测采集、预配载仿真模拟和下水作业配载计算于一体的用于产品滑道拖拉滑移下水的驳船配载系统非常有必要，其不仅在工程应用方面会创造丰厚的经济效益，在理论上也有学术研究的价值。

某些产品结构尺寸大，重量重，重量分布变化大，因此对配载系统要求非常苛刻，这样才能保证滑移下水的安全。要求配载系统：

(1) 具备作业检测驳船和滑移下水产品的结构和稳性能力。

(2) 能够实时准确给出驳船配载方案，并按照要求控制驳船的浮态。

(3) 具备可靠的潮位预测系统，在滑移下水操作前，给出可靠、完备的预配载方案。

(4) 具备考虑极端实际情况下的计算配载方案能力。

(5) 具备性能稳定、真实可靠的数据采集能力。

1.2　配载技术研究现状

船舶依据自身类型和用途等的不同，其配载问题具有各自不同的特点，但它们需要遵守一个共同的配载原则：通过对货物以及压载水的合理分配使得船舶满足浮态、稳性和强度等安全要求，同时尽量使得作业效率达到最高。

20 世纪 90 年代，基于计算机技术的船舶配载系统产生，一般采用自动与手动交互的配载方式，根据船舶静力学的基本原理，按照法规要求进行配载。不同类型的船舶所配备的配载系统的意义和算法有所不同，但是遵循的配载原理都是通过合理分配压载来调整船舶的浮态，使船舶满足安全操作要求的浮态、稳性和强度指标，保证船舶和产品的安全。

集装箱船配载，是指在装卸集装箱前，在遵循配载基本原则的基础上，根据集装箱的不同性质，确定集装箱在船上的具体位置，帮助形成集装箱的装卸顺序，并最终以配载图的形式表示出来[6]。传统的方法是凭借人工经验手动完成，但随着集装箱船的容量越来越大，配载问题也变得越来越复杂。于是，各种研究机构和公司就开始借助计算机来解决集装箱配载的问题，希望通过制订科学合理的配载计划来提高码头运作和船舶运输的效率[7]。王照宁[8]针对现代化运输中集装箱自动配载问题提出了将专家系统与管理信息系统相结合、由低级向高级转化的方案，并对集装箱船舶自动配载系统的设计与实施进行了初步探讨。杨星等[9]首先以最优吃水差作为原始数据，依据相关船舶的资料，建立了船舶总纵弯矩的计算模型，并以最小总纵弯矩为目标函数求得集装箱重量的最优纵向分布；然后以集装箱重量在船上的最优纵向分布为基础，根据最优初稳性目标，以每行位集装箱重量的垂向重量力矩为目标函数，求取集装箱在船上的垂向分布；最后根据所建立的线性规划模型，求出了一船某个航次的集装箱重量分布数值解，并据此设计了航次积载方案。张维英[10]在深入集装箱码头调研及查阅文献资料的基础上，探讨了集装箱船配载的特点、要求、过程及问题的复杂性，以集装箱船全航线配载为主线，使用智能优化的算法与技术，对全航线配载及其相关问题进行了研究，提出了求解配载问题的一些新方法。车鉴[11]创新性地建立了一个整数线性规划模型，研究了如何在预配载图限制的基础上，结合堆场的情况，将堆场上集装箱组最为合理地分配到船上单元块，从而提高设备的利用效率；并且尝试将堆场和设备的因素引入优化模型，探讨一种新的优化思路和方法。

散货船的配载主要是对货物进行分配，在浮态、稳性和强度方面进行计算和校核以满足规范要求[12]。目前国内外很多商业软件都含有散货船配载计算模块，如芬兰 NAPA 公司开发的 Onboard-NAPA 系统、瑞典 Kochum Sonics 公司开发的 LoadMaster 系统、丹麦 Marine Alignment 公司开发的 Easeacon 系统等，这些软件给出的散货船配载模块一般只提供配载辅助功能，还没有达到实时自动配载的程度[13]，此外还存在软件系统价格昂贵等问题。宋立新[14]开发了散装谷物船舶的装载模拟系统，该系统采用了高精度的浮态、稳性和强度的计算方法。杨军[15]结合专家系统设计原理，给出了散货船配载专家系统知识库和推理机设计方法，同时提出了用效用矩阵实现货物自动配载的方法。杜嘉立等[16]开发了具有手动微调功能的自动配载程序，该程序能根据船舶载货量、积载因素和吃水等要求确定配载方案。

杨久青[17]在油轮的配载问题上，论述了计算机辅助配载的方法，通过该配载系统可以对手工油轮配载方案进行浮态、稳性及强度的计算和校核。马骏和郭昌捷[18]通过合理地控制油船配载方案和配载顺序，预报可能的危险状态或配载禁区，有效地解决了油船由老龄化带来的剩余强度降低问题。

周丰[19]提出在船舶配载工作中，以按货票配载取代按货种配载的观点，建立了货物配载的优化模型，并根据配载工作的特点，给出了改进的 Kolesar 算法。成鹏飞等[20]针对宝钢水运业务人工配载的低效率问题，通过分析货物的装船原则，并结合船舶对强度、稳性和装载量等的要求，开发了一套船舶配载专家系统，取得了良好效果。刘勇等[21]运用模糊数学理论并结合专家系统理论开发出了一套船舶配积载模糊优化专家系统，实现了货物的准确、快速和合理配载，并能快速绘出配积载图。简兆权等[22]将人工神经网络和专家系统结合，探讨了神经网络专家系统在货船配载系统中的应用。孙静[23]从船舶最佳纵倾航行节能原理出发，进行了船舶最佳纵倾、压载及配载的定量计算，实船证明该方法的节油率可达 2%~3%。邱文昌等[24]将编制船舶最佳压载方案看成一个多目标决策问题，给出了编制最佳压载方案的基本原理和大致步骤，提高了用户的操作效率。王鸿鹏[25]提出了一种运用多目标规划理论来优化编制船舶装载计划的配载方法，该方法适用于货物种类不太多的情形，采用改正的单纯形法进行了求解。

张俊等[26]提出以"车道"作为描述船舶滚装能力的基本概念，建立了一种简单可行的车辆配载优化算法，并直接与售票系统连接，提出了"可视配载"的想法。宋振洪[27]针对客滚船车辆装载时的动态特性，将其看成一个动态规划问题，建立了车辆最佳配载模型，并给出了实现算法。

张明霞等[28]在全回转起重船作业过程稳性仿真时提到吊物重一旦超过一定的范围，船舶浮态就很容易超出规范的要求，为了安全作业必须事先进行反向预压载，以保证作业过程中船舶横倾角限制在规范要求的范围之内，此时起重船不能全回转，只能实现 180°回转。

段兴锋[29]进行了基于型值表的船舶装载仪研究，尝试降低目前大多数装载计算机软件一方面因原始数据的不准确和不完备造成的计算结果的误差，另一方面因利用的计算方法是基于船舶横倾、纵倾状态下漂心不变这一假设所带来的误差。

吴祥虎等[30]提出了船舶纵向下水配载优化数学模型，并基于 MATLAB 软件开发了相关程序，在保证船舶安全下水的基础上，使船舶下水重量最大，从而提高了船舶下水的完整性，对缩短造船周期具有重要意义。

林焰等[31]针对配载过程中手工绘制配载图费时、费力的缺点，借助 AutoCAD 软件的二次开发功能，实现了驳船配载图的自动生成，大大提高了工作效率。杨立等[32]针对驳船在移运大型海洋结构物过程中的配载问题，建立了基于总纵弯矩的配载优化模型，解决了工程实际中反复配载的困难。

张权松[33]利用船舶调节水舱储水的实时调驳来控制船舶在航行途中由配载变化引起的横向倾斜，从而保证了船舶的航行安全。

胡恩纯等[34]以"四航东南"浮船坞移运沉箱搭接上坞为例，运用工程力学理论对出运过程中浮船坞的调水进行了量化分析，考虑了气囊移运时浮船坞离散受力的特点和潮位变化的影响。另外，针对出运过程中的搭接头受力进行了定量计算，降低了以往在搭接头安全上主要凭经验的定性分析的风险。

赵龙星等[35]为供舰船上排、下水用的浮船坞设计出一套特殊的配载控制系统，可实现手动控制、计算机辅助手动控制、压载舱群液位计算机控制、配载计算及联机控制等功能，是对计算机控制浮船坞作业方法的一次有益的探索。

宗诚等[36]根据自己长期的浮船坞沉浮实践建立了浮船坞沉浮的模糊控制规则，通过建立压载水管路模型，并依据浮船坞实时吃水，按模糊规则得出了各支管阀开度，实现了浮船坞的实时控制，只是模糊控制规则需要实船调试以进一步修正。陈谦等[37]提出了一种浮船坞沉浮智能控制系统的设想，他抛开了装载方案变化及在装载过程中装载对象动态变化引起的船的重量、重心变化，而抓住船舶姿态控制、坞舱及船体变形控制这两个关键，指出确定坞舱甲板变形、船体变形的危险边界是控制船舶姿态及实现高效率压载水调驳的关键。

而国外船舶配载研究的文献主要集中在集装箱船的配积载规划方面。从方法上可以归纳为六类：概率模拟方法[38]、启发式方法[39]、数学规划模型[40]、专家系统[41]、决策支持系统[42]和模拟进化算法[43]。Sato 等[44]采用专家系统进行了油船装卸货过程的配载方案研究。

从上述研究可以看出，不同类型的船舶配载具有不同的要求及特点，很难采用一种通用的配载模型或方法进行求解，需要具体问题具体分析。集装箱船配载主要是确定集装箱的装船位置及装卸顺序，可看成一个整数规划问题；散货船配载更注重货物装载过程中满足公约的性能的自动快速计算；油船配载是在考虑船舶强度的前提下确定油舱的装载顺序；浮船坞和下水驳船的配载则是通过不断调节压载舱的水量使得它们处于特定的浮态并满足稳性、强度等方面的要求，其核心是根据实际需要给出合理的压载水调整方案[45]。

1.3 大型结构物下水方法综述

大型结构物下水方法与常规船舶下水方法相同，主要分为三大类：重力方式、自漂浮方式和机械化方式。

1.3.1 重力方式

重力方式又可细分为纵向涂油滑道下水、纵向钢珠滑道下水、纵向气囊下水和横向涂油滑道下水等。

纵向涂油滑道下水是船台和滑道一体的下水方式，其历史悠久，经久耐用。下水操作时先用一定厚度的油脂浇涂在滑道上以减小摩擦力，这种油脂以前多采用牛油，现在多用不同比例的石蜡、硬脂酸和松香调制而成；然后将龙骨墩、边墩和支撑全部拆除，使结构物重量移到滑道和滑板上，再松开止滑装置，船舶便和支架、滑板等一起沿滑道滑入水中，同时依靠自身浮力漂浮在水面上，从而完成下水。这种下水方式适用于不同下水重量的结构物，具有设备简单、建造费用少和维护管理方便的优点。但也存在较大的缺点：下水工艺复杂；浇注的油脂受环境温度影响较大，会污染水域；结构物艉浮时会产生很大的艏端压力，一些装有球鼻艏和艏声呐罩的船舶为此不得不在加强球艏或暂不装待下水后再入坞安装；结构物在水中的冲程较大，一般要求水域宽度为待下水结构物总长的数倍长度，必要时还要在待下水结构物上设置锚装置或转向装置，利用拖锚或全浮后转向的方式来控制下水冲程。

纵向钢珠滑道下水是用一定直径的钢珠代替油脂充当减摩装置，使原来的滑动摩擦变为滚动摩擦，降低滑板和滑道之间的摩擦阻力。钢珠可以重复使用，经济性较好。钢珠滑道下水装置主要由高强度钢珠、保距器和轨板组成。保距器每平方米装有 12 个钢珠。木质的滑板和滑道上各有一层钢制轨板以防被钢珠压坏，在滑道末端设有钢珠网袋以承接落下的钢珠和保距器。这种下水方式使用时启动快，滑道坡度小，滑板和滑道的宽度也较小，钢珠可以回收复用，其下水装置安装费用和使用费用都比油脂滑道低，且不受气候影响，下水计算比较准确。但其具有初始投资大、滑板比较笨重以及振动问题较突出等缺点。

纵向气囊下水是依靠船底多个气囊的滚动使船移动滑入水中从而实现下水的方法。该方法不需要规整的场地，也无需延伸至水下的基础设施，因为气囊的柔性弥补了场地不平的缺陷，其宽大的接触面积也使船底承受的压力很均匀，船底承受的局部压力甚至比移船架还要小，对于保护船体结构和表面涂层在下水过程中不受损伤起着决定性的作用。总之，纵向气囊下水具有机动灵活，省工、省时、省力、省投资，安全可靠等优点，大大拓展了船厂的发展空间。图 1.4 为某船舶采用气囊下水的实际作业图。

图 1.4　某船舶气囊下水

横向涂油滑道下水指船舶下水是按结构物宽度方向滑移的。这种方式又可细分为两种方法：一种方法是滑道伸入水中，先将结构物牵引到楔形滑板上，再沿滑道滑移到水中；另一种方法是滑道末端在垂直岸壁中断，下水时结构物连同下水架、滑板一起堕入水中，再依靠自身浮力和稳性趋于平衡而全浮。该下水方式下船舶跌落高度一般为 1～3m。这种方式由于同时使用的滑道多，易造成下水滑移速度不一致而引起下水事故，且跌落式下水结构物具有横摇剧烈、受力大的特点，这又对结构物的横向强度和稳性要求较高。

1.3.2　自漂浮方式

自漂浮方式是用水泵或自流方式将水注入建造结构物的大坑里，结构物依靠自身所受到的浮力而浮起的一种下水方式，其中最常见的是利用干船坞下水(图 1.5)。对于干船坞下水，在结构物建造完成后，通过进排水系统将坞外水域的水引入坞内，结构物便可依靠浮力起浮，待坞内水面和坞外一致时就可以排出坞门内的压载水起浮坞门并脱开坞门，用拖船将结构物拖出船坞。该方式是一种简便易行的下水方式，其安全性、工艺简单性比较好，可以有效地克服倾斜船台头部标高太大的缺点，降低吊机的起吊高度，还可以避免重力式下水所要求的水域宽度，并可引入机械化的施工手段等。因此，尽管干船坞建造方式的初始投资较大，但仍是建造超大型船舶及海洋结构物的重要手段之一。

图 1.5　船舶干船坞下水

1.3.3　机械化方式

机械化方式可分为大型吊车吊落下水、升船机下水、下水驳船或浮船坞移运下水等。

大型吊车吊落下水是通过岸上吊车或浮吊船浮吊将结构物直接吊入水中实现下水，图 1.6 为大型吊车吊落下水场景。以往此方法一般只适应于 800t 以下的中小型结构物，对于 800t 以上的大型结构物，没有大型起重设备，吊装作业就无法实施。当然，为了适应市场需要，船厂吊车的起吊能力也在不断提高，使用重型龙门吊,可以完全改变钻井平台和浮式储油卸装船等大型海洋结构物的建造模式，相对于旧式方法成本高、装备重复组装的缺点，新装备将大大提高生产效率和节省劳动力。

图 1.6　大型吊车吊落下水

　　升船机下水是利用在岸壁处建造的一个承载船舶的大型平台(升船机)，依靠卷扬机做垂直升降从而实现结构物下水。根据平台和移船轨道的相对位置，升船机下水方法包括纵向和横向两种类型。船舶下水时首先驱动卷扬机将升船机平台与移船轨道对准并用定位设备固定，船舶在移船小车的承载下移到平台上就位，带好各种缆索，解除定位设备，卷扬机将升船机平台连同下水船舶降入水中，船舶便会在自身浮力作用下自行起浮。升船机具有结构紧凑、占地面积小的特点，适用于厂区狭小、岸壁陡立的情况。对于水域受限的船厂，升船机作业具有操作平稳和效率高的优点，适用于主导产品定型的批量生产。但升船机对船舶尺度的限制较大，只适用于中小型船厂。

　　下水驳船或浮船坞(以下均称作"下水驳船")移运下水是将在码头岸边建造完成的船舶产品或大型结构物通过绞车拖拉移运至下水驳船上，由拖船拖离至水深足够的沉坑处下沉以实现下水的一种方法。从结构物上驳方向上，该方法可分为纵向移运和横向移运两种方式；从结构物承载工具上，可分为滑道方式、轨道滑车方式[46]和气囊方式。在整个移运上驳过程中，其共同的原则就是尽量使岸上滑道顶面或气囊顶面与驳船上对应平面保持齐平，并需要考虑潮汐变化的影响，这主要是通过不断调节驳船的压载水来实现的。目前在国外，如挪威、美国、墨西哥等国家广泛采用该方法，实现了海洋结构物的下水安装作业[47-49]。在国内，大型半潜式驳船 BH308 运用该技术先后成功地完成了我国 JZ19-3 油田西区储油存箱、SZ36-1 海洋平台等的滑移装船和海洋运输作业。导管架平台下水也大多采用导管架下水专用驳，且大多采用滑道方式，根据滑靴是否连续可分为间断型滑靴和连续型滑靴两种方式。

综上所述，大型结构物下水的三种主要方式各有特点：重力方式下水是依靠结构物自重克服摩擦力实现下滑，因此场地要有一定的坡度和硬度，对下水区域水域也有特定要求；自漂浮方式需要在干船坞内建造，往往适用于超大型结构物下水；机械化方式下水对机械设备要求较高，如吊车起重能力或升降机的提升能力等，其中下水驳船或浮船坞下水适用于各种结构物下水，特别是平地建造完成的结构物下水，该方式对场地及海域要求不高，但驳船的实时配载是一个技术难题。

1.4 下水驳船移运大型海洋结构物下水研究综述

针对下水驳船移运大型海洋结构物下水这种方式，国内外学者进行了一些相关的研究。

Ferguson 等[50]对"North Rankin Jacket 'A'"导管架平台采用下水驳船方式下水的过程进行了分析研究和系统监视程序开发，取得了以下技术成果：建立了驳船、导管架和码头的三维计算机模型，为压载系统软件的有效性及下水过程控制参数的敏感性分析提供了工具；开发了一套完整的导管架移运控制系统，该系统与导管架进入位置、驳船吃水和压载泵等密切相关；开发了一套潮位预报程序，并与压载泵时间计算程序结合进行真实潮位的补偿；对"失败-安全"概念和相关操作措施进行了整合。

Piter 等[51]对"Bullwinkle"导管架平台滑移上驳操作进行了研究，开发了计算机辅助信息采集系统，实时监测导管架和驳船的挠度来确定是否超出允许范围，该挠度允许范围在书中给出了确定的方法。对于上驳过程的各个位置，通过驳船信息、导管架信息等的输入，由商业化计算机程序求解驳船浮态稳性平衡问题从而获得需要的驳船配载方案。

Hofferber 等[52]研究了"Harmony"和"Heritage"导管架平台的装船、运输和下水安装问题。该驳船压载系统分为两部分，主压载系统用来调节导管架平台的重量，专门的潮位补偿配载系统用于潮位变化的压载调整。

Yang 等[2]研究了一艘 340000 DWT 级 FSO 的建造和下水问题。该 FSO 长298m，重 53000t，是 FSO 首次在平地进行完整建造的尝试，采用两艘半潜驳船来实现其下水。由于该 FSO 在重量和长度上较之其他驳船移运的常规海洋结构物要大得多，所以在装船、拖运和下水过程中的安全性显得尤为重要。Yang 采用液压顶升系统(hydraulic jacking system)对纵向强度和挠度进行计算分析，两艘驳船配载的协调控制则由一套装载专家控制软件来完成，指出了配载控制的目标是纵倾角不超过 0.25°，横倾角不超过 0.2°。他还研究了两艘驳船间的连接形式，对上驳过程中 FSO 的强度和挠度进行了有限元分析，以确保结构的安全性，为平地建造超大型海洋结构物提供了参考。

Kurniawan 等[53]针对导管架平台上驳过程中的压载方案进行了优化分析，不再将驳船作为刚性体，而是考虑了它的柔性，将导管架平台上驳看成位于弹性基础上的梁模型，导管架平台的重量简化为梯形载荷，经过推导建立了该模型的挠曲线方程，采用多目标优化方法，实现了导管架挠度和曲率最小而调水效率最高的要求。

刘亚东等[54]介绍了气囊搬运沉箱的技术特点，给出了气囊型号及数量的选择方法，并提供了气囊牵引力的计算公式，为类似工程的施工提供了技术参考。冯章杰等[55]同样对气囊拖运技术在港口工程上的应用进行了研究，介绍了 1000 t 以上大型沉箱利用高压气囊的滚动方式进行预制场内和浮船坞上运输的新工艺。

韩邦峰等[56]对半潜驳不搭岸时出运沉箱的相关技术进行了研究，其中沉箱采用滚动气囊方式移运上驳。由于该半潜驳既不坐底也不搭岸，所以需要不断调整压载舱水量来调节沉箱上驳时产生的力矩，从而保持船体水平。假设每个气囊所承受的压力相同，不考虑潮位的影响，通过力平衡方程可求解出每根气囊上驳时需要调节的压载水量。在实施工艺方面进行了如下优化：排水可连续进行，而不必频繁开关排水泵；上驳过程中始终使半潜驳的甲板高于码头面 6cm 左右，并要防止气囊行走速度过快而导致压载水来不及调节；卷扬机的拉动速度要缓慢，这可通过观察甲板的下沉情况来判断。

桑运水等[57]介绍了大型平台滑移装船和浮装的就位技术。以美国 EDC(Energy Development Company)在渤海湾埕岛西 DPA 中心建造的平台为例，对平台建造的临时支撑系统、陆上整体建造、平台称重、滑移牵引装船、驳船配载、海上拖航运输和浮装就位等关键因素进行了分析和优化，确保了 DPA 平台滑移装船和浮装就位的成功。

朱崇诚[58]对总重超过 8000t 的大型海上平台装船过程进行了有限元分析，以确保上驳过程中结构的安全性。该平台采用轨道滑车工艺装船，装船过程中，滑车、滑道和码头的强度受驳船与码头间的高度差变化影响明显。他针对可能出现的最危险的几种状态进行有限元分析，给出了滑车合理、安全的结构形式，并提出了多项解决方案，供实际工程采用。

章青及其学生幺子云等对滑移装船过程进行了系统性的研究[59-63]。通过对驳船的受力进行系统分析，研究间断型和连续型滑靴两种形式下驳船的受力特点，建立了驳船的受力模型；分析了影响滑移装船过程的具体因素，采用矩阵方法建立压载水管路模型，同时将船舶自动化技术与优化技术运用到滑移装船过程中，实现了大型结构物滑移装船过程的优化控制；建立了基于码头受力反馈控制的配载水量修正模型，通过对水泥垫墩的受力检测，修正配载数据；开发了滑移装船仿真程序，模拟了滑移装船过程中驳船稳性、浮态的动态变化及压载水的调控过程；采用 OpenGL 技术建立了大型结构物滑移装船过程的可视化仿真环境，这样可直观、清楚地展现滑移装船过程中各系统的动态时空变化关系。

从上述研究可以看出，国外的学者大多是针对某些具体的海洋结构物上驳技术进行了研究和论述[64]，并没有明确给出上驳过程压载方案的计算方法，而这又恰恰是保证上驳过程安全的重要因素。Kurniawan 等[53]虽然给出了传统配载方法的建议算法以及基于弹性基础梁理论的配载优化方法，但两种方法均有一定的局限性：其推导计算均基于驳船舱室左右对称、纵向均分的理想状况，这对于传统方法并不适用于常规驳船，而对于所述优化方法则需根据实际结构物载荷进行挠曲线方程的推导，也不具有通用性；所述的优化方法配载方案使得阀门开关次数较多，配载量精细，不便于工程实际操作，虽然可使产品挠度很小，但由于传统方法产品挠度也较小，已在工程允许范围内，所以并不是十分必要。国内的学者和工程人员则大多集中于研究各种形式的结构物移运上驳工艺和方法，个别学者给出的调水方案也是针对具体的某个工程问题，不具有通用性。章青等对结构物滑移装船进行了较为系统的研究，建立了驳船配载的数学模型。针对该模型可将配载过程分为两步，首先通过调节驳船两端的压载舱进行力矩平衡，然后按比例调节其他舱的水量来控制驳船与码头间的上下位置。模型实验及数值仿真证明了该方法的有效性及适用性。但该方法仅考虑了带有桩靴的结构物滑移装船，在结构物载荷计算时参考有限元分析结果作了适当的简化处理，对于其他形式的结构物载荷计算方法并未进行研究，而作为一个完善的下水驳船实时配载系统，这也是十分必要的。当配载方案确定后，各待调节水舱何时打开舱室阀门进行调水，开度阀的阀门开关量如何确定才能保证在整个调水过程中驳船浮态等处于较佳的状态，这都是值得研究的问题。

1.5　本书结构安排

本书系统地对下水浮体接载装备的配载力学原理、配载优化算法、预配载仿真模型和实时配载数学模型建立及求解方法、不同移运方式下接载装备承受产品载荷的计算方法、软件系统开发等关键技术进行了介绍。各章的具体内容如下：

第 1 章介绍本书的背景及意义，简述国内外各类型船舶配载方面的研究概况，介绍海洋结构物下水常用的方式及优缺点，以及国内外采用下水驳船方式移运海洋结构物的研究现状、方法及存在的问题，并指出了本书的主要研究内容。

　　第2章对典型下水浮体进行介绍，主要包括驳船、半潜驳船、浮船坞和下水工作船。

　　第3章论述浮体静力学基础，介绍产品滑道拖拉滑移下水过程中的船舶力学原理，给出船舶静水力、船舶浮态和稳性、船舶重量重心等的计算方法，提出配载的安全性能指标。

　　第4章论述纵向、横向强度以及结构有限元的计算和校核方法。

　　第5章为本书的核心部分，建立驳船配载的数学模型，并在此基础上提出四种配载算法，即 K 系数方程组法、基于载荷曲线的配载强度控制算法、基于内点法的配载优化算法和改进的遗传算法。

　　K 系数方程组法通过引入配载能力比系数和同排同注系数将配载的不定问题转化为可求解的恰定方程组，同时实现"每次配载排注水越少越好，存水量小的压载舱多注水，存水量大的压载舱多排水"的实际作业要求。

　　基于载荷曲线的配载强度控制算法直接从配载前的载荷分布曲线出发，有利于总纵强度的配载控制。

　　基于内点法的配载优化算法结合工程实际将配载的非线性规划问题转化为线性规划问题，采用原始-对偶路径跟踪法(内点法的一种改进算法)优化线性规划问题。实际计算表明，该方法不仅可以快速得到优化方案，而且方案符合配载实际要求。

　　遗传算法不依赖梯度信息，能在搜索过程中自动获取搜索空间信息，具有鲁棒性好、不要求目标函数连续可导、能够多点搜索、能与其他算法组成混合算法等众多优点，在求解非线性、多约束等问题时性能优越。

　　第6章论述预配载仿真的数学模型，创造性地提出预配载可行性预报方法，运用该方法不需预配载计算即可初步判断下水作业的成功性，为下水作业的决策者提供理论依据，减少预配载仿真计算的工作量。首先探讨下水驳船实时配载模型的建立和求解方法。依照力学平衡原理，建立产品上驳过程驳船实时配载平衡方程组模型和优化模型两种数学模型：对于平衡方程组模型，探讨两种处理方式，并研究对应的解法；对于优化模型，则采用惩罚函数法和乘子法两种方法进行求解，在求解过程中，基于强度考虑对模型进行适当的特殊处理。其次对于下水驳船沉浮过程的实时配载问题，给出对应的模型处理方法。最后通过实例分析，比较两种模型和对应解法间的优缺点。

　　第7章主要针对滑道和气囊两种移运方式，对驳船承受产品已上驳部分压力的实时计算方法进行介绍。对于滑道移运方式，采用产品重量载荷积分法即分段积分法、弹性基础梁法和有限元法分别进行研究，并对几种方法所得结果进行对比分析。对于气囊移运方式，研究支承产品各气囊压力的实时计算方法，分析给出驳船上支承产品气囊的根数和位置的实时确定过程。

第 8 章介绍基于本书研究成果而开发的 BALANCE 配载软件系统，应三家造船企业的需求已研发了三个版本，并且获得了实际应用。

第 9 章给出三种不同类型产品的预配载仿真实例，验证 BALANCE 配载软件系统的实用性。

第 10 章介绍本书的结论与进一步的展望。

第 2 章　典型浮式陆海接载装备

本书介绍的浮式陆海接载装备目前主要包括驳船、半潜驳船、浮船坞和下水工作船等。

2.1　驳　　船

驳船本身无自航能力，需拖船或顶推船拖带。其特点为设备简单、吃水浅、载货量大。驳船一般为非机动船(图 2.1)，与拖船或顶推船组成驳船船队，可航行于狭窄水道和浅水航道，并可根据货物运输要求而随时编组，适合内河各港口之间的货物运输。少数增设了推进装置的驳船称为机动驳船。机动驳船具有一定的自航能力。驳船的用途主要有客驳和货驳，客驳专运旅客，设有生活设施，一般用于小河客运；货驳用于载运货物，按所运货物可分为干货驳、矿砂驳、煤驳、油驳和甲板驳等。货驳一般不设起重设备，靠码头上的装卸机械装卸货物。货驳也可在港口用于货物的中转。

图 2.1　驳船

按性能与用途，驳船一般分为：①泥(石)驳，它设有装载舱，开底抛卸。②抛石船，属甲板驳，在甲板上设有供装载、抛卸块石的结构和设施。根据其型式的不同,抛石船又分为侧倾式、翻转式、翻斗式和振动式等。其中,侧倾式和翻转式抛石船由于采用水舱灌水侧倾和倾翻的抛卸形式,在实际使用中有很多缺陷,已被淘汰。翻斗式和振动式抛石船则是使用的主要形式。在国内因其使用单一、机动性差,都以机动木船来代替。③甲板驳,分为方驳、半潜自航驳和导管架下水驳等。其中,方驳使用广泛,半潜自航驳和导管架下水驳是随着海洋工程的发展而出现的新船型。目前已制造出载重量达 30000t 的驳船。

普通驳船艏艉两端斜削呈流线形,备有锚和舵。分节驳两端呈箱形(全分节驳),或一端斜削、另一端呈箱形(半分节驳)。中国古代的对槽船(又称两节船)可以看成现代半分节驳组成的船队的雏形。它由两节相同长度的船组成,前节船艏端斜削,艉端呈方箱形,后节船艏端为方箱形,艉端斜削,两节船的方箱形一端相互对拢,用缆绳连接。舵设在后节船上。现代分节驳上一般不设舵,美国的分节驳上不设锚,中国和西欧一些国家的分节驳上设锚。分节驳结构简单,施工方便,造价低,用分节驳组成船队,可降低航行阻力,提高载货量,因此得到广泛应用。美国常用的分节驳有三种,它们的载重量和尺度是根据内河航道的标准尺度确定的。我国内河水域也有许多按照标准尺度建造的驳船。

驳船的船队分为拖驳船队和顶推船队两种。拖驳船队由拖船和普通驳船组成,主要用于货物运输,也用于小河上旅客运输(见拖驳运输)。在海上一般是一艘拖船拖带 1~3 艘驳船,在内河可拖带 10 艘以上。拖驳船队基本为一列式拖带的队形。拖船和驳船、驳船和驳船间用缆绳连接。顶推船队由推船和驳船组成,用于运输货物(见顶推运输)。顶推船队分两种:①普通驳顶推船队,用缆绳将推船和普通驳绑结而成,船队有多种队形;②分节驳顶推船队,由推船和分节驳组成。推船和分节驳之间、分节驳和分节驳之间有的用缆绳连接,有的用机械连接。在海上,一般是一艘推船顶推一艘驳船;在内河,一艘推船可顶推数十艘驳船。

2.2 半 潜 驳 船

半潜驳船也称半潜驳、半潜船或半潜式母船,它通过本身压载水的调整,使装货甲板潜入水中,以便将所要承运的特定货物(像驳船、游艇、舰船、钻井平台等)从指定位置浮入半潜船的装货甲板上,把货物运到指定位置。半潜驳船(图 2.2)主要用于托运大型钢结构件、海上平台和可移动的海上建筑,以及出运和安装沉箱等,也可用于装载集装箱。

图 2.2 半潜驳船

下面以半潜驳出运和安装沉箱为例,介绍半潜驳的作业流程。预制沉箱达到设计强度后,首先利用气囊(或平台小车)将预制好的沉箱通过码头和半潜驳上的牵引装置平移至半潜驳甲板上,利用半潜驳本身的较优良的配载能力进行现场的下潜、安装,然后利用驳船上的缆绳及半潜驳上的后溜缆绳将沉箱拉至指定地点,最后往沉箱内压载直至沉箱安装好。

半潜驳工程的安装是一项技术要求较高的工作,虽然近几年来我国的工程技术水平不断发展,解决了半潜驳安装沉箱时的很多问题,对降低其中存在的危险性有着极其重要的作用,但是半潜驳安装工程还是具有一定的危险性,具体如下:

(1) 由于半潜驳吃水面积大,型深深,坞墙高,因而风、流水对半潜驳影响很大,施工过程中要特别考虑风、流水对船的影响。半潜驳港内拖带和抛锚定位均存在较大危险性。

(2) 半潜驳沉箱上驳过程中,若潮水不够,有可能导致半潜驳搭接板断裂,甚至发生半潜驳倾覆、搁浅等危险。

(3) 在半潜驳安装中,圆筒型的沉箱重心较高,不能在水中保持较好的稳定性,如果直接进行放漂,会产生很大的危险,这也是在半潜驳安装沉箱过程中最大的危害。

(4) 沉箱施工质量是影响沉箱出运、安装安全的重要因素之一,严重时将导致沉箱无法出运、安装。

(5) 半潜驳施工过程中,过往船只兴起的涌浪会对其造成不利影响。另外安装好的沉箱如果没有设立明显的标志,容易受到过往船只的误撞,所带来的危害性也是不容乐观的。

2.3　浮　船　坞

浮船坞，简称浮坞(图 2.3)，是一种用于修、造船的工程船舶，它不仅可用于修、造船舶，还可用于打捞沉船、运送深水船舶通过浅水的航道等。

图 2.3　浮船坞

浮船坞构造特别，它有一个巨大的凹字形船舱，两侧有墙、前后端敞开，是一种构造特殊的槽形平底船。两侧的墙坞墙和坞底均为箱形结构，沿纵向和横向分隔为若干封闭的舱格，大部分舱格为水舱，用来灌水和排水，使船坞沉浮。底舱的作用除保证浮性外，还能支承船舶。坞墙的作用是保证船坞具有必要的刚度和浮游稳定性，并提供生产所需的空间。浮船坞一般为钢结构，需要定期维修，维修费用较干船坞大；也有用钢筋混凝土制造的浮船坞。维修浮船坞水下部分时，可在浮船坞一侧的水舱内灌水，使浮船坞倾斜，另一侧水下部分露出水面；一侧维修好后，再用同样的方法维修另一侧。

船舶要维修时，进入浮船坞，其方法是：先在浮船坞水舱内灌水，使浮船坞下沉至坞内水深满足进坞船只吃水要求，用设在坞墙顶上的绞车将待修船牵引进坞。同时，将待修船舶对准中心轴线，四面系缆固定。然后，抽去浮船坞水舱内的水。此时，船坞上浮，直至坞底板顶面露出水面。这样，待修船舶也随着坞底板露出水面。于是，便可开始船舶修理工作。船舶修理完毕，出坞时，操作程序相反。让浮船坞水舱里灌满水，浮船坞便沉下，修好的船舶自行驶出浮船坞。

现代建造的浮船坞具有较高的自动化和电气化程度，船坞的浮沉由中央指挥台操纵，坞上设有电站，以及机工、电工、木工等车间，用于修船作业。

2.4　下水工作船

下水工作船是介于半潜驳船和驳船之间的一种船型，专门用于船舶与海洋结构物等在平地建造后沿下水工作船的纵、横向下水。下水工作船由主体浮箱和布置在其四角上的浮力塔楼两部分组成，主要用于被移物实施岸上平移下水和水上移至岸上作业。当被移物通过布置在下水工作船及岸上的横轨道移至本船后，在拖船的作用下，将本船连同被移物一起拖离码头至深坑(具有足够被移物吃水要求的水深)处。在满足作业条件后，将主体浮箱压载舱注水，本船连同被移物缓慢下沉至主体浮箱完全沉没水中，此时仅留有四角处塔楼位于水面上以提供船舶足够的浮力。当被移物处于完全自浮状态后，拖离下水工作船，即完成被移物下水过程。

第 3 章   浮体静力学基础

3.1   静水力特性

3.1.1   坐标系定义

为了便于确切表达接载装备的重心和浮心的位置，并便于进行后续的性能及配载计算，建立固定在接载装备上的 $oxyz$ 直角坐标系，如图 3.1 所示。它以三个互相垂直的主坐标平面(即基平面、中站面和中线面)的交点作为坐标原点 o，而以这三个平面的交线作为坐标轴，基平面与中线面的交线为 x 轴，指向船艏为正方向，基平面与中站面的交线为 y 轴，指向右舷为正方向，中线面与中站面的交线是 z 轴，向上为正方向。后续如不加特殊说明，均以该坐标系为准。

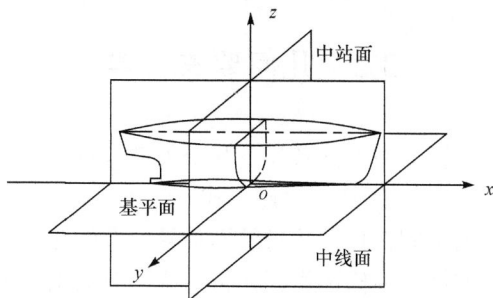

图 3.1   坐标系定义

3.1.2   静水力曲线计算方法

接载装备浮态及初稳性计算的关键是静水力曲线中的几条性能参数曲线的计算[65]：总排水量 Δ 曲线、浮心纵向坐标 x_B 曲线、浮心垂向坐标 z_B 曲线、漂心纵向坐标 x_F 曲线、横稳心半径 BM 曲线和纵稳心半径 BM_L 曲线[66]。这几条曲线计算原理较为简单，可采用纵向积分法：

$$\Delta = \omega k \int_{-L/2}^{L/2} A_s \mathrm{d}x \tag{3.1}$$

$$x_B = \frac{\int_{-L/2}^{L/2} x A_s \mathrm{d}x}{\int_{-L/2}^{L/2} A_s \mathrm{d}x} \tag{3.2}$$

$$z_B = \frac{\int_{-L/2}^{L/2} Z_A A_s \mathrm{d}x}{\int_{-L/2}^{L/2} A_s \mathrm{d}x} \tag{3.3}$$

$$x_F = \frac{\int_{-L/2}^{L/2} xy\mathrm{d}x}{\int_{-L/2}^{L/2} y\mathrm{d}x} \tag{3.4}$$

$$BM = \frac{\frac{2}{3}\int_{-L/2}^{L/2} y^3 \mathrm{d}x}{\int_{-L/2}^{L/2} A_s \mathrm{d}x} \tag{3.5}$$

$$BM_L = \frac{2\int_{-L/2}^{L/2} x^2 y\mathrm{d}x - 2\int_{-L/2}^{L/2} y\mathrm{d}x \cdot x_F^2}{\int_{-L/2}^{L/2} A_s \mathrm{d}x} \tag{3.6}$$

式中，ω 为驳船漂浮周围液体密度(t/m³)；k 为附体系数；A_s 为横剖面面积(m²)；Z_A 为横剖面形心高度(m)；L 为船长，在计算中一般取垂线间长(m)。

3.2　几何要素计算

对于几何要素的计算，主要涉及如下几个关键内容。

1) 横剖面形状的连续封闭点列存储方式

由于改装或设计的不同，接载装备外形各异，有的非常简单，就是一个长方体盒子，有的接近长方体，但横剖面存在折角线；有的由旧船改造组合而成，为一组合体，形状较为复杂，有时纵向和垂向都存在形状突变的阶梯。为了保证静水力曲线的精度，不能简单地采用通常的船舶型值存储方式，需要特殊情形特殊处理[67]。

本书采用逆时针连续封闭点列来表达横剖面形状。如图 3.2 所示，将船体横剖面化成单连通区域，用逆时针连续坐标点(y_1,z_1), (y_2,z_2), (y_3,z_3),…,(y_n,z_n)表达该区域的边界。在剖面数据存取时，为了减少数据输入量，可作一些特殊处理：若剖面形状是关于z轴对称的，则只需存储一半剖面数据。

2) 连续封闭点列存储方式下水线与横剖面线交点的求取方法

在考虑水线与剖面线的交点时，需要选择合适的插补函数[68]。插补函数有多种形式，如直线插补、二次抛物线插补和样条函数插补等。本书采用了形式简单、结果稳定的直线插补函数[69]，既便于编程，又可在存储点列足够密的情况下保证精度要求。

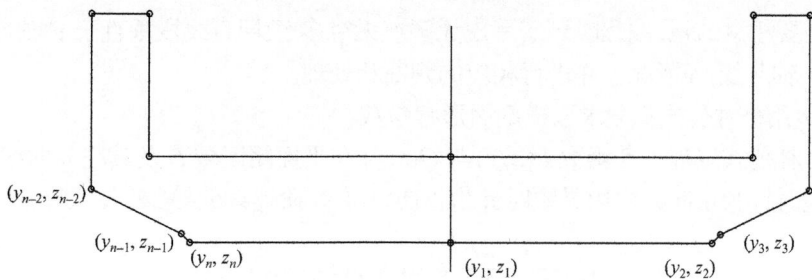

图 3.2　连续封闭点列存储剖面形状示意图

图 3.3 为某水线与横剖线求交示意图，现欲求横倾角 θ 和吃水 d 下横倾水线与剖面线的两个交点 A 和 B。

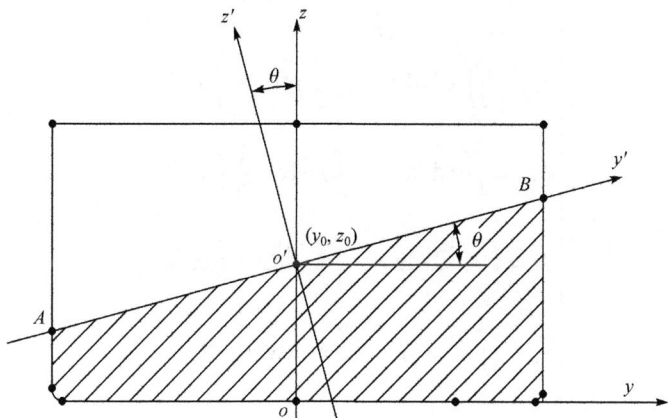

图 3.3　水线与横剖线求交示意图

首先，把封闭点列从坐标系 yoz 变换至坐标系 $y'o'z'$ 下，如式(3.7)所示：

$$\begin{cases} y_i' = (y_i - y_0)\cos\theta + (z_i - z_0)\sin\theta \\ z_i' = -(y_i - y_0)\sin\theta + (z_i - z_0)\cos\theta \end{cases}, \quad i = 1, 2, \cdots, n \tag{3.7}$$

其次，求插补函数在坐标系 $y'o'z'$ 中 y' 轴的截距，如式(3.8)所示：

$$\begin{cases} y_p' = y_i' - \dfrac{z_i'}{\dfrac{z_{i+1}' - z_i'}{y_{i+1}' - y_i'}} \\ z_p' = 0 \end{cases} \tag{3.8}$$

最后，将求得交点坐标还原至坐标系 yoz 下，如式(3.9)所示：

$$\begin{cases} y_p = y_p'\cos\theta + y_0 - z_p'\sin\theta \\ z_p = y_p'\sin\theta + z_0 + z_p'\cos\theta \end{cases} \tag{3.9}$$

需要注意的是，编程时还需考虑无解或无穷多解(即直线段垂直于 y' 轴或直线段同 y' 轴共线)等情况，并进行相应的判断和处理。

3) 用格林公式积分求取横剖面形状参数

格林公式定理：若函数 $P(x,y)$ 与 $Q(x,y)$ 在平面闭区域 D 及其边界曲线 C(外边界逆时针为正向，内边界顺时针为正向)上有一阶连续偏导数[68]，则有

$$\iint_D \left(\frac{\partial Q}{\partial x} - \frac{\partial P}{\partial y} \right) \mathrm{d}x\mathrm{d}y = \oint_C (P\mathrm{d}x + Q\mathrm{d}y) \tag{3.10}$$

依照定理，并选取适合的函数 $P(x,y)$ 与 $Q(x,y)$ ，则可得到封闭区域特性的计算公式：

$$\begin{cases} A = \iint_D \mathrm{d}x\mathrm{d}y = -\oint_C y\mathrm{d}x = \oint_C x\mathrm{d}y \\[2mm] M_x = \iint_D y\mathrm{d}x\mathrm{d}y = -\frac{1}{2}\oint_C y^2\mathrm{d}x = \oint_C xy\mathrm{d}y \\[2mm] M_y = \iint_D x\mathrm{d}x\mathrm{d}y = -\oint_C xy\mathrm{d}x = \frac{1}{2}\oint_C x^2\mathrm{d}y \\[2mm] I_x = \iint_D y^2\mathrm{d}x\mathrm{d}y = -\frac{1}{3}\oint_C y^3\mathrm{d}x = \oint_C xy^2\mathrm{d}y \\[2mm] I_y = \iint_D x^2\mathrm{d}x\mathrm{d}y = -\oint_C x^2 y\mathrm{d}x = \frac{1}{3}\oint_C x^3\mathrm{d}y \\[2mm] I_{xy} = \iint_D xy\mathrm{d}x\mathrm{d}y = -\frac{1}{2}\oint_C xy^2\mathrm{d}x = \frac{1}{2}\oint_C x^2 y\mathrm{d}y \end{cases} \tag{3.11}$$

式中， A 表示区域 D 的面积(m^2)； M_x 表示区域 D 对 x 轴的面积矩(m^3)，区域 D 的形心坐标 $y_c = M_x/A\,(\mathrm{m})$ ； M_y 表示区域 D 对 y 轴的面积矩(m^3)，区域 D 的形心坐标 $x_c = M_y/A\,(\mathrm{m})$ ； I_x 表示区域 D 对 x 轴的惯性矩(m^4)； I_y 表示区域 D 对 y 轴的惯性矩(m^4)； I_{xy} 表示区域 D 的极惯性矩(m^4)。

任意平面区域的曲线边界 C 都可以用折线边界 L 来逼近。折线边界表示为一组有序的点列 (x_i, y_i) ， $i=1,2,\cdots,n$ ，且 $(x_{n+1}, y_{n+1}) = (x_1, y_1)$ 。这时每个直线段关于参数 t 的方程可以写为

$$\begin{cases} x = x_i + F_i t \\ y = y_i + G_i t \end{cases} \tag{3.12}$$

式中， $F_i = x_{i+1} - x_i$ ， $G_i = y_{i+1} - y_i$ ， $i = 1,2,\cdots,n$ 。

将式(3.12)代入式(3.11)，可以得到式(3.13)来计算封闭区域 D 的形状参数：

$$\begin{cases} A = -\oint_C y\mathrm{d}x = -\sum_{i=1}^{n} F_i(y_i + 0.5G_i) \\[6pt] M_x = -\dfrac{1}{2}\sum_{i=1}^{n} F_i(y_i^2 + G_i y_i + G_i^2/3) \\[6pt] M_y = \dfrac{1}{2}\sum_{i=1}^{n} G_i(x_i^2 + F_i x_i + F_i^2/3) \\[6pt] I_x = -\dfrac{1}{3}\sum_{i=1}^{n} F_i(y_i^3 + 1.5G_i y_i^2 + G_i^2 y_i + 0.25G_i^3) \\[6pt] I_y = \dfrac{1}{3}\sum_{i=1}^{n} G_i(x_i^3 + 1.5F_i x_i^2 + F_i^2 x_i + 0.25F_i^3) \\[6pt] I_{xy} = -0.5\sum_{i=1}^{n} F_i\left[(x_i + 0.5F_i)y_i^2 + (x_i + 2F_i/3)G_i y_i + (x_i/3 + 0.25F_i)G_i^2\right] \end{cases} \quad (3.13)$$

若封闭区域为平面多连通区域，则只需用一条假想切割线将不连通的各个区域串通在一起。由于假想切割线往返经过两次，一次正向，一次反向，相互抵消，从而保证了最终计算结果的正确性。

结合上述公式以及前述求交理论，可求出任意水线下驳船横剖面的形状参数。

4) 用组合体思想处理复杂形状装备

接载装备在纵向存在形状突变阶梯时，进行纵向样条积分必定会产生较大的误差。为了处理这个问题，本书采用组合体组合的思想：将整个接载装备看成由 N 部分组成，且每一部分均不存在纵向阶梯突变；每一部分单独存储剖面点列，并按纵向进行积分；将各部分参数结果按式(3.14)~式(3.19)进行组合，得到整个驳船的相关参数：

$$\varDelta = \sum_{i=1}^{N} \varDelta_i \quad (3.14)$$

$$x_B = \frac{\sum_{i=1}^{N} \varDelta_i x_{Bi}}{\varDelta} \quad (3.15)$$

$$z_B = \frac{\sum_{i=1}^{N} \varDelta_i z_{Bi}}{\varDelta} \quad (3.16)$$

$$x_F = \frac{\sum_{i=1}^{N} A_{wi} x_{Fi}}{\sum_{i=1}^{N} A_{wi}} \quad (3.17)$$

$$BM = \frac{\sum\limits_{i=1}^{N} BM_i \Delta_i}{\Delta} \tag{3.18}$$

$$BM_L = \frac{\sum\limits_{i=1}^{N} BM_{Li} \Delta_i}{\Delta} \tag{3.19}$$

式中，A_{wi} 为第 i 个子体的水线面面积(m^2)；Δ_i 为第 i 个子体的总排水量(t)；x_{Bi} 为第 i 个子体的浮心纵向坐标(m)；z_{Bi} 为第 i 个子体的浮心垂向坐标(m)；x_{Fi} 为第 i 个子体的漂心纵向坐标(m)；BM_i 为第 i 个子体的横稳心半径(m)；BM_{Li} 为第 i 个子体的纵稳心半径(m)。

3.3　空间自由浮态计算

接载装备的空驳船重量(除压载水和进入产品)W_s 及重心(X_s, Y_s, Z_s)可预先得到，再结合接载装备的舱容曲线得到所有调节水舱压载水的重量 W_w 及重心(X_w, Y_w, Z_w)，将几部分重量求和，就可得到整个接载装备的重量及重心。假设接载装备整船重量为 Δ，重心坐标为(x_G, y_G, z_G)。

首先，依据排水量 Δ 查询静水力曲线，可得到平均吃水 d。

其次，依据平均吃水 d 查询静水力曲线，得到该吃水下接载装备的 x_B、z_B、x_F、BM 和 BM_L。

再次，依据式(3.20)可计算得到未经自由液面修正的接载装备的初稳性高 GM 和初纵稳性高 GM_L：

$$\begin{cases} GM = z_B + BM - z_G \\ GM_L = z_B + BM_L - z_G \end{cases} \tag{3.20}$$

按式(3.21)对所有存在自由液面的舱室进行自由液面修正：

$$\begin{cases} GM_1 = GM - \dfrac{\sum\limits_{k=1}^{n} \omega_k i_{xk}}{\Delta} \\[4mm] GM_{1L} = GM_L - \dfrac{\sum\limits_{k=1}^{n} \omega_k i_{yk}}{\Delta} \end{cases} \tag{3.21}$$

式中，ω_k 为第 k 个自由液面舱室液体密度(t/m^3)；i_{xk} 和 i_{yk} 分别为第 k 个舱室液

面对其倾斜轴线的惯性矩(m^4)。

接着，依据式(3.22)可计算出接载装备的横倾角 θ 和纵倾角 φ (单位为 rad)：

$$\begin{cases} \theta = \arcsin\left(\dfrac{y_G}{GM_1}\right) \\ \varphi = \arcsin\left(\dfrac{x_G - x_b}{GM_{1L}}\right) \end{cases} \tag{3.22}$$

最后，依据横倾角 θ 和纵倾角 φ 计算出接载装备的四角吃水：

$$\begin{cases} d_1 = d + (0.5L_{bp} - x_F)\tan\varphi - 0.5B_b\tan\theta \\ d_2 = d + (0.5L_{bp} - x_F)\tan\varphi + 0.5B_b\tan\theta \\ d_3 = d - (0.5L_{bp} + x_F)\tan\varphi - 0.5B_b\tan\theta \\ d_4 = d - (0.5L_{bp} + x_F)\tan\varphi + 0.5B_b\tan\theta \end{cases} \tag{3.23}$$

式中，L_{bp} 和 B_b 表示接载装备总长和型宽(m)；d_1、d_2、d_3 和 d_4 分别表示接载装备的艏部左舷、艏部右舷、艉部左舷和艉部右舷的四角吃水(m)。

3.4 稳性计算与校核

3.4.1 稳性计算

在实际作业时，接载装备四角吃水和调节水舱液位都是通过传感器进行实时监测得到的。因此，此时接载装备浮态已知，剩下的主要问题是驳船的初稳性高和初纵稳性高求解[70]。

首先，如果接载装备船型左右对称，那么其平均吃水应为

$$d = 0.5(d_f + d_a) + x_F(d_f - d_a)/L_{bp} \tag{3.24}$$

式中，d_f 和 d_a 分别表示接载装备的艏艉吃水(m)：

$$\begin{cases} d_f = 0.5(d_1 + d_2) \\ d_a = 0.5(d_3 + d_4) \end{cases} \tag{3.25}$$

x_F 为接载装备漂心的纵向坐标(m)。

其次，依据平均吃水 d 查询静水力曲线，得到该吃水下接载装备的 Δ、z_B、BM 和 BM_L。

再次，依据已知的接载装备空船重量重心和各调节水舱压载水的重量重心，可计算出已上驳产品的重量：

$$W_p = \Delta - W_s - W_w \tag{3.26}$$

接着，依据产品已上驳重量及对应的重心垂向坐标，可计算得到接载装备整体的重心高度 z_G：

$$z_G = \frac{W_s Z_s + W_w Z_w + W_p Z_p}{\Delta} \tag{3.27}$$

最后，按照式(3.20)和式(3.21)可计算得到经自由液面修正的接载装备的初稳性高和初纵稳性高[71]。

3.4.2　稳性校核

为了保证船舶具有一定的稳性，国际海事组织(International Martime Organization, IMO)和各个国家的船检部门都给出了最低的要求标准[72]，如下所示：

(1) 初稳性高应不小于 0.15m。

(2) 横倾角等于或大于 30°处的复原力臂应不小于 0.2m。如果进水角小于 30°，则在进水角处的复原力臂应不小于 0.2m。

(3) 船舶最大复原力臂所对应的横倾角应不小于 25°，且进水角应不小于最大复原力臂处的对应角。

(4) 稳性标准数应不小于 1.0。

上述规定为一般船舶的要求，对于特殊用途的船舶，还有一些其他附加的稳性要求，需参照 IMO 和各国的船舶检验部门对船舶稳性的要求。这里按照中国船级社的标准要求来校核驳船的初稳性高，即初稳性高 $GM \geqslant 0.15m$。

第4章　结构强度计算与校核

4.1　总纵强度计算

依照船体梁理论，接载装备总纵强度计算的关键是整个作业过程中承受的载荷引起的剪力和弯矩。而承受的浮力和重力是引起船体梁总纵弯曲的主要外力[73]。另外，上驳作业通常在港内进行，风浪较小，因此可不考虑波浪的附加载荷。易见，问题的关键是如何确定静水中接载装备的浮力和重力载荷曲线[74]。

4.1.1　浮力载荷曲线计算

浮力载荷曲线通常可按邦戎曲线求得，即得到指定水线下的驳船横剖面面积。邦氏曲线可通过 3.1.2 节中所述的横剖面面积计算方法得到。

浮态可采用 3.3 节中的方法计算得到[75]，即可确定接载装备在静水中的艏艉吃水 d_f 和 d_a ，因此接载装备纵向任一剖面位置 x 的吃水 d_x 可按式(4.1)计算得出：

$$d_x = d_a + \frac{d_f - d_a}{L_{bp}}(x + 0.5L_{bp}) \tag{4.1}$$

通过 d_x 插值该剖面处的邦氏曲线，可计算出该水线下的剖面面积 A_{s_x} 。将所有剖面的水线下剖面面积乘以接载装备周围液体密度 ω 和附体系数 k ，连成曲线即得到该水线下的浮力载荷曲线 $b(x)$ 。 L_{bp} 为垂线间长(m)。

4.1.2　重力载荷曲线计算

重力载荷曲线可分为三部分：空船重量分布 $p_{hull}(x)$ 、压载水重量分布 $p_w(x)$ 和已上驳产品重量分布 $p_{pro}(x)$ 。空船重量分布可事先获得，为已知数据。压载水重量分布和已上驳产品重量分布则需依据不同时刻各舱室压载水重量和已上驳产品重量进行实时计算。

假设某压载舱纵向分布范围为 $[x_a, x_f]$ ，某时刻压载舱水量为 w ，重心纵向坐标为 x_c ，则该部分重量可按式(4.2)进行梯形分布处理：

$$p_w(x) = \frac{2w}{(x_f - x_a)^3}\left[(2x_f{}^2 + 2x_a x_f - 3x_c x_f - 3x_c x_a + 2x_a{}^2) + 3(2x_c - x_f - x_a)x\right] \tag{4.2}$$

已上驳产品重量及重心可按 3.3 节所述对于预配载计算和实际上驳作业采用

不同的计算方法。参考式(4.2)进行类似的梯形分布处理，得到该部分重量载荷曲线 $p_{pro}(x)$。

将三部分重量载荷曲线沿驳船纵向进行叠加，即可得到整个驳船的重力载荷曲线 $p(x)$：

$$p(x) = p_{hull}(x) + p_w(x) + p_{pro}(x) \tag{4.3}$$

4.1.3　剪力弯矩曲线计算

将浮力载荷曲线与重力载荷曲线叠加，就可得到整个接载装备的外载荷分布曲线[74-77]：

$$q(x) = p(x) - b(x) \tag{4.4}$$

式中，$p(x)$ 为整个驳船的重力载荷曲线；$b(x)$ 为浮力载荷曲线。

利用式(4.5)可得到纵向位置 x 处接载装备承受的剪力 $N_s(x)$ 和弯矩 $M_s(x)$：

$$\begin{cases} N_s(x) = \displaystyle\int_{-0.5L_{bp}}^{x} q(t)\mathrm{d}t \\[2mm] M_s(x) = \displaystyle\int_{-0.5L_{bp}}^{x} \int_{-0.5L_{bp}}^{x} q(t)\mathrm{d}t\mathrm{d}x \end{cases} \tag{4.5}$$

需要说明的是，由于累积误差的存在，很难保证接载装备承受的浮力和重力完全平衡，即艏艉端点处剪力和弯矩一般不为零。为此，需要对剪力和弯矩曲线进行不封闭修正。通常是将端点不为零的剪力弯矩按线性比例关系分配到曲线上。本书编程时则考虑了另一种处理方法，即剪力和弯矩曲线积分分别从艏艉两端开始进行并积分至船舯。这样，船舯处存在两个不同的剪力和弯矩值，将二者求取平均值作为该处的剪力和弯矩结果。该方法对计算精度并不会造成较大的影响，因为不平衡剪力和弯矩一般较小，相对于船舯处的弯矩更小。

4.1.4　强度校核

根据接载装备的结构要求，配载过程中最大剪力 N_{max} 和最大弯矩 M_{max} 需满足如下关系：

$$N_{max} \leqslant [N], \quad M_{max} \leqslant [M] \tag{4.6}$$

式中，$[N]$ 为许用剪力(N)；$[M]$ 为许用弯矩(N·m)。

4.2　结构有限元计算

4.2.1　有限元概述

有限元法(finite element method, FEM)是 20 世纪 50 年代末至 60 年代初兴起

的应用数学、力学及计算机科学相互渗透、综合利用的方法[77]。其物理实质是用有限个单元体的组合代替连续体，化无限自由度的问题为有限自由度的问题；而数学实质是用有限子区域的组合代替一个连续域，化连续场函数的微分方程求解问题为有限个参数的代数方程组的求解问题。

1. 有限元法分析过程

有限元法分析过程大体分为前处理、分析和后处理三大步骤[78]。

对实际的连续体经过离散化后就建立了有限元分析模型，这一过程是有限元的前处理过程。在这一阶段，要构造计算对象的几何模型，划分有限元网格，生成有限元分析的输入数据。这一步是有限元分析的关键。

分析过程的主要环节包括单元分析、整体分析、载荷移置、引入约束和求解约束方程等[79]。这一过程是有限元分析的核心部分，有限元理论主要体现在这一过程中。有限元法包括三类，即有限元位移法、有限元力法和有限元混合法。在有限元位移法中，选节点位移作为基本未知量；在有限元力法中，选节点力作为基本未知量；在有限元混合法中，选一部分基本未知量为节点位移，另一部分基本未知量为节点力。有限元位移法计算过程的系统性、规律性较强，特别适宜于编程求解。一般除板壳问题应用有限元混合法外，其余大多采用有限元位移法。

有限元分析的后处理主要包括对计算结果的加工处理、编辑组织和图形表示。它可以把有限元分析得到的数据进一步转换为设计人员直接需要的信息，如应力分布状况、结构变形状态等，并且绘成直观的图形，从而帮助设计人员迅速评价和校核设计方案。

2. 有限元法的优缺点

综合来说，有限元法的优点是明显的，具体如下：

(1) 整个系统离散为有限个单元，并将整个系统的方程转换为一组线性联立方程，从而可以用多种方法对其进行求解。

(2) 边界条件不进入单个有限元的方程，而是在得到整体代数方程后再引入边界条件。这样，内部和边界上的单元都能够采用相同的场变量模型，而且当边界条件改变时，内部场变量模型不需要改变。

(3) 有限元法考虑了物体的多维连续性，不仅在离散过程中把物体看成连续的，而且不需要用分别的插值过程把近似解推广到连续体的每一点。

(4) 有限元法不需要适用于整个物体的插值函数，而只需要对每个子域或单元采用各自的插值函数，这就使得其对复杂形状的物体也能适用。

浮式陆海接载装备自动配载技术及应用

(5) 适用于线性或者非线性场合。

有限元法的缺点如下：

(1) 有限元计算，尤其是在对复杂问题的分析上，所耗费的计算资源是相当惊人的，计算资源包括计算时间、内存和磁盘空间。

(2) 尽管现在的有限元软件提供了自动划分网格的技术，但是到底采用什么样的单元、网格的密度多大才合适等问题完全依赖于经验。

(3) 有限元分析所得结果并不是计算机辅助工程的全部，一个完整的工程设计不能单独使用有限元分析完成，还必须结合其他分析和工程实践。

4.2.2　ANSYS 软件介绍

ANSYS 软件可用于二维或三维系统的有限元静力、动力、热、线性分析。通过把热分析的输出与结构的输入直接相连，ANSYS 软件可进行热应力分析。除了强大的分析功能外，ANSYS 软件还包含前、后处理功能，并能支持广泛的图形显示设施。此外，它可在大多数计算机和操作系统中运行，可与大多数 CAD 软件相连。

1. ANSYS 软件的技术特点

ANSYS 软件的主要技术特点如下：

(1) 强大的建模能力。单靠 ANSYS 软件本身就可以建立各种复杂的几何模型，可采用自底向上、自顶向下或者二者相结合的建模方法，通过各种布尔运算和操作建立所需的几何实体。

(2) 强大的求解能力。ANSYS 软件提供了数种求解器，主要类型有迭代求解器、直接求解器、特征值求解器和并行求解器等，用户可根据具体问题选择相应的求解器。

(3) 强大的非线性分析能力。可以进行几何非线性、接触非线性、材料非线性和单元非线性分析。其中，材料非线性包括形状记忆合金和压电材料等的非线性。

(4) 强大的网格划分能力。可以进行智能网格划分，根据模型的特点自动生成有限元网格。也可以根据用户要求，实现多种网格划分。

(5) 良好的优化能力。通过 ANSYS 软件的优化设计功能，可以确定最佳设计方案；通过 ANSYS 软件的拓扑优化功能，可以对模型进行外形优化，以便实现对材料的最大化利用。

(6) 具有多种接口能力。ANSYS 软件提供了与多数 CAD 软件及有限元分析软件的接口程序，可以实现数据的共享和交换，如 UG、Pro/Engineer、Solid Designer、CADDS、AutoCAD 等。

(7) 强大的后处理能力。可以获得任何节点和单元的数据，具有列表输出、动画模拟、图形显示等多种数据输出形式，也可以进行多种载况的组合和多种数学运算。

(8) 强大的二次开发能力。可以利用 UPFS(user programmable features system)、APDL(ANSYS parametric design language)等进行二次开发，几乎能完成用户的任何功能要求。

(9) 强大的数据统一能力。ANSYS 软件使用统一的数据库储存模型数据和求解结果，能实现前后处理、分析求解以及多场分析的数据统一。

(10) 能支持多种硬件平台和操作系统平台。

2. ANSYS 结构线性静力分析概述

ANSYS 结构线性静力分析的四个基本步骤是创建几何模型、生成有限元模型、加载与求解、结果评价与分析。具体的步骤与结构分析的类型有关，且部分步骤可以省略或者相互交叉，如简单的结构其几何模型创建过程可以省略，而直接创建有限元模型，加载可在前处理层也可在求解层等，这些需要根据具体情况以便利原则而定。

1) 创建几何模型

(1) 清除当前数据库。

回到开始层：FINISH 命令。清除数据库的操作要在开始层进行。

清除数据库：/CLEAR 命令。不管当前数据库中是否有数据，在开始新工作前清除数据库中的数据是必要的。

(2) 工作文件名与主标题。

作文件名：/FILNAM 命令，实际分析时需自定义。

主标题：/TITLE 命令，用于在图形区显示，子标题可用/STITLE 命令定义。

(3) 创建具体的几何模型。

任何一个实体模型都是由点、线、面和体组成的。点连接成线，线构成面，面构成体；或者从另一方面说，一个体包含了面，一个面包含了线，一条线包含了点。根据这两种不同的说法，就产生了两种实体建模方法：自底向上法和自顶向下法。自底向上法是首先定义实体模型的顶点关键点，然后利用这些关键点来定义较高级的实体图元。关键点是在当前活动坐标系中定义的，它是自底向上法的基础，因此这种实体模型是在当前活动坐标系上操作的。

自顶向下法是利用 ANSYS 软件提供的几何原型直接生成简单图元，再对其进行操作以创建模型。这些几何原型包括常有的规则面和体，能满足大多数需要。当调入一个原型时，ANSYS 软件自动生成所有从属于该原型的低级图元，从属于是指关键点、线从属于面，而关键点、线、面从属于体。由于首先建立的是较高级的实体，该实体包含了较低级的实体，故称为自顶向下建模方法。这种方法创建模型通常是在工作平面内进行的。

ANSYS 软件有一组很方便的几何作图工具，用户也可以通过在命令输入窗口输入命令来建立模型。对于简单的模型通常采用菜单流就可以迅速建立，但是对于复杂的，特别是需要多次修改的模型最好通过命令流来建立。

2) 生成有限元模型

(1) 定义单元类型、实常数和材料性质。

确定单元类型是很重要的。在线性结构静力分析中要用到的典型单元类型有线单元、壳单元和实体单元。实常数通常根据板、壳的厚度来取值。材料的特性主要包括弹性模量、泊松比、质量密度(用来计算自重影响)和热膨胀系数等。这些特性有时在创建具体的几何模型之前定义，以便在几何模型上施加载荷和约束。

(2) 定义网络划分属性。

该部分主要定义单元划分数量或大小、单元划分的类型和划分方式(如映射网格或自由网格)。对几何模型实施网格划分，通常是一项复杂烦琐且很依赖于经验的工作。

3) 加载与求解

施加约束，约束可在几何模型上施加，也可以在有限元模型上施加；施加载荷，经历分析的载荷主要包括集中载荷、分布载荷、温度、自重和旋转惯性力，梁单元的分布载荷必须施加在有限元模型上。约束和载荷施加完毕后就可进行求解。

4) 结果评价与分析

进入通用后处理，读入结果数据；对结果进行处理，以图形和列表显示结果；对误差进行估计，仅 SOLID 和 SHELL 单元可考察网格密度对结果的影响。

4.2.3　产品接载极限情况分析

1. 分析目的

产品接载过程中发生中途停顿时，产品不得不保持在途中所在位置。在这种保持状态中，需要随时调整接载装备的压载水以维持接载装备滑道与码头滑道平齐，保证接载产品、接载装备以及码头不受损害。如果潮位过低，接载装备滑道低于码头前沿滑道，则接载装备、码头和接载产品都处在非正常受力状态，可能使接载产品或者码头前沿遭到损坏。因此，需要了解上坞过程中的一些不利情况，采取有效的措施来预防这些情况的发生。

2. 不利情况分析

产品接载中的停顿事件是在接载的全过程中随机发生的,可能发生在整个接载过程中的任意时刻。

对于接载产品、码头前沿和接载装备,最不利的情况是不一样的。

(1) 对接载产品,最不利的情况一是极端中拱时船舯弯矩最大,船舯区域的应力最大,该区域的船底板的局部载荷也最大;二是极端中垂时,除了船舯区域的应力大以外,船艉和船艏区域船底的局部载荷也很大。

(2) 对码头前沿,最不利的情况发生在接载装备下沉造成码头前沿载荷加大时,可能超过码头的设计承载能力而引起码头塌陷或下陷。

(3) 对接载装备,最不利的情况发生在接载装备低于码头,接载产品处于中垂状态,船艉支撑在接载装备滑道上,船艏支撑在码头前沿时接载装备甲板局部的载荷集中,导致局部强度或总纵强度出现不足。

需要考虑的几种状态如下:

(1) 正常接载状态。即潮水足够高,接载全过程都能保证接载装备滑道与码头滑道平齐,都能维持对产品上坞部分的相等的举力。

(2) 非正常接载状态。即潮水高度不足,接载装备滑道不能维持与码头齐平,而导致不能提供与产品上坞部分相对应的举力,举力不足的部分由码头前沿的载荷增加来加以解决。非正常接载从接载开始到结束可以分为如下四种状态:

① 小中拱纯悬臂状态。

发生在接载初期产品上坞长度不太大时,由于潮高不够,接载装备滑道低于码头前沿滑道。此时上坞长度不大,即使接载装备对产品完全没有支撑,产品强度也足够,不会发生破坏或永久变形,码头的前沿载荷也没有超过设计极限。

② 大中拱状态。

此状态发生在接载产品的重心拖拉到接近码头前沿区域时,如果潮位太低,接载装备滑道低于码头前沿滑道,上坞产品将发生中拱变形。如果产品或码头强度不够,就必须对潮水高度提出一个最低要求,在此高度要求下,确保接载装备提供的浮力能够保证产品及码头受力不超过强度极限。

③ 中拱中垂混合状态。

此状态发生在产品重心移动到接载装备上一段距离后,产品艉部区域及码头前沿区域是承受支撑力的主要区域,其中间区域则受力较小。在靠近码头前沿处,接载装备滑道低于码头前沿滑道,产品底部还会出现一段悬空区,所以产品在这一段可能出现中垂状态变形。此时由于产品后体的向下变形,其前体将相应发生向上的中拱变形,整个产品呈现前体中拱、后体中垂的 S 形变形。

④ 纯中垂状态。

此种状态发生在产品接载的最后阶段，只剩下产品艉部很短一段上滑板还留在码头上。此时如果潮水高度太低，接载装备滑道低于码头滑道，上坞产品将处于严重的中垂状态。

4.2.4 规范标准

CCS 对接载装备等下水工作船的结构强度直接计算方面的相关规定如下。

1. 坐标系统

有限元模型的坐标系统取右手坐标系：
X 方向为船体的纵向，以船艏方向为正方向；
Y 方向为船体的横向，以纵中线向左舷为正方向；
Z 方向为船体的垂向，以基线向上为正方向。

2. 计算载荷

计算载荷主要包括以下几方面：
(1) 接载装备自身重量。
(2) 作用于甲板上的被移产品重量。
(3) 浮箱底板的外部水压力以及舷外水压力。
(4) 浮箱甲板浸没于水中时的水压力。
(5) 压载船的水压力。
在计算总纵强度时，载荷有如下规定：
(1) 浮力沿着船长均匀分布。
(2) 被移物平移时，仅有部分长度的被移物进入接载装备甲板内，按照实际的压载水配置校核强度薄弱处剖面的弯曲和剪切强度，此时的吃水应基于潮汐变化的海面标高和上述实际被移入部分重量、接载装备重量和浮力的静力平衡。
(3) 对于接载装备在码头进行作业的工况，不计及波浪载荷。
(4) 应使模型的总浮力与总重力平衡。

3. 模型单元及网格尺寸

整个接载装备的所有主要的纵向结构和横向结构均应包括在有限元模型中。所有的主要板材，如坞墙板、安全甲板、顶甲板、平台、浮箱甲板和底板、船壁板等，以及强横梁、桁材等主要支撑构件的腹板用板单元来模拟，板上的骨材，如纵骨、横梁、普通肋骨和扶强材等,用梁单元来模拟,并用梁单元的偏心设置表征计入带板的组合剖面特征。主要支撑构件的面板用杆单元模拟,且取面板面积为单元的轴向面积,模拟腹板上的加强筋也这样模拟。另外,模型中的析架撑杆应该用杆单元来模拟。

模型的网格尺寸一般以横向/垂向按照纵骨间距、纵向按照肋骨间距为一个单元划分,单元划分应尽量采用四边形。

4. 边界条件

模型的边界条件应该以约束整船模型的刚体位移为目的,一般边界设在艏艉端部或者船舯部的强框架剖面上。

5. 许用应力

许用应力如表 4.1 所示。

表 4.1　许用应力

构件	等效应力或轴向应力/(N/mm²)	剪应力/(N/mm²)
板单元	$[\delta_e]=185/K$	$[\tau]=100/K$
横向桁架撑杆	$[\delta]=141/K$	—

注: K 为高强度钢材料系数。

6. 等效应力

板单元的等效应力(即 von Mises 应力)计算公式为 $\delta_e = \sqrt{\delta_x^2 + \delta_y^2 - \delta_x\delta_y + 3\tau_{xy}^2}$,该值基于单元形心处的膜应力。δ_e 为单元 X 向的应力(N/mm²),δ_x 为单元 Y 向的应力(N/mm²),δ_y 为单元 XY 平面的剪应力(N/mm²)。

4.2.5　实例分析

某散货船在平地建造后,采用浮船坞接载下水,配载计算的主要考虑点是使浮船坞的滑道与岸上滑道保持水平且使浮船坞处于正浮状态,即艏艉、左右舷吃水相同;同时配载更多考虑的是各压载舱调节水量的绝对值应尽量小,以便在现有水泵条件下缩短配载时间。

这样的配载方案缺少了浮船坞结构应力以及变形方面的考虑,接载过程末期压载水重量高达数万吨,这无疑对浮船坞的结构是个巨大的挑战,因此需要对整个接载过程进行强度校核。本书主要用有限元软件 ANSYS 对该接载过程进行结构应力和变形分析计算，该计算结果对浮船坞的安全接载及设计建造有一定的参考意义。

1. 浮船坞概况

主要尺度及作业主要要素：

总长(计入艄梯道)	206.38m
浮箱长	204.48m
坞墙长	204.48m
坞外宽(型宽)	48.60m
坞内宽	39.60m
坞墙宽	4.50m
顶甲板距基线(外坞墙处/内坞墙处)	16.00/16.05m
安全甲板距基线	10.70m
浮箱高(浮箱中线处/外坞墙处)	4.45/4.30m
设计工作吃水(型)/干舷	4.00/0.3m
设计最大沉深吃水(型)/干舷	14.15/1.85m
坞墩高度	1.40m
肋距	0.71m
压载舱容积	约 52000m^3
压载舱数量	24 个
浮船坞举力	22000.0tf(1tf ≈ 9.8×10^{3}N)
主排水泵	6 台 × 4520m^3/h × 8.1mH$_2$O
起重机	1 台 × 10t × 30m^3/台 × 30t × 24m

浮船坞坞体由连续的底部浮箱和两舷侧的连续坞墙焊接组合而成。浮船坞在横向被 1 道水密的中纵舱壁和 2 道水密的旁纵舱壁分为左、左中、右中、右四个压载舱，在纵向被一艄封板、艉封板以及 6 道水密横舱壁分割为六个区间，即总计 24 个压载舱。浮箱的左、右舷压载舱一直延伸至安全甲板，如图 4.1 所示。

浮船坞坞体结构采用混合骨架式。为了使坞体能具有较好的横向强度，抬船甲板和浮箱船底板均采用横骨架式。同时为了让浮船坞能满足纵向强度的要求，浮船坞的内外坞墙、顶甲板、安全甲板以及坞墙对应范围内的船底板都采用纵骨架形式，此外在浮箱还设置有 4 道非水密的制荡舱壁(左右舷各 2 道、对称布置)。浮箱处每隔 8 个肋位设置非水密的横舱壁，在坞墙处每隔 4 个肋位设置横向强框架。具体结构如图 4.2 所示。

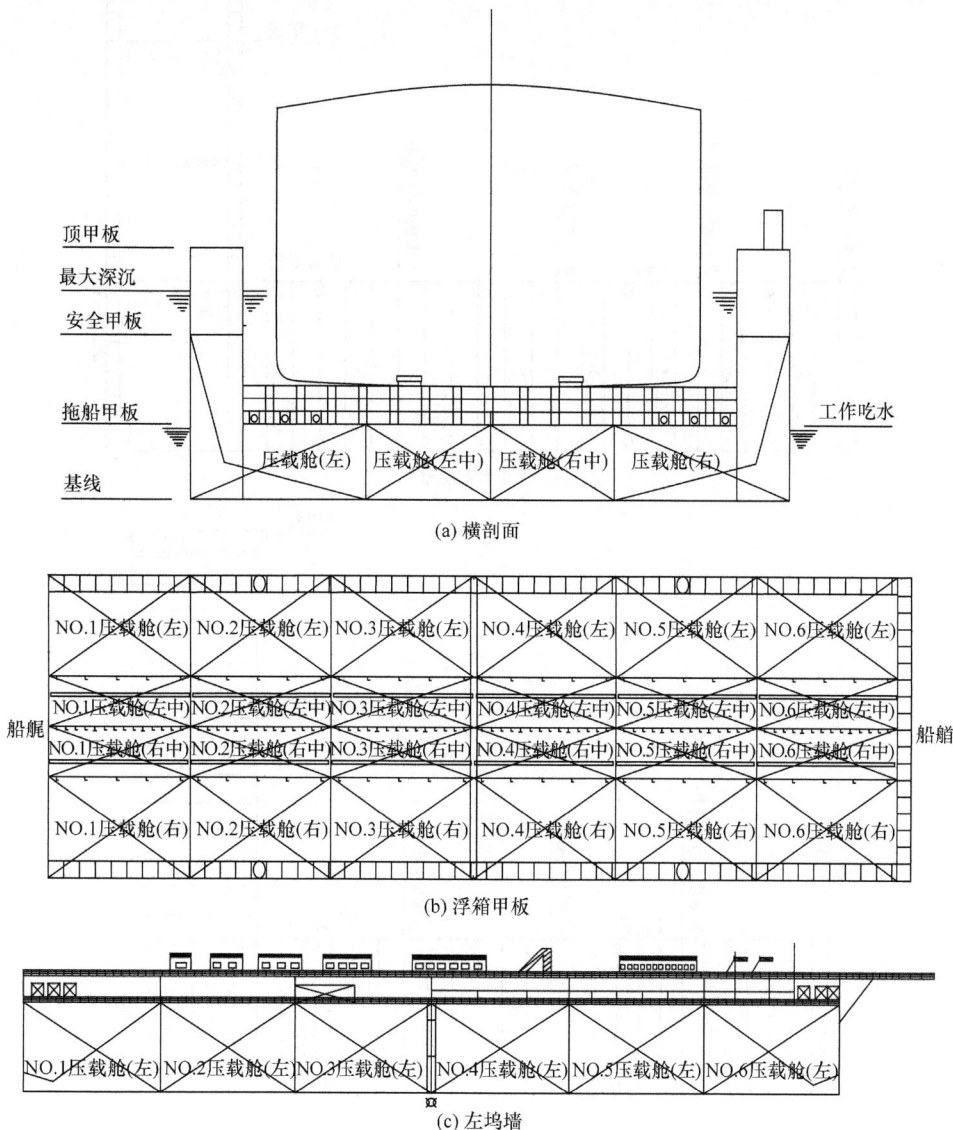

(a) 横剖面

(b) 浮箱甲板

(c) 左坞墙

图 4.1　浮船坞坞体图

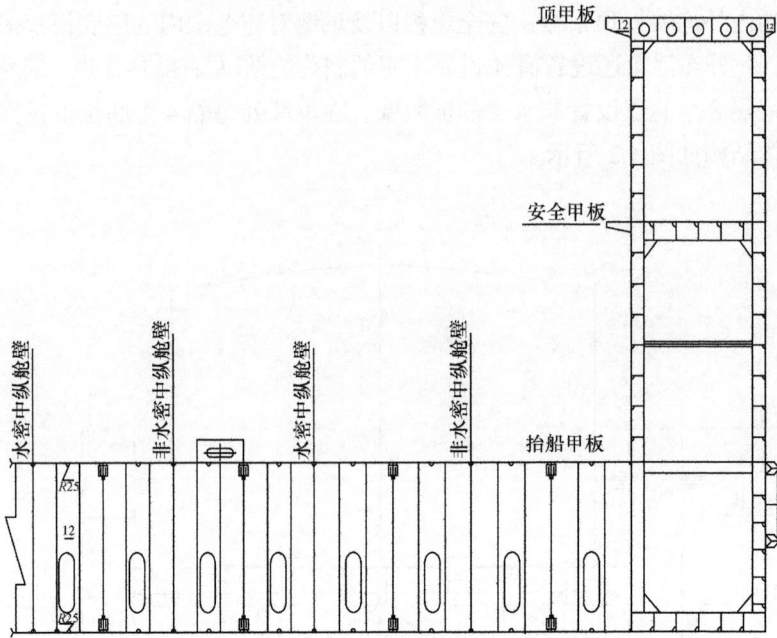

(a) 非水密舱壁

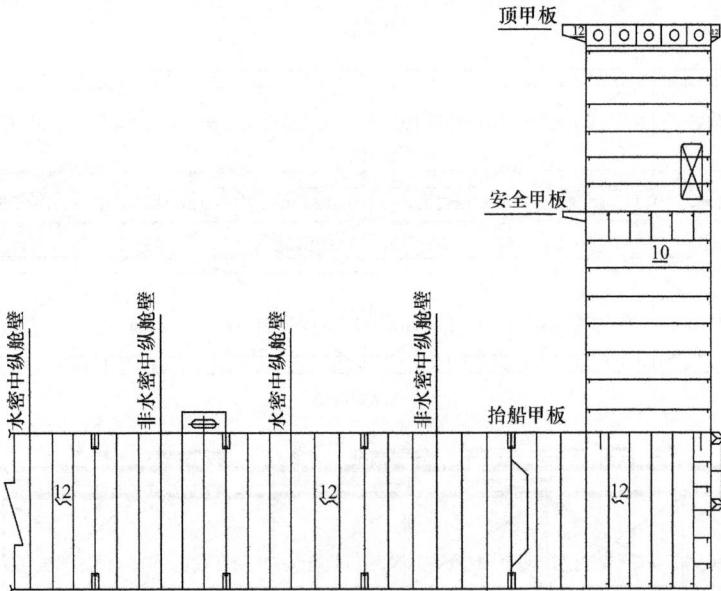

(b) 水密舱壁

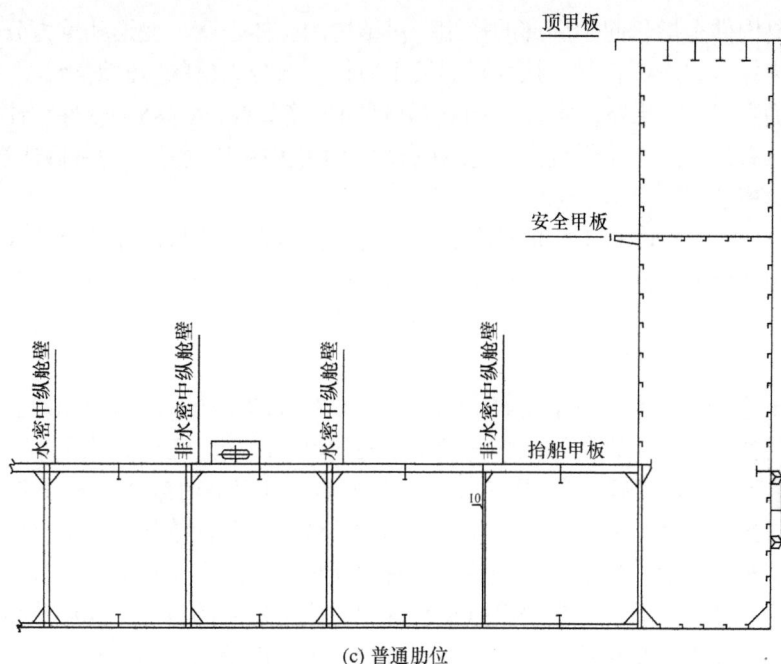

(c) 普通肋位

图 4.2　浮船坞坞体结构(单位：mm)

2. 浮船坞模型建立

1) 浮船坞结构简化

在利用 ANSYS 软件建立几何模型之前，首先需要仔细阅读浮船坞相关的结构图纸、结构计算书，对整个浮船坞的结构了然于心，因为这是构造三维有限元的依据。这些图纸主要包括总布置图、横剖面图、浮箱纵向剖面图、抬船甲板及底部结构图、坞墙结构图等。然后根据这些构件在船体强度中所起到的作用，将坞体的结构划分为主要构件和次要构件。

主要构件包括船体外板、各层甲板板、纵向舱壁板、横向舱壁板、纵向桁材以及横向强框架等。它们在船体的整个结构中至关重要，将影响整体的变形和整体的应力场分布状况。因此，在船体有限元模型建立过程中，应尽力如实反映它们的真实情况。另外，由于总纵强度在浮船坞的结构强度中占有重要地位，一些纵向骨材如浮船坞坞墙处内外纵骨、船底纵骨以及安全甲板、顶甲板的纵骨也会起着重要的作用；同时，由于浮船坞的抬船甲板要承受接载船舶的重量及甲板浸水的水压力，船底板要承受浮力，这两处的横梁在保证浮船坞具有一定的横向强度时起着重要作用。因此，这些骨材也必须按照真实情况进行模拟，以保证计算的模型与实际结构相符合，能如实反映船体的真实结构。

次要构件是指只起到局部的作用,对结构的整体强度、变形和重力分布影响微小的构件,如连接骨材、扶强材的较小肘板,部分骨材的防倾肘板,一些构件上小的加强筋等。此外,对于不作特殊处理的焊接节点,ANSYS 软件在计算时默认该处具有足够的焊接强度。因此,在有限元建模中可以对这些构件做适当取舍,以减少建模的工作量。

此外,可以省略板上小的开孔,同时将开孔所在板的板厚缩减至等效板厚;不能忽视较大的开孔,但是可以对孔的形状进行变换,例如,可以把一些圆形孔简化为方形的,这样做可以使有限元网格划分更加规则,以保障计算的准确性。

2) 浮船坞几何模型的建立

由于浮船坞基本是一个沿着中纵剖面左右对称的结构,所以只需建立 1/2 模型,但是要注意将中纵剖面上板和骨架结构的尺寸减半。建模方式采用自底向上法,为了便于模型的修改和图形的查看,整个建模过程采用命令流编写输入形式。为了能够准确描述各构件在整个船体结构中的位置、各计算接载工况下的结构变形及应力分布情况,同时也方便后续的有限元划分和约束、载荷的加载,需要选取模型的总体坐标系。根据 ANSYS 软件中总体坐标系的特点,并参照船舶制图中的习惯,模型的坐标原点选在结构图纸中中纵剖面处的 0 号肋位,X 正方向沿船长方向并且由船艉指向船艏;Y 正方向从船艉向船艏看时沿坐标原点指向左舷(刚好与船体制图 Y 方向相反);Z 方向沿坐标原点垂直向上指向甲板。建模时,所有尺寸的单位都采用 mm,以便与结构图纸上的构件尺寸相统一。坐标系确定后,便开始几何建模工作,这是有限元计算的基础,是整个分析过程中工作量最大、花费时间最长的工作。几何模型如图 4.3 所示。

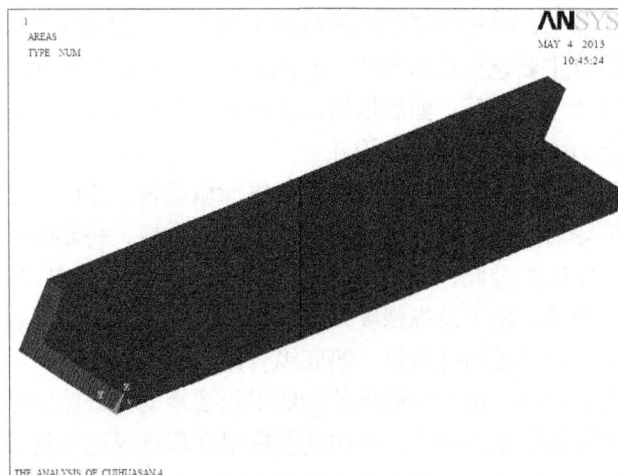

(a) 浮船坞几何模型面显示

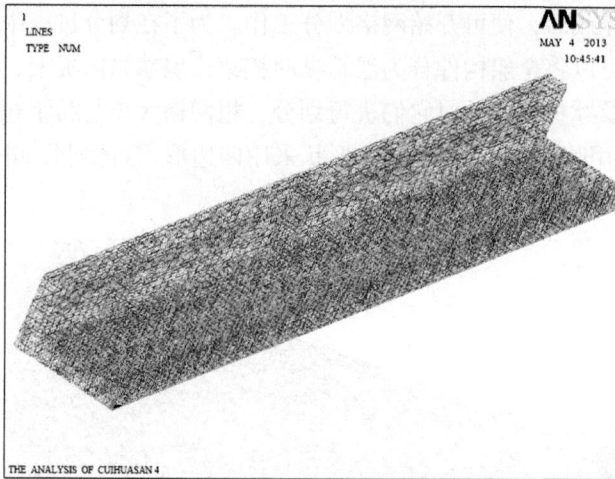

(b) 浮船坞几何模型线显示

图 4.3　浮船坞几何模型

3) 浮船坞有限元模型的建立

浮船坞的几何模型建成后，就开始对其进行网格划分从而生成有限元模型。划分网格之前需要定义单元类型、实常数和材料的性质。该模型主要采用两种单元类型：SHELL63 主要用来模拟各板，BEAM188 主要用来模拟各骨材、桁材。依据船板的不同厚度定义了 9 个实常数，材料性质定义为线弹性、各向同性等，其弹性模量 EX 取 2.06×10^5MPa，泊松比 PRXY 取 0.3，密度为 7.85×10^3kg/m³。单元类型、实常数和材料性质定义的命令流如下：

```
/prep7
ET, 1, BEAM188
ET, 2, SHELL63
MP, EX, 1, 2.06E5
MP, PRXY, 1, 0.3
MP, DENS, 1, 7.85E-6
R, 1 ,10
R, 2, 12
R, 3, 14
R, 4, 16
R, 5, 18
R, 6, 20
R, 7, 22
R, 8, 24
R, 9, 15
```

上述定义完成后，便可开始网格划分工作。为了在划分过程中不重复划分也不遗漏构件，可以将全船构件分为浮箱纵向板架、坞墙纵向板架、坞墙强框架、横舱壁、支柱及撑材。逐一对它们进行划分，粗网格大小与肋距相当，实际取值为 800，尽量采用映射网格划分，单元形状采用四边形，具体划分如图 4.4～图 4.11 所示。

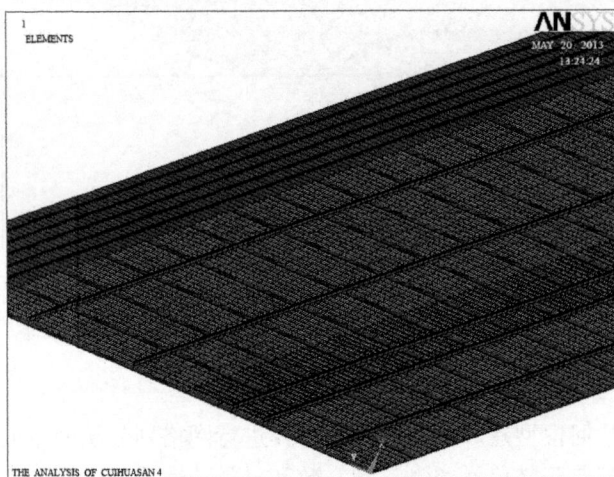

图 4.4　箱底板及骨架

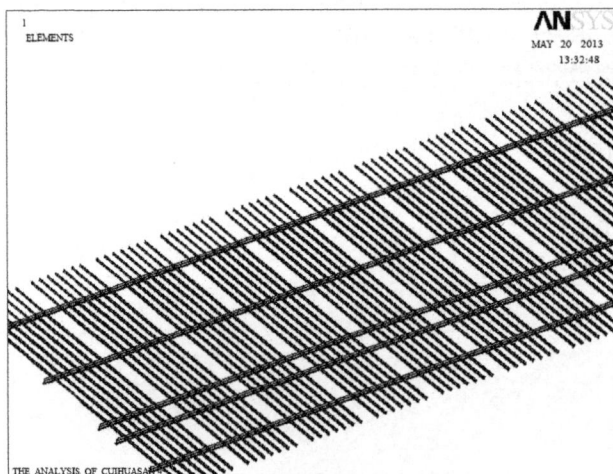

图 4.5　浮箱平板骨架

图 4.6　浮箱纵壁及骨材

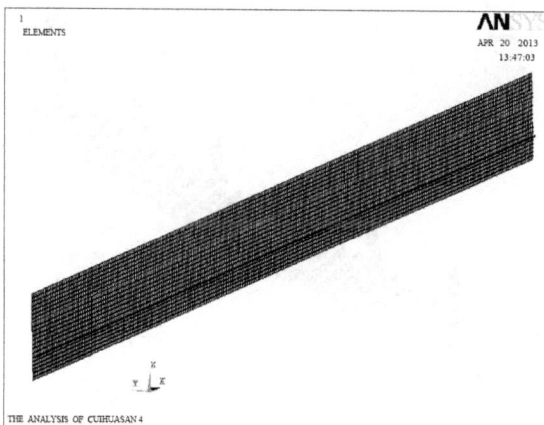

图 4.7　坞墙级壁及骨材

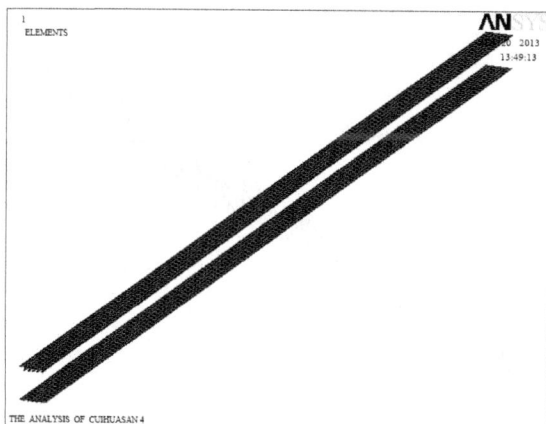

图 4.8　坞墙甲板及骨材

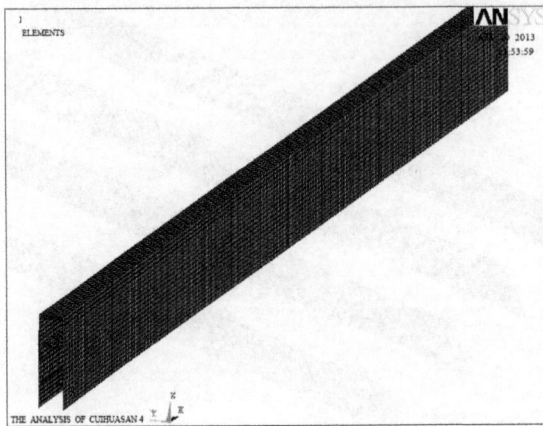

图 4.9　坞墙结构

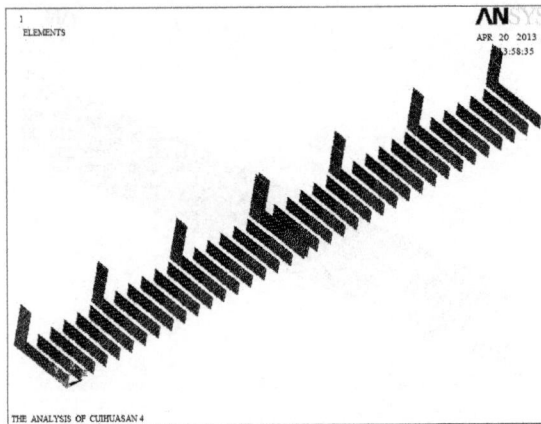

图 4.10　横舱壁及其扶强材

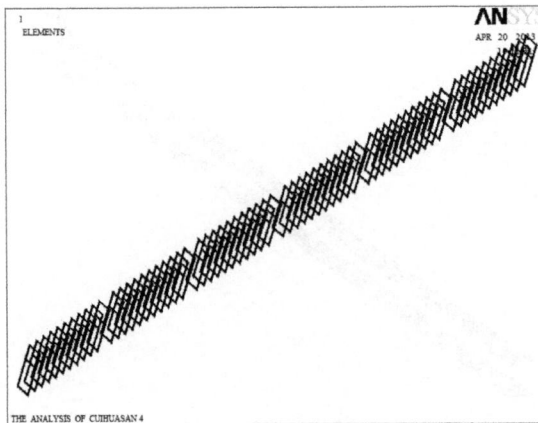

图 4.11　坞墙强框架

3. 各接载状态下的计算结果

根据浮船坞配载计算书,整个接载过程分为 41 步,每步上坞 5m,对此本书选取下水间隔 20m 的状态进行计算:上坞 0m、上坞 20m、上坞 40m、上坞 60m、上坞 80m、上坞 100m、上坞 120m、上坞 140m、上坞 160m、上坞 180m、上坞 205m。此外,出于对下水产品重心移至浮船坞方面的考虑,增加上坞 90m、上坞 110m 状态的计算。

1) 约束及载荷模型

在接载过程中浮船坞的滑进要始终与岸上滑道对齐且处于同一水平线上,同时其艉端要与码头固定。鉴于此,要对艏封板、艉封板 Y 向和 Z 向进行约束,艉封板在 X 向进行约束,此外考虑到本船型只建立了一半,还要对中纵剖面施加对称约束。

计算载荷主要包括以下几项:

(1) 浮船坞自身重量。由于模型重量的计算值与浮船坞的实际空船重量存在一定的差值,所以要对模型重量进行修正,在模型重心与实船重心差别不大的情况,可以通过密度换算来解决问题。先算出模型的钢材体积,再根据浮船坞的实际空船重量,求得本船钢材密度的实际取值为 $11.22 \times 10^3 \text{kg/m}^3$。

(2) 作用于浮箱甲板上的下水产品重量。具体值参考下水产品重量分布表格或配载计算书。

(3) 浮箱底板受到的外部水压力和舷外水压力。外部水压力的取值由浮船坞的吃水决定,另外本次计算主要考虑浮船坞接载中的纵向弯曲应力和垂向变形,因此不考虑舷外水对坞墙的侧向压力。

(4) 浮箱甲板浸没于水中时的水压力。其取值由浮船坞的吃水和浮箱的型深决定。

(5) 压载舱压载水的压力。其取值由各压载舱的压载水深度决定,同计算载荷 (3),不考虑压载水对舱壁的侧向压力。

2) 产品上坞 0m 载况分析

上坞 0m 时各压载舱压载水分布状况以及各种载荷汇总情况如表 4.2 所示。

表 4.2　上坞 0m 时配载方案

压载舱	NO.1 左	NO.1 右	NO.2 左	NO.2 右	NO.3 左	NO.3 右	NO.4 左	NO.4 右	NO.5 左	NO.5 右	NO.6 左	NO.6 右
液位高/m	2.255	2.933	2.933	2.933	2.933	2.933	2.933	2.933	2.933	2.933	2.251	2.933
重量/t	1125	917	1463	917	1390	917	1446	906	1463	917	1123	917

汇总重量/t	压载水 27004	空船 10580	进坞产品 0	整船 37584

计算结果如图 4.12 和图 4.13 所示。

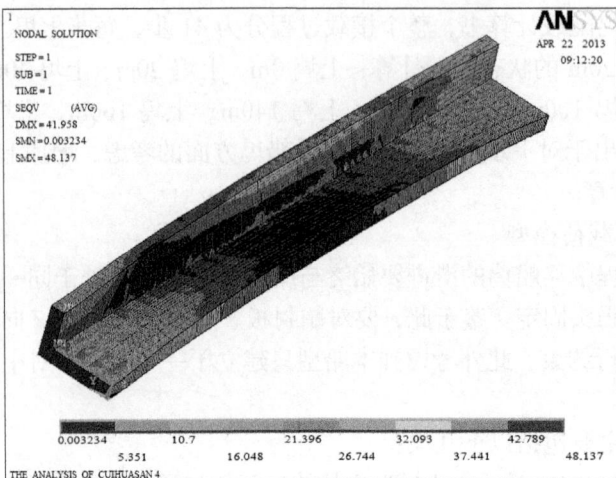

图 4.12　全坞等效应力云图(上坞 0m,单位为 MPa)

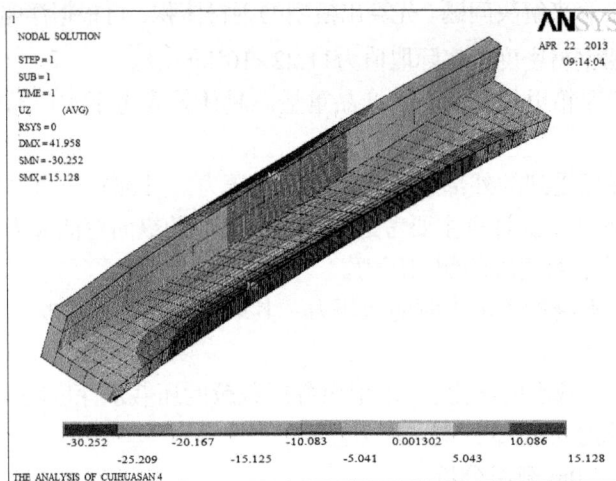

图 4.13　全坞 Z 向变形云图(上坞 0m,单位为 mm)

　　产品上坞 0m 时,压载水基本为平均分布,进坞产品重量为 0t,对坞体结构强度的影响主要来自浮力和坞体自重。从图 4.12 中可以看出,最大等效应力为 48.137MPa,最大应力所在位置大致坐标点为(0,19800,16000),由于该位置处于艉封板处,且没有外载荷的作用,极值的产生主要是由约束的作用引起的,所以可以忽略该应力极值点的影响。在除去艏艉端约束影响区域后,浮船坞的应力基本处于 20MPa 以内的较小状态,这比较符合实际情况。

从图 4.13 中可以看出，最大 Z 向变形为-30.252mm，最大变形所在位置大致坐标点为(113600,24300,13370)，该位置在船舯后的外坞墙处，坞体的 Z 向变形分布大致情况：在纵向，由于坞体两端被约束，在重力和浮力的作用下，从艉艉端往船舯向下弯曲；在横向，坞墙部分的重量载荷较大而所受浮力较小，其合力向下，浮箱部分受到的浮力较大而重量载荷较小，其合力向上，这样坞墙部分向下弯曲，浮箱部分向上拱起。

3) 产品上坞 20m 载况分析

上坞 20m 时各压载舱压载水分布状况以及各种载荷汇总情况如表 4.3 所示。

表 4.3　上坞 20m 时配载方案

压载舱	NO.1 左	NO.1 右	NO.2 左	NO.2 右	NO.3 左	NO.3 右	NO.4 左	NO.4 右	NO.5 左	NO.5 右	NO.6 左	NO.6 右
液位高 /m	2.239	2.933	2.896	2.933	2.933	2.933	2.933	2.933	2.933	2.933	3.446	2.933
重量/t	1117	917	1445	917	1390	917	1446	906	1463	917	1720	917

汇总重量/t	压载水 28114	空船 10580	进坞产品 1136	整船 39860

计算结果如图 4.14 和图 4.15 所示。

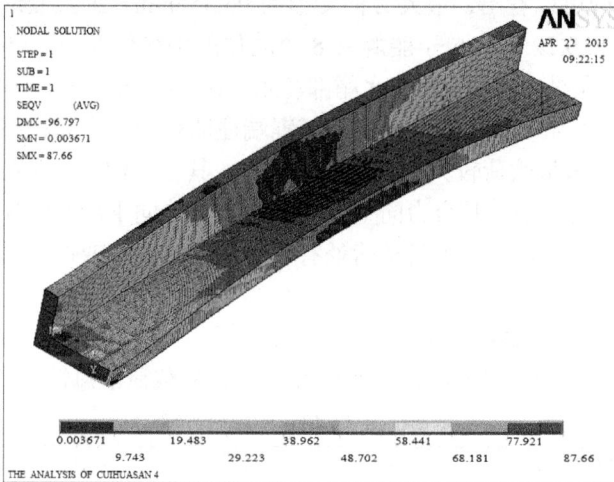

图 4.14　全坞等效应力云图(上坞 20m，单位为 MPa)

产品上坞 20m 时，压载水的配载：NO.1 左、NO.2 左排水，而 NO.6 左注水，进坞产品总重量为 1136t，对坞体结构强度的影响主要来自浮力和坞体自重，但是要考虑压载水配载及上坞产品的影响。从图 4.14 中可以看出，最大等效应力为 87.66MPa，最大应力所在位置大致坐标点为(0,6240,4410)，承受上坞产品重量载荷位于浮箱甲板与艉封板连接处，极值的产生主要是由上坞产品的重量载荷作用引起的；同时，滑道正下方的浮箱甲板出现应力值为 45MPa 左右的较高应力区域。另外，由于压载水配载和上坞产品重量的影响，浮船坞的应力有所上升，大部分处于 40MPa 内。

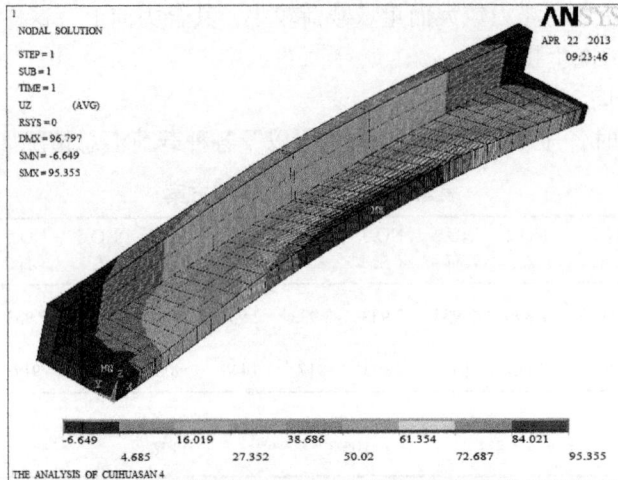

图 4.15　全坞 Z 向变形云图(上坞 20m，单位为 mm)

从图 4.15 中可以看出，最大 Z 向变形为 95.355mm，最大变形所在位置大致坐标点为(107920,0,2250)，位于船艏后 8 个肋位的中纵剖面处，坞体的 Z 向变形分布大致情况：在纵向，由于压载水艏部注水而艉部排水，以及上坞产品的重量，在原有的基础上产生一个力矩，坞体从艏艉端往船艏向上拱起；在横向，同上坞 0m，坞墙部分的重量载荷较大而所受浮力较小，其合力向下，浮箱部分受到的浮力较大而重量载荷较小，其合力向上，这样坞墙部分向下弯曲，浮箱部分向上拱起；浮箱甲板承受上坞产品重量载荷处有明显的向下局部变形，之后的接载情况相似。

4) 产品上坞 40m 载况分析

上坞 40m 时各压载舱压载水分布状况以及各种载荷汇总情况如表 4.4 所示。

表 4.4　上坞 40m 时配载方案

压载舱	NO.1 左	NO.1 右	NO.2 左	NO.2 右	NO.3 左	NO.3 右	NO.4 左	NO.4 右	NO.5 左	NO.5 右	NO.6 左	NO.6 右
液位高 /m	2.169	2.933	2.896	2.933	2.933	2.933	2.933	2.933	3.255	2.933	3.795	3.5865
重量/t	1445	917	1390	917	1390	917	1446	906	1624	917	1893.5	1121

汇总重量/t	压载水 29153	空船 10580	进坞产品 2325	整船 42058

计算结果如图 4.16 和图 4.17 所示。产品上坞 40m 时，压载水的配载：NO.1 左排水，而 NO.5 左、NO.6 左、NO.6 左中注水，进坞产品总重量为 2325t，对坞体结构强度的影响仍旧主要来自浮力和坞体自重，但是压载水配载及上坞产品的影响在加大。从图 4.16 中可以看出，最大等效应力为 81.565MPa，最大应力所在位置大致坐标点为(0,6240,4410)，该位置仍在滑道正下方的浮箱甲板与艉封板连接处，相比上坞 20m 时的最大应力值 87.66MPa 稍微有所减小，原因可能是随着产品上坞长度的增加，端部应力集中现象有所减轻，同时，滑道正下方的浮箱甲板高应力区域应力值也下降到 40MPa 左右。另外，中纵剖面水密纵舱壁和坞墙内壁由于受上坞产品重量的影响，在距艉封板 40m 附近存在应力值为 50~70MPa 的高应力区域。浮船坞的应力值大部分处于 36MPa 内。

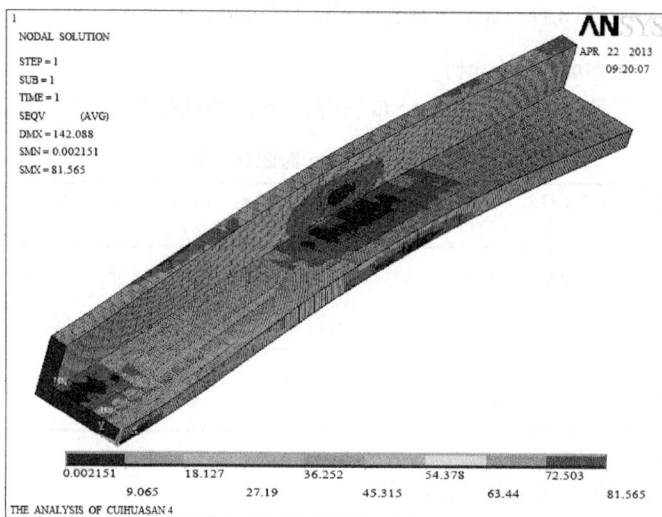

图 4.16　全坞等效应力云图(上坞 40m，单位为 MPa)

从图 4.17 中可以看出，最大 Z 向变形为 139.232mm，最大应力所在位置大致坐标点为(110760,0, 2250)，在船艏后 12 个肋位处的中纵剖面处，与上坞 20m 相比，位置向船艏移动了 4 个肋位，但是随着上坞产品重量的增加以及艏部压载水注入的增加，产生力矩也在增大，因此变形的最大值相比上坞 20m 时的 95.355mm 有较大增加。坞体的 Z 向变形分布大致情况与上坞 20m 时相似：以最大变形处为圆心，以 X 轴为长轴，呈椭圆形向外逐渐减小。

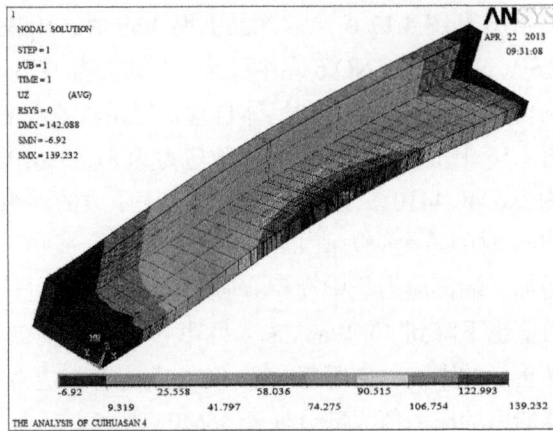

图 4.17　全坞 Z 向变形云图(上坞 40m，单位为 mm)

5) 产品上坞 60m 载况分析

上坞 60m 时各压载舱压载水分布状况以及各种载荷汇总情况如表 4.5 所示。

表 4.5　上坞 60m 时配载方案

压载舱	NO.1 左	NO.1 右	NO.2 左	NO.2 右	NO.3 左	NO.3 右	NO.4 左	NO.4 右	NO.5 左	NO.5 右	NO.6 左	NO.6 右
液位高 /m	1.933	2.723	2.896	2.933	2.933	2.933	3.547	2.933	3.781	2.933	3.795	3.5865
重量/t	965	851	1445	917	1390	917	1740	906	1887	917	1893.5	1121

汇总重量/t	压载水 29898	空船 10580	进坞产品 3568	整船 44046

计算结果如图 4.18 和图 4.19 所示。

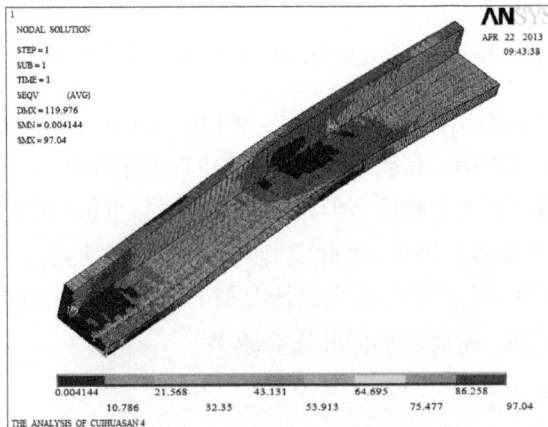

图 4.18　全坞等效应力云图(上坞 60m，单位为 MPa)

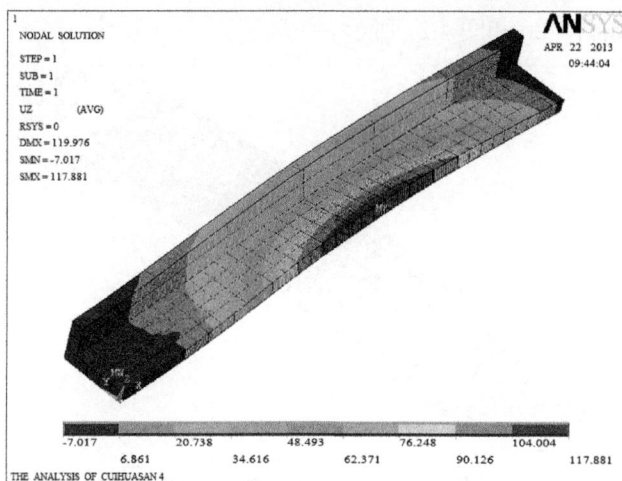

图 4.19　全坞 Z 向变形云图(上坞 60m，单位为 mm)

　　产品上坞 60m 时，压载水的配载：NO.1 左排水，而 NO.4 左、NO.5 左注水，进坞产品总重量为 3568t。从图 4.18 中可以看出，最大等效应力为 97.04MPa，最大应力所在位置大致坐标点为(136320,19800,4328)，该位置在 192 号肋位的水密横舱壁、浮箱甲板、坞墙内壁三者相交处。其产生的原因可能是一方面产品上坞重量和注入的压载水重量的增加使得量变引起质变，另一方面该位置为三板相交处而所抵抗的外力较大。另外，与上坞 40m 时类似，中纵剖面水密纵舱壁由于受上坞产品重量的影响，在距艉封板 60m 附近存在应力值为 55～63MPa 的高应力区域。浮船坞的应力值大部分处于 35MPa 内。

　　从图 4.19 中可以看出，最大 Z 向变形为 117.881mm，最大变形所在位置大致坐标点为(116440,0,2250)，在船艉后 20 个肋位处的中纵剖面处，与上坞 40m 相比，位置向船艏移动了 8 个肋位，但是变形最大值相比上坞 40m 时的 139.232mm 有所减小。随着上坞产品长度和重量的增加，浮船坞艉部形状出现向下弯曲的趋势。

　　6) 产品上坞 80m 载况分析

　　上坞 80m 时各压载舱压载水分布状况以及各种载荷汇总情况如表 4.6 所示。

表 4.6　上坞 80m 时配载方案

压载舱	NO.1 左	NO.1 右	NO.2 左	NO.2 右	NO.3 左	NO.3 右	NO.4 左	NO.4 右	NO.5 左	NO.5 右	NO.6 左	NO.6 右
液位高 /m	1.933	2.664	2.543	2.933	2.933	2.933	4.041	2.933	4.127	2.933	3.795	3.5865
重量/t	965	826	1445	917	1390	917	1976	906	2059	917	1893.5	1121

汇总重量/t	压载水 30313		空船 10580		进坞产品 4864		整船 45757	

计算结果如图 4.20 和图 4.21 所示。

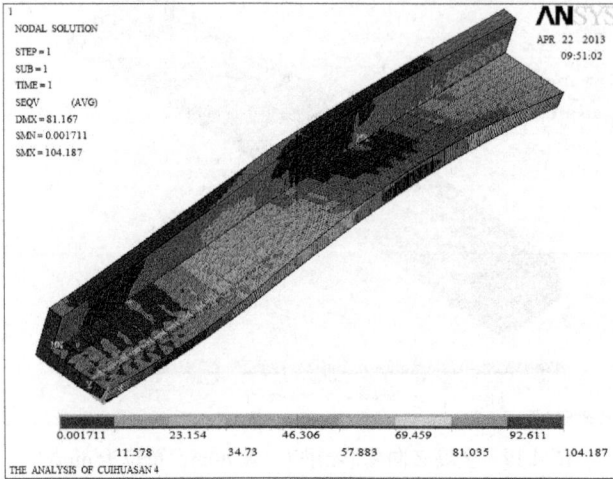

图 4.20　全坞等效应力云图(上坞 80m，单位为 MPa)

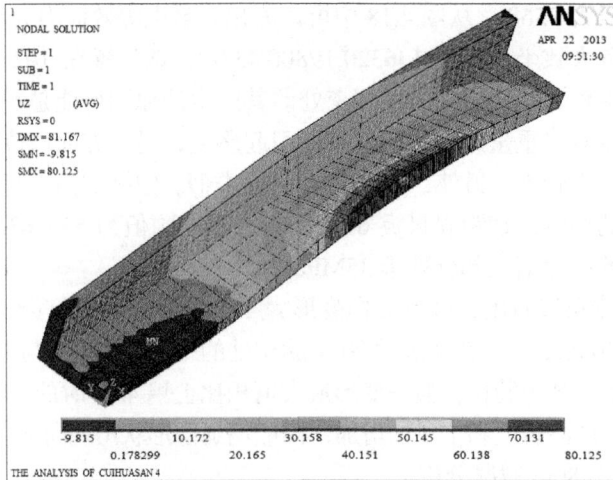

图 4.21　全坞 Z 向变形云图(上坞 80m，单位为 mm)

产品上坞 80m 时，压载水的配载：NO.1 左中、NO.2 左排水，而 NO.4 左、NO.5 左注水，进坞产品总重量为 4864t。从图 4.20 和图 4.21 中可以看出，最大等效应力为 104.187MPa，最大应力所在位置与上坞 60m 时相同，即 192 号肋位的水密横舱壁、浮箱甲板、坞墙内壁三者相交处，但是应力最大值比上坞 60m 时要稍微增大。此外，中纵剖面水密纵舱壁由于受到上坞产品重量的影响，在距艉封板 80m 附近存在应力值为 45~55MPa 的较高应力区域。浮船坞的应力值大部分处于 43MPa 内。

最大 Z 向变形为 80.125mm，最大变形所在位置大致坐标点为(127800,0,2250)，在船艏后 32 个肋位的中纵剖面处，与上坞 60m 时相比，位置向船艏移动了 12 个肋位，但是最大变形值相比上坞 60m 时的 117.881mm 有所下降。与此同时，随着上坞产品长度和重量的增加，浮船坞艉部形状向下弯曲的趋势更加明显，整个浮船坞沿纵向看去呈现轻微的 S 形。

7) 产品上坞 90m 载况分析

上坞 90m 时各压载舱压载水分布状况以及各种载荷汇总情况如表 4.7 所示。

表 4.7　上坞 90m 时配载方案

压载舱	NO.1 左	NO.1 右	NO.2 左	NO.2 右	NO.3 左	NO.3 右	NO.4 左	NO.4 右	NO.5 左	NO.5 右	NO.6 左	NO.6 右
液位高/m	1.933	2.664	2.378	2.933	2.933	2.933	4.217	2.933	4.221	2.933	3.795	3.5865
重量/t	965	826	1186	917	1390	917	2060	906	2106	917	1893.5	1121

汇总重量/t	压载水 30410	空船 10580	进坞产品 5532	整船 46522

计算结果如图 4.22 和图 4.23 所示。产品上坞 90m 时，压载水的配载：NO.2 左排水，而 NO.4 左、NO.5 左注水，进坞产品总重量为 5532t。从图 4.22 中可以看出，最大等效应力为 103.271MPa，最大应力移动到坐标点(68160,19800,4328)，即 96 号肋位的水密横舱壁、浮箱甲板、坞墙内壁三者相交处，但是最大应力值比上坞 80m 要稍微减小。此外，中纵剖而水密纵舱壁由于受到上坞产品重量的影响，在距艉封板 90m 附近存在应力值为 45～55MPa 的较高应力区域。浮船坞的应力值大部分处于 45MPa 内。

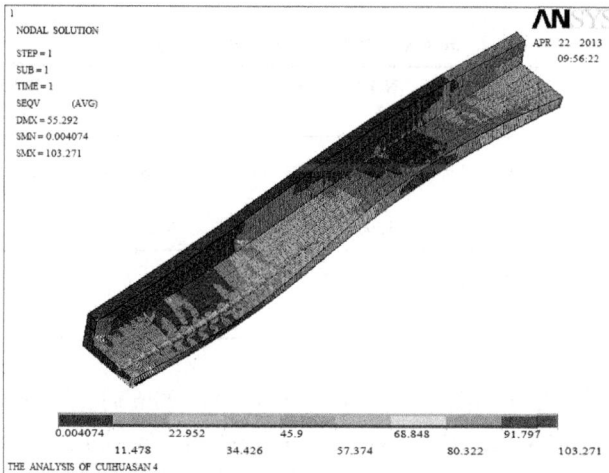

图 4.22　全坞等效应力云图(上坞 90m，单位为 MPa)

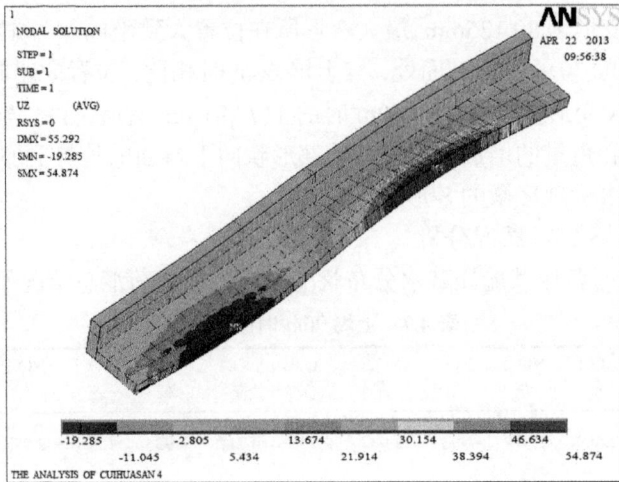

图 4.23　全坞 Z 向变形云图(上坞 90m，单位为 mm)

从图 4.23 中可以看出，随着上坞产品长度和重量的增加，浮船坞艉部形状向下弯曲的趋势更加明显，整个浮船坞沿纵向看去呈现更加明显的 S 形。浮船坞中前最大 Z 向变形为 54.874mm，最大变形所在位置大致坐标点为(139160,0,2250)，在船艏后 52 个肋位的中纵剖面处，与上坞 80m 时相比，位置向船艏移动了 20 个肋位，相比上坞 80m 时的最大变形值 80.125mm 有较大程度的下降。浮船坞中后向下的最大 Z 向变形为-19.285mm，最大变形大致位置在中纵剖面上坞长度的一半处。

8) 产品上坞 100m 载况分析

上坞 100m 时各压载舱压载水分布状况以及各种载荷汇总情况如表 4.8 所示。

表 4.8　上坞 100m 时配载方案

压载舱	NO.1 左	NO.1 右	NO.2 左	NO.2 右	NO.3 左	NO.3 右	NO.4 左	NO.4 右	NO.5 左	NO.5 右	NO.6 左	NO.6 右
液位高 /m	1.933	2.664	2.313	2.933	2.933	2.933	4.217	2.933	4.221	2.933	3.885	3.5865
重量/t	965	826	1154	917	1390	917	2060	906	2106	917	1939	1121

汇总重量/t	压载水 30435	空船 10580	进坞产品 6213	整船 47228

计算结果如图 4.24 和图 4.25 所示。产品上坞 100m 时，压载水的配载：NO.2 左排水，而 NO.6 左注水，进坞产品总重量为 6213t。从图 4.24 中可以看出，最大等效应力为 124.304MPa，同上坞 90mm 一样，最大应力值仍在坐标点(68160,19800,

4328)，即 96 号肋位的水密横舱壁、浮箱甲板、坞墙内壁三者相交处，但最大值比上坞 90m 时的 103.271MPa 要稍微增大。全坞的应力值主要在 55MPa 内，随着浮船坞应力值的上升，高应力区域消失。

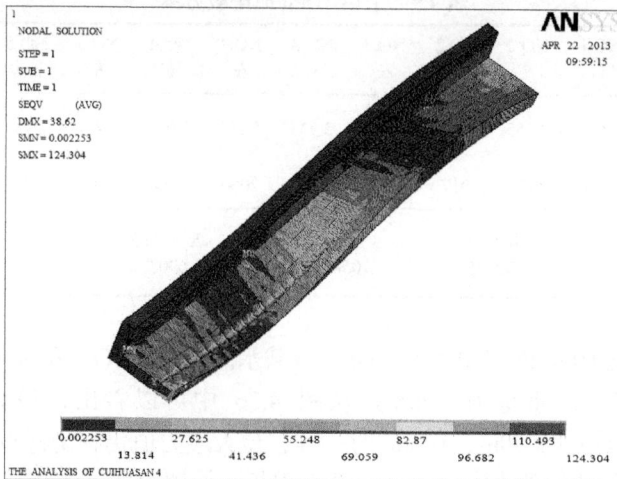

图 4.24　全坞等效应力云图(上坞 100m，单位为 MPa)

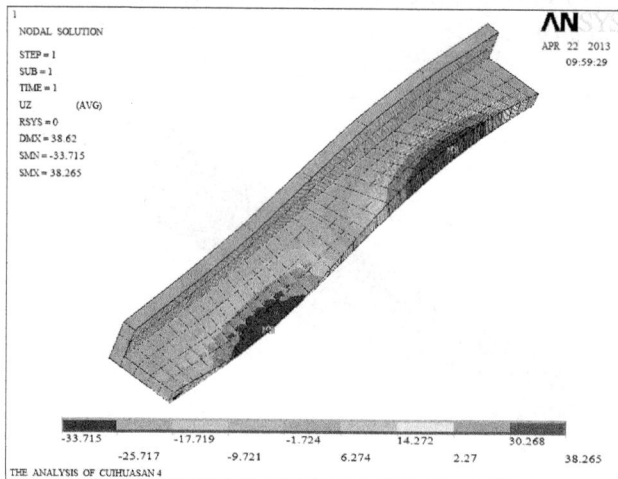

图 4.25　全坞 Z 向变形云图(上坞 100m，单位为 mm)

从图 4.25 中可以看出，S 形 Z 向变形非常明显。浮船坞中前最大 Z 向变形为 38.265mm，最大变形所在位置大致坐标点为(150520,0,2250)，在船艏后 68 个肋位的中纵剖面处，与上坞 90m 时相比，位置向船艏移动了 16 个肋位，相比上坞 90m 时的最大变形值 54.784mm 有所下降；而浮船坞中后向下的最大 Z 向变形为 −33.715mm，相比上坞 90m 时的最大变形值−19.285mm 有所增加，最大变形大致位置在中纵剖面上坞长度的一半偏后处。

9) 产品上坞 110m 载况分析

上坞 110m 时各压载舱压载水分布状况以及各种载荷汇总情况如表 4.9 所示。

表 4.9　上坞 110m 时配载方案

压载舱	NO.1 左	NO.1 右	NO.2 左	NO.2 右	NO.3 左	NO.3 右	NO.4 左	NO.4 右	NO.5 左	NO.5 右边	NO.6 左	NO.6 右
液位高 /m	1.933	2.664	2.255	2.933	2.933	2.933	4.217	2.933	4.221	2.933	3.914	3.5865
重量/t	965	826	1125	917	1390	917	2060	906	2106	917	1953	1121

汇总重量/t	压载水 30406	空船 10580	进坞产品 6908	整船 47894

计算结果如图 4.26 和图 4.27 所示。压载水的配载：NO.2 左排水，而 NO.6 左注水，进坞产品总重量为 6908t。从图 4.26 中可以看出，最大等效应力为 137.359MPa，同上坞 90m、100m 时一样，最大应力值仍在坐标点(68160,19800, 4328)，即 96 号肋位的水密横舱壁、浮箱甲板、坞墙内壁三者相交处，但最大值比上坞 90m 和上坞 100m 时的最大应力值有所增大。高应力区域消失，全坞的应力值主要在 60MPa 内。

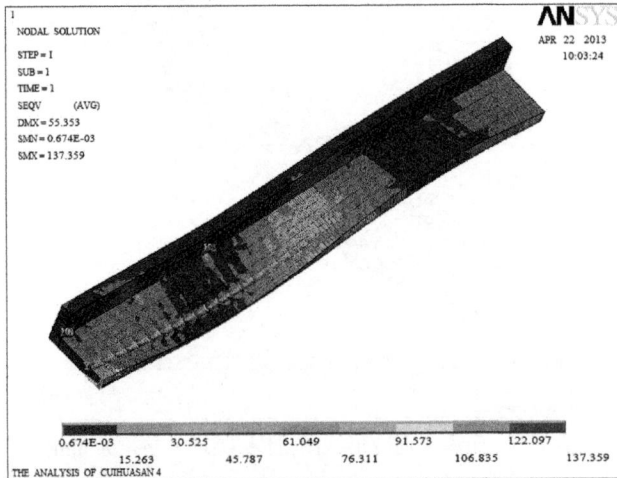

图 4.26　全坞等效应力云图(上坞 110m，单位为 MPa)

从图 4.27 中可以看出，S 形 Z 向变形依旧明显，同时随着上坞产品长度超过浮船坞长度的一半，出现中后变形大于中前变形的情况。浮船坞中前最大 Z 向变形为 20.114mm，而浮船坞中后向下的最大 Z 向变形为–54.681mm，最大变形位置大致坐标点为(73840,0,2250)，在中纵剖面上坞长度的前半处。此后，随着上坞产品长度和重量的增加，浮船坞 S 形变形将会消失，而逐渐变成从艉艉端向船舯向下弯曲变形。

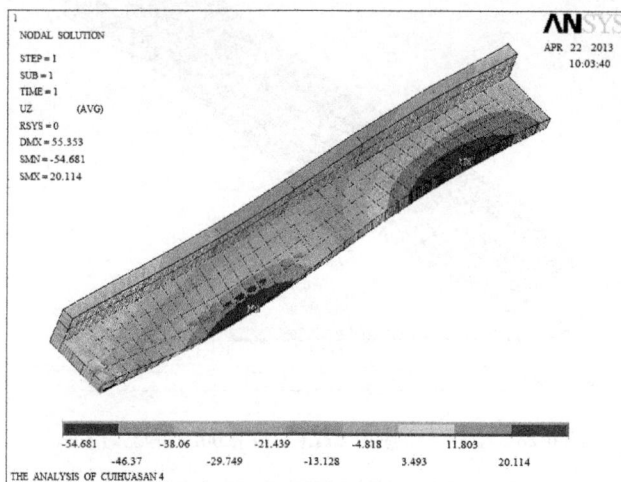

图 4.27 全坞 Z 向变形云图(上坞 110m，单位为 mm)

10) 产品上坞 120m 载况分析

上坞 120m 时各压载舱压载水分布状况以及各种载荷汇总情况如表 4.10 所示。

表 4.10 上坞 120m 时配载方案

压载舱	NO.1 左	NO.1 右	NO.2 左	NO.2 右	NO.3 左	NO.3 右	NO.4 左	NO.4 右	NO.5 左	NO.5 右	NO.6 左	NO.6 右
液位高 /m	1.933	2.664	2.255	2.933	2.925	2.891	4.2065	2.871	4.221	2.933	3.914	3.5865
重量/t	965	826	1125	917	1368	903.5	2055	887.5	2106	917	1953	1121

汇总重量/t	压载水 30325	空船 10580	进坞产品 7616	整船 48521

计算结果如图 4.28 和图 4.29 所示。产品上坞 120m 时，压载水的配载：NO.3 左、NO.4 左排水，进坞产品总重量为 7616t。从图 4.28 中可以看出，最大等效应力为 143.032MPa，同上坞 90m、100m、110m 时一样，最大应力值仍在坐标点 (68160,19800,4328)，即 96 号肋位的水密横舱壁、浮箱甲板、坞墙内壁三者相交处。但是随着上坞长度的增加，应力最大值也在持续增大。浮船坞的应力值主要在 63MPa 内，也一直呈现上升趋势。

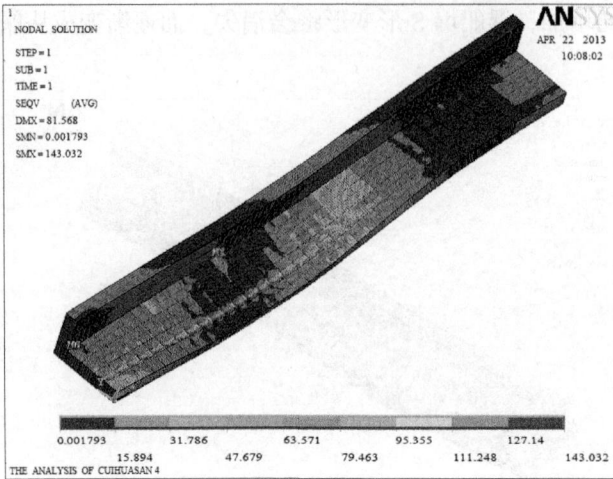

图 4.28　全坞等效应力云图(上坞 120m，单位为 MPa)

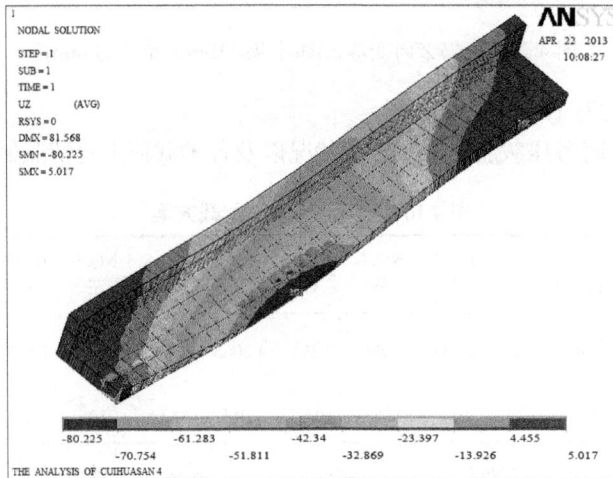

图 4.29　全坞 Z 向变形云图(上坞 120m，单位为 mm)

从图 4.29 中可以看出，S 形 Z 向变形慢慢消失，浮船坞中前最大 Z 向变形为 5.017mm，而浮船坞中后向下的最大 Z 向变形为 −80.225mm，最大变形位置大致坐标点为(85200,0,2250)。可见浮船坞中前部分变形将逐渐归零，而中后部分变形不断增大，且位置会随着上坞长度的增加而向船艉移动。

11) 产品上坞 140m 载况分析

上坞 140m 时各压载舱压载水分布状况以及各种载荷汇总情况如表 4.11 所示。

表 4.11　上坞 140m 时配载方案

压载舱	NO.1 左	NO.1 右	NO.2 左	NO.2 右	NO.3 左	NO.3 右	NO.4 左	NO.4 右	NO.5 左	NO.5 右	NO.6 左	NO.6 右
液位高/m	2.055	2.664	2.255	2.933	2.925	2.891	3.762	2.871	4.221	2.933	3.914	3.5865
重量/t	1206	826	1125	917	1368	903.5	1842.5	887.5	2106	917	1953	1121

汇总重量/t	压载水 30022	空船 10580	进坞产品 9072	整船 49674

　　计算结果如图 4.30 和图 4.31 所示。产品上坞 140m 时，压载水的配载：NO.4
左、NO.4 左中排水，而 NO.1 左注水，进坞产品总重量为 9072t。从图 4.30 中可
以看出，最大等效应力为 148.739MPa，同上坞 90m、100m、110m、120m 时一样，
最大应力值仍在坐标点(68160,19800,4328)，即 96 号肋位的水密横舱壁、浮箱甲
板、坞墙内壁三者相交处。随着上坞长度的增加，最大应力值也持续增大，但是
增大量在逐渐减少。浮船坞的应力值主要在 65MPa 内。

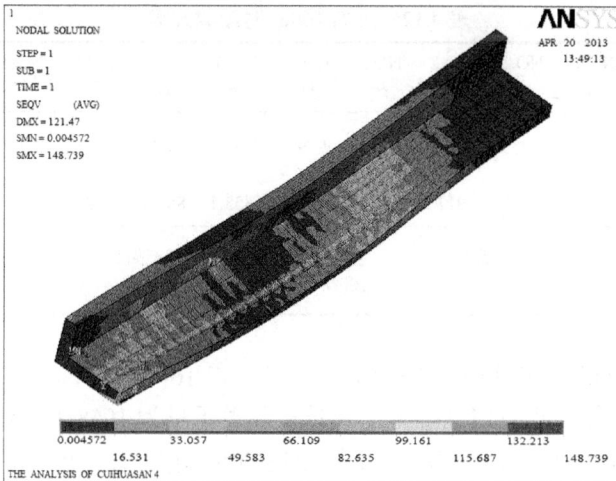

图 4.30　全坞等效应力云图(上坞 140m，单位为 MPa)

　　从图 4.31 中可以看出，浮船坞中后向下的最大 Z 向变形为–119.296mm，最
大变形位置大致坐标点为(99400,0,2250)。坞体的 Z 向变形分布大致情况：以最大
变形处为圆心，以 X 轴为长轴，呈椭圆形从负值最大值向外逐渐增大。

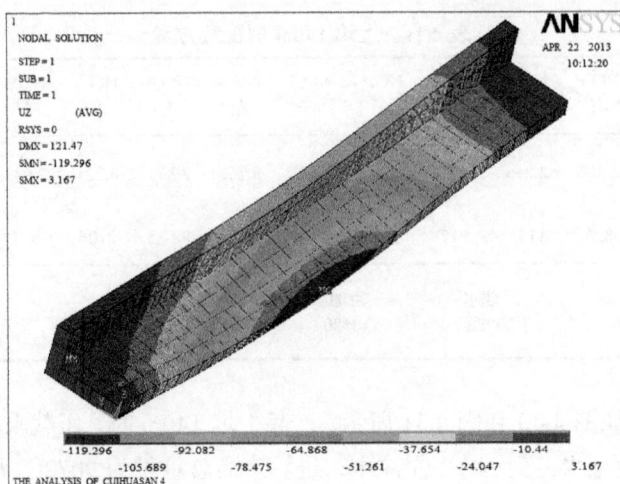

图 4.31　全坞 Z 向变形云图(上坞 140m，单位为 mm)

12) 产品上坞 160m 载况分析

上坞 160m 时各压载舱压载水分布状况以及各种载荷汇总情况如表 4.12 所示。

表 4.12　上坞 160m 时配载方案

压载舱	NO.1 左	NO.1 右	NO.2 左	NO.2 右	NO.3 左	NO.3 右	NO.4 左	NO.4 右	NO.5 左	NO.5 右	NO.6 左	NO.6 右
液位高 /m	2.252	2.664	2.255	2.933	2.925	2.891	3.371	2.871	3.853	2.933	3.914	3.5865
重量/t	1123	826	1125	917	1368	903.5	1655.5	887.5	1923	917	1953	1121

汇总重量/t	压载水 29477	空船 10580	进坞产品 10581	整船 50638

计算结果如图 4.32 和图 4.33 所示。产品上坞 160m 时，压载水的配载：NO.4 左、NO.5 左排水，而 NO.1 左注水，进坞产品总重量为 10581t。从图 4.32 中可以看出，最大等效应力为 149.768MPa，同上坞 90m、100m、110m、120m、140m 时一样，最大应力值仍在坐标点(68160,19800,4328)，即 96 号肋位的水密横舱壁、浮箱甲板、坞墙内壁三者相交处。随着上坞长度的增加，应力最大值也持续增大，但是增大量已经很小。浮船坞的应力值主要在 66MPa 内。

从图 4.33 中可以看出，浮船坞中后向下的最大 Z 向变形为 -140.624mm，最大变形位置大致坐标点为(110760,0,0)。浮坞体的 Z 向变形分布大致情况与上坞 140m 时相似。

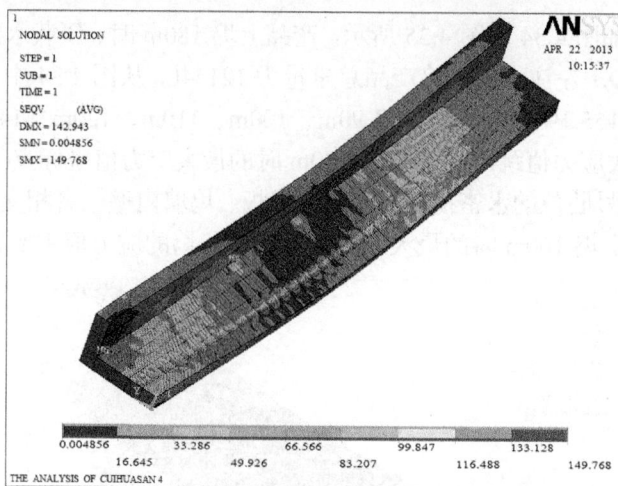

图 4.32　全坞等效应力云图(上坞 160m，单位为 MPa)

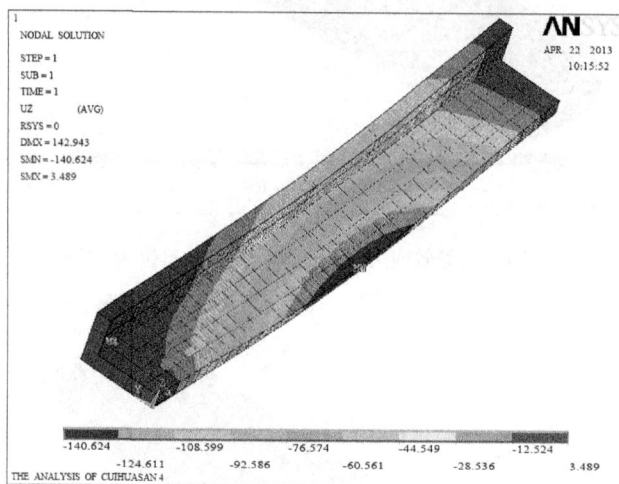

图 4.33　全坞 Z 向变形云图(上坞 160m，单位为 mm)

13) 产品上坞 180m 载况分析

上坞 180m 时各压载舱压载水分布状况以及各种载荷汇总情况如表 4.13 所示。

表 4.13　上坞 180m 时配载方案

压载舱	NO.1 左	NO.1 右	NO.2 左	NO.2 右	NO.3 左	NO.3 右	NO.4 左	NO.4 右	NO.5 左	NO.5 右	NO.6 左	NO.6 右
液位高 /m	2.410	2.664	2.255	2.933	2.925	2.891	3.371	2.871	2.796	2.933	3.914	3.5865
重量/t	1203	826	1125	917	1368	903.5	1655.5	887.5	1395	917	1953	1121

汇总重量/t	压载水 28580	空船 10580	进坞产品 12144	整船 51304

　　计算结果如图 4.34 和图 4.35 所示。产品上坞 180m 时，压载水的配载：NO.5 左排水，而 NO.1 左注水，进坞产品总重量为 12144t。从图 4.34 中可以看出，最大等效应力为 155.191MPa，与上坞 90m、100m、110m、120m、140m、160m 时不同的是，最大应力值跳回上坞 60m、80m 时的最大应力值坐标点(136320,19800, 4328)，即 192 号肋位的水密横舱壁、浮箱甲板、坞墙内壁三者相交处；同时，最大应力值也比上坞 160m 时的最大应力值大。浮船坞的应力值主要在 69MPa 内。

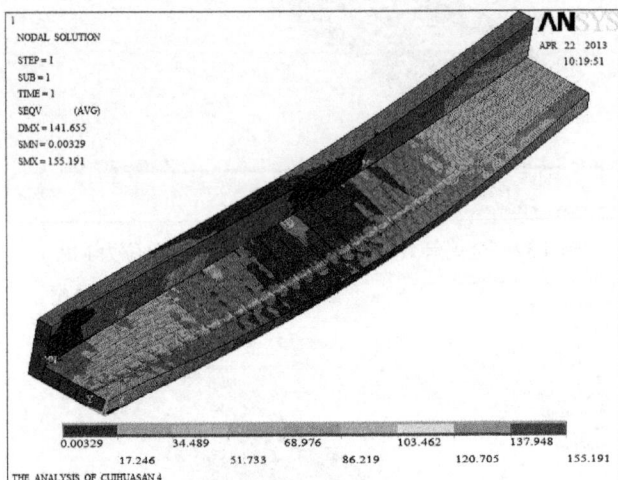

图 4.34　坞等效应力云图(上坞 180m，单位为 MPa)

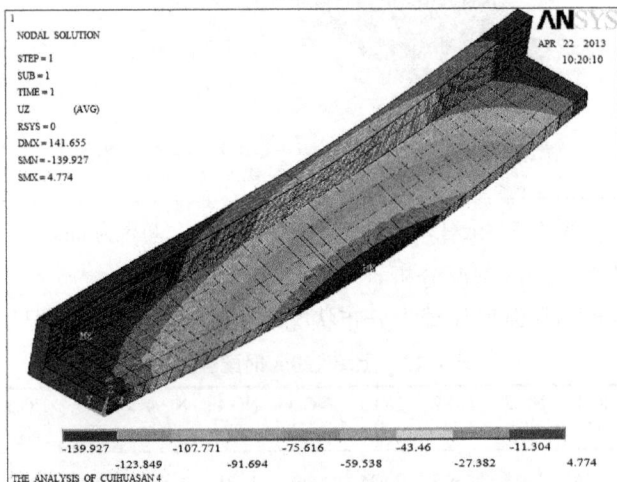

图 4.35　全坞 Z 向变形云图(上坞 180m，单位为 mm)

　　从图 4.35 中可以看出，浮船坞中后向下的最大 Z 向变形为–139.927mm，与产品上坞 160m 时的最大变形值相比略有减小。最大变形位置大致坐标点为 (116440,0,0)。浮坞体的 Z 向变形分布大致情况与上坞 140m、上坞 160m 时相似。

14) 产品上坞 205m 载况分析

上坞 205m 时各压载舱压载水分布状况以及各种载荷汇总情况如表 4.14 所示。

表 4.14　上坞 205m 时配载方案

压载舱	NO.1 左	NO.1 右	NO.2 左	NO.2 右	NO.3 左	NO.3 右	NO.4 左	NO.4 右	NO.5 左	NO.5 右	NO.6 左	NO.6 右
液位高/m	2.410	2.664	2.255	2.933	2.925	2.891	2.7845	2.871	2.709	2.4335	2.843	3.5865
重量/t	1203	826	1125	917	1368	903.5	1375	887.5	1351.5	761	1418.5	1121

汇总重量/t	压载水 26551	空船 10580	进坞产品 14173	整船 51304

计算结果如图 4.36 和图 4.37 所示。产品上坞 205 m 时，压载水的配载：NO.4 左排水、NO.6 左排水，进坞产品总重量为 14173t。从图 4.36 中可以看出，最大等效应力为 160.342MPa，与上坞 90m、100m、110m、120m、140m、160m 时相同，最大应力值坐标点跳回(68160,19800,4328)，即 96 号肋位的水密横舱壁、浮箱甲板、坞墙内壁三者相交处；同时，最大应力值也比上坞 180m 时的最大应力值大。浮船坞的应力值主要在 71MPa 内。

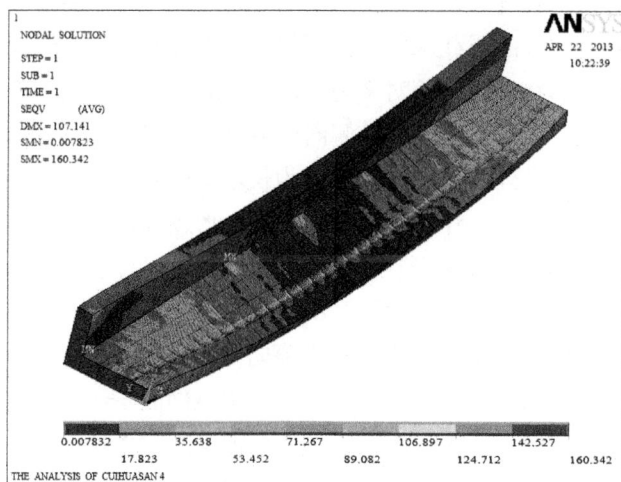

图 4.36　坞等效应力云图(上坞 205m，单位为 MPa)

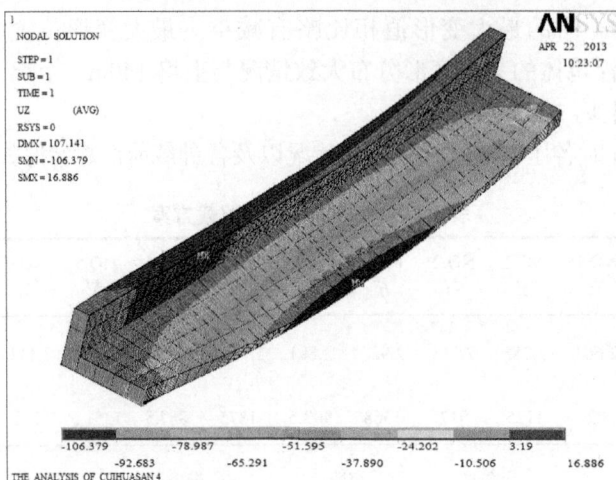

图 4.37　全坞 Z 向变形云图(上坞 205m，单位为 mm)

从图 4.37 中可以看出，浮船坞中后向下的最大 Z 向变形为-106.379mm，比产品上坞 180m 时的最大变形值略有减小。最大变形位置大致坐标点为(110160,0,0)。浮坞体的 Z 向变形分布大致情况与上坞 140m、上坞 160m、上坞 180m 时相似。

4. 产品上坞分析结论与建议

通过对接载过程中的 14 个典型状况进行计算，获得了浮船坞坞体结构在接载过程中 Z 向的变形情况。在产品上坞的初始阶段，浮船坞艉部的上坞产品重量载荷与浮船坞艏部注入的压载水共同作用使浮船坞 Z 向变形在纵向上呈现从两端向船舯拱起的形状。在横向，相对来说，由于坞墙部分重量大、浮力小，浮箱所受浮力大而重量轻，浮船坞呈现由舷侧向中纵剖面拱起的形状，浮船坞整个 Z 向变形情况：以最大变形处为圆心，以 X 轴为长轴呈椭圆形向外逐渐减小；随着上坞产品长度和重量的增加，浮船坞艉部向下的变形逐渐增大，相应的艏部变形减小，浮船坞浮箱的形状呈现 S 形；当上坞产品长度超过浮船坞坞体长度一半后，浮船坞的艉部变形开始大于艏部变形，S 形也会逐渐消失，而是以最大变形处为圆心，以 X 轴为长轴的椭圆形从负值最大值向外逐渐增大。各接载状况下坞体的最大相对垂向变形为-140.624mm，大致位置在中纵剖面 164 号肋位与浮箱底板交接处，相对于坞长的 0.0684%，浮船坞坞体变形不算太大。但是，滑道下方的浮箱甲板由于受上坞船舶重量载荷的作用，出现局部变形较大的情况，因此建议对承受上坞产品重量处的浮箱结构进行加强。

此外，通过计算获得了在各接载状况下浮船坞坞体结构的等效应力分布：在产品上坞初期，受上坞产品重量载荷的作用，应力极值出现在艉封板与承受上坞产品重量的浮箱甲板相交处，随着产品上坞长度和重量的增加，应力极值交替出现在 162 号肋位的水密横舱壁、浮箱甲板、坞墙内壁三者相交处，以及 96 号肋位的水密横舱壁、浮箱甲板、坞墙内壁三者相交处。应力极值产生原因：一方面该处为三板相交，所抵抗的外力较大，容易出现应力集中点；另一方面该处所受载荷较大。在产品上坞长度小于浮船坞长度一半时，中纵舱壁的上坞长度附近出现较高应力区域。随着下水产品上坞长度的增加，各接载状况的应力极值也呈现上升的趋势，整个接载过程中最大等效应力发生在上坞 205m 时，等效应力值为160.342MPa，小于许用等效应力 185MPa，位置在 96 号肋位的水密横舱壁、浮箱甲板、坞墙内壁三者相交处。因此，建议在浮船坞设计与建造时，该类地方采用屈服点为 315MPa 的 AH32 或 DH32 高强度钢，同时应采用合理建造工艺以避免应力集中。

5. 滑道下舱壁加强计算

如前面所述，浮船坞整个坞体结构的总纵强度是足够的，但是滑道下的浮箱甲板局部变形较大。因此，本节在有限元模型中对滑道下的浮箱各横舱壁的 Y 向 5460mm 和 7020mm 处进行局部纵壁加强，并模拟计算上坞 40m 和上坞 205m 两个典型接载状况，分析其浮箱甲板连接滑道处的变形情况，同时对比分析纵壁加强对全坞等效应力和变形的影响情况。加强纵壁的结构如图 4.38 和图 4.39 所示。

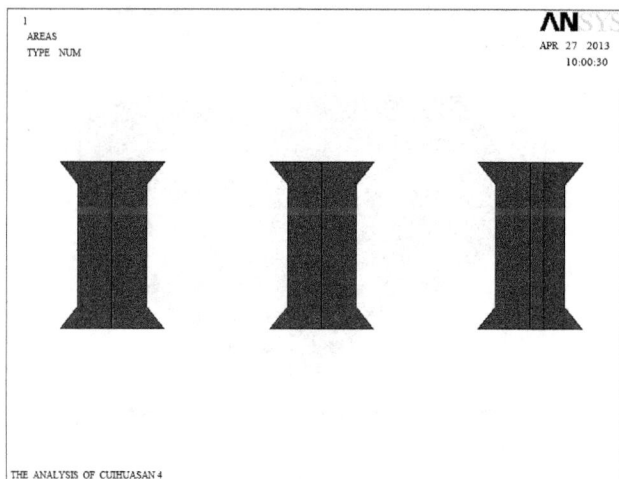

图 4.38 加强壁板放大图

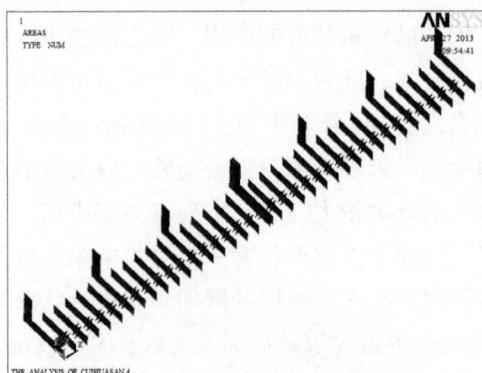

图 4.39　加强壁板布置图

1) 加强后产品上坞 40m 载况分析

假定加强后上坞 40m 时各压载舱压载水分布状况以及各种载荷汇总情况与加强前相同,详见表 4.4,计算结果如图 4.40～图 4.42 所示。

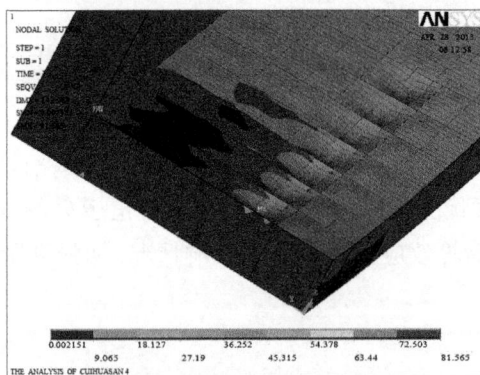

(a) 加强前

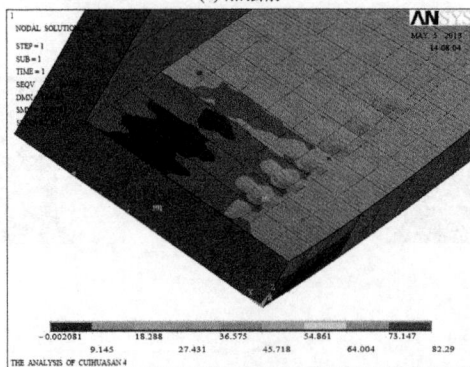

(b) 加强后

图 4.40　加强前后全坞等效应力云图放大图(单位:MPa)

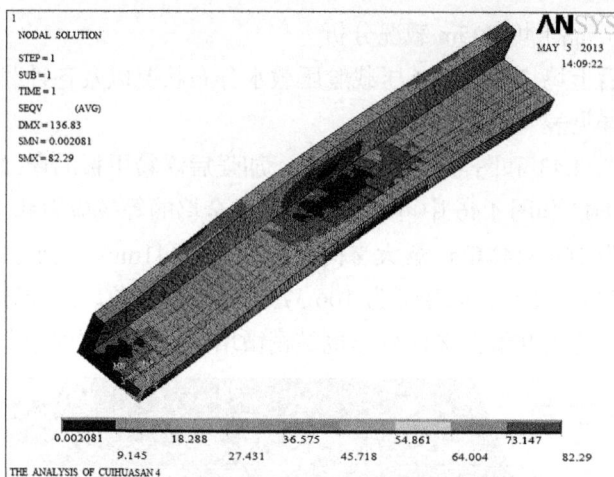

图 4.41　加强后全坞等效应力云图(单位：MPa)

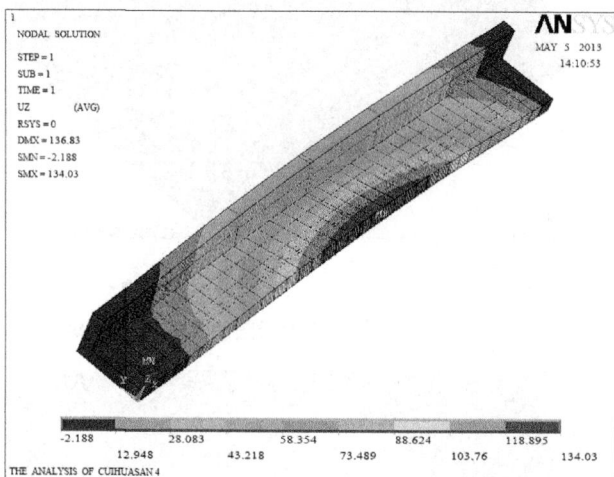

图 4.42　加强后全坞 Z 向变形云图(单位：mm)

　　从图 4.40 中通过对比可以看出加强后浮箱甲板的局部变形明显改善，且浮箱甲板在舭封板处的应力集中点消失。从图 4.41 和图 4.42 中可以查看加强后全坞的等效应力和 Z 向变形情况，最大等效应力为 82.29MPa，最大 Z 向变形为 134.03mm，而加强前的最大等效应力为 81.565MPa，最大 Z 向变形为 139.232 mm。加强前后的计算结果对比显示加强后最大等效应力稍微增大，而最大 Z 向变形稍微减小，但均在许用范围内。

2) 加强后产品上坞 205m 载况分析

假定加强后上坞 205m 时各压载舱压载水分布状况以及各种载荷汇总情况与加强前相同，详见表4.14。

通过对比图 4.43 和图 4.44 可以看出，加强后浮箱甲板的局部变形也得到明显改善。从图 4.45 和图 4.46 中可以查看加强后全坞的等效应力和 Z 向变形情况，最大等效应力为 164.314MPa，最大 Z 向变形为 110.441mm，而加强前最大等效应力为 160.342MPa，最大 Z 向变形为 106.379 mm。加强前后的计算结果对比显示加强后最大等效应力和最大 Z 向变形也是稍微增大，且均在许用范围内。

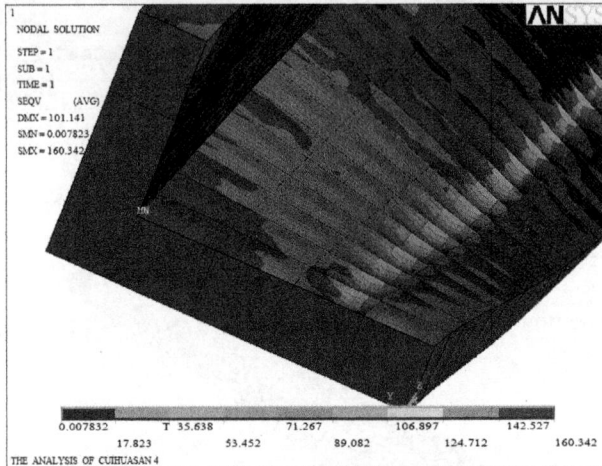

图 4.43　加强前全坞等效应力云图放大图(单位：MPa)

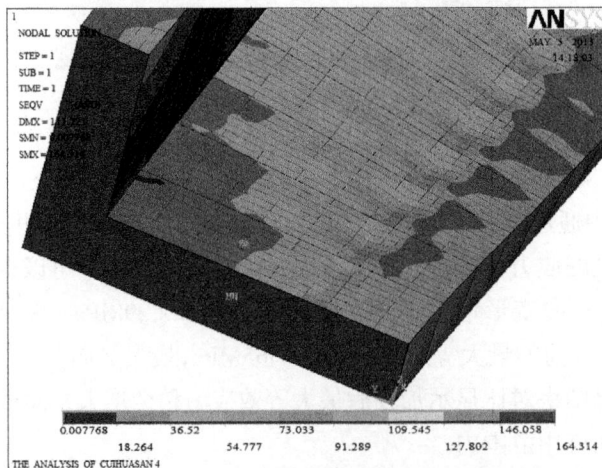

图 4.44　加强后全坞等效应力云图放大图(单位：MPa)

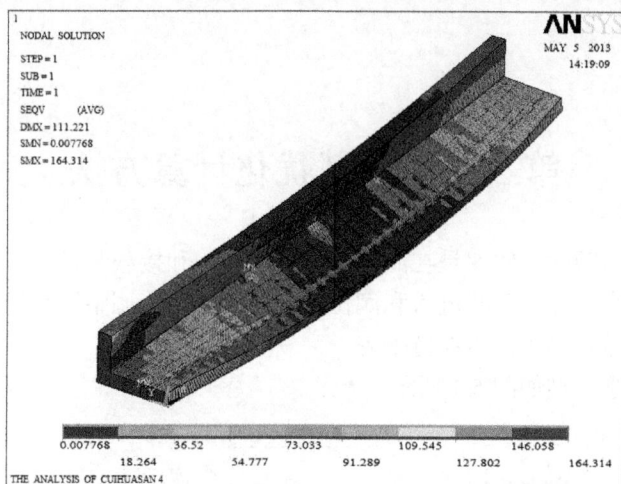

图 4.45 加强后全坞等效应力云图(单位：MPa)

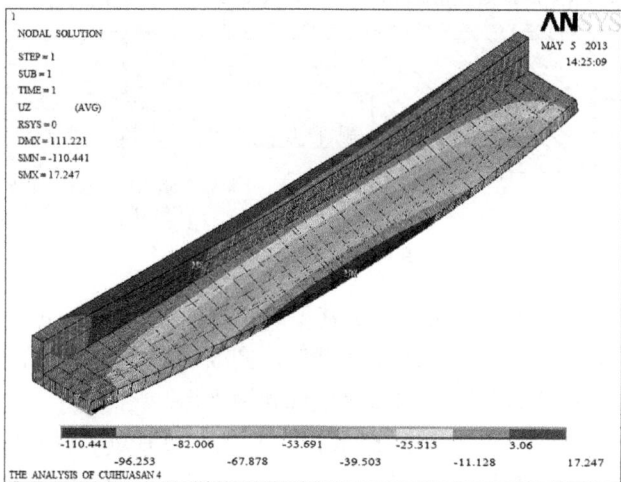

图 4.46 全坞 Z 向变形云图(单位：mm)

对上坞 40m 和上坞 205m 的计算结果进行分析，可以得出这样的结论：加强纵壁可以有效地改善承受上坞产品重量载荷的浮箱甲板处的局部变形情况，同时对浮船坞整体的应力和变形情况影响不大。纵壁加强可以采用连续的壁板，也可以采用本书中仅在横舱壁处进行加强的办法。具体加强形式各有利弊。

第5章 配载优化计算方法

接载配载问题的实质就是在满足泵的排注能力和接载装备各个安全指标的情况下，随着下水产品的不断进入和潮位变化，实时快速调整压载舱的水量，使接载装备甲板滑道与码头滑道保持平齐。

配载的力学模型如图 5.1 所示。

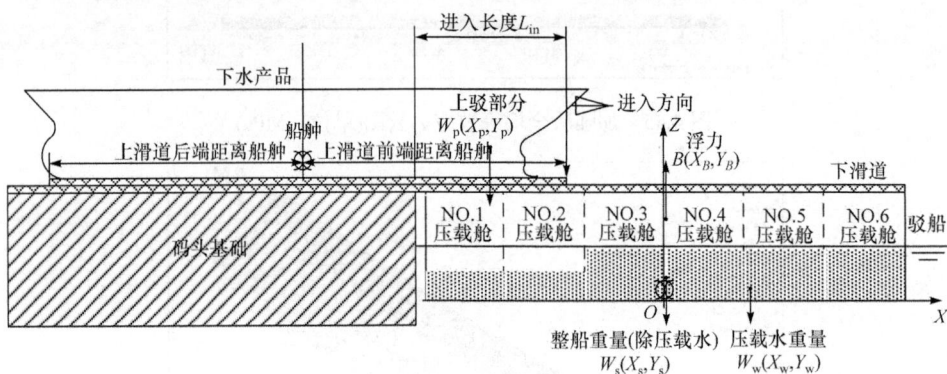

图 5.1 配载力学模型

这里以某驳船为例(下面实例都是基于该驳船)，该驳船有 6 列纵向压载舱，每列有 4 个横向压载舱，一共 24 个压载舱。图 5.1 中的符号说明如下：

$B(X_B, Y_B)$ 表示浮力及其作用点纵坐标和横坐标；

$W_s(X_s, Y_s)$ 表示驳船重量(除压载水和进入产品)及其重心纵坐标和横坐标；

$W_w(X_w, Y_w)$ 表示所有压载舱的压载水重量及其重心纵坐标和横坐标；

$W_p(X_p, Y_p)$ 表示产品进入部分重量及其重心纵坐标和横坐标；

L_{in} 表示产品滑道端面进入距离。

1. 力学模型遵循的力学关系

(1) 力平衡方程：

$$-B + \sum_{i=1}^{N_{tank}} tank W_i + W_s + W_p = 0 \tag{5.1}$$

(2) 力矩平衡方程：

$$-B \times X_B + \sum_{i=1}^{N_{\text{tank}}} \text{tank}W_i \times \text{tank}X_i + W_s \times X_s + W_p \times X_p = 0 \tag{5.2}$$

$$-B \times Y_B + \sum_{i=1}^{N_{\text{tank}}} \text{tank}W_i \times \text{tank}Y_i + W_s \times Y_s + W_p \times Y_p = 0 \tag{5.3}$$

式中，$\text{tank}W_i$、$\text{tank}X_i$、$\text{tank}Y_i$ 表示第 i 个压载舱的水量、重心纵坐标、重心横坐标。

2. 配载受到的约束关系

(1) 压载舱水量限制：

$$\text{tank}W_{i\_\min} \leqslant \text{tank}W_i \leqslant \text{tank}W_{i\_\max} \tag{5.4}$$

(2) 相邻压载舱高差限制：

$$| \text{tank}H_i - (\text{tank}H_i)_{\min} |\leqslant H_{\text{lmt}}$$
$$| \text{tank}H_i - (\text{tank}H_i)_{\max} |\leqslant H_{\text{lmt}} \tag{5.5}$$

(3) 总纵强度限制：

$$|N(x)| \leqslant [N], \qquad |M(x)| \leqslant [M] \tag{5.6}$$

式中，$\text{tank}W_{i\_\min}$ 表示第 i 个压载舱的最小存水量；$\text{tank}W_{i\_\max}$ 表示第 i 个压载舱的最大存水量；$\text{tank}H_i$ 表示第 i 个压载舱的当前液位；$(\text{tank}H_i)_{\min}$ 表示第 i 个压载舱相邻的压载舱液位最小值；$(\text{tank}H_i)_{\max}$ 表示第 i 个压载舱相邻的压载舱液位最大值；H_{lmt} 表示压载舱相邻液位高差限制；$N(x)$、$M(x)$ 表示纵向坐标为 x 处的剪力和弯矩值；$[N]$、$[M]$ 表示剪力和弯矩的许用值。

从数学意义上说，配载解决的是一个有约束的非线性问题，可以用非线性优化方法得到。但是，工程实际作业要求快速响应，配载方案的产生要求非常迅速，而非线性优化算法一般耗时较长，不适合实际作业要求，因此结合配载的物理模型，充分挖掘驳船结构的特点，开发一套快速响应、考虑全面、方案准确的非优化算法是很有意义和必要的。

5.1　K 系数方程组法

K 系数方程组[80]法充分利用了配载的物理意义，将问题转化为一个代数方程组问题，配载方案符合实际配载。

该方法将驳船船体简化为一根梁，在船舯设定一个虚拟支点 C，该支点不承受力，各作用力简化为集中力，方向规定：向下为正，向上为负。其力学模型如图 5.2 所示。

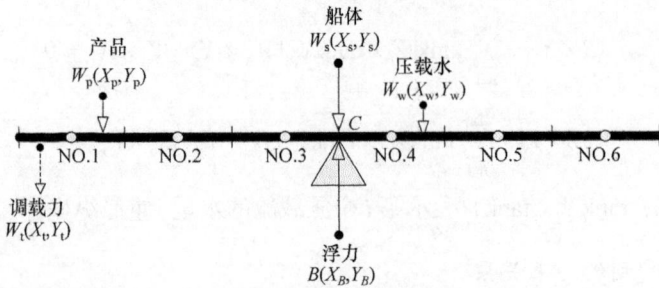

图 5.2　梁受力模型

图 5.2 中符号的意义如下：

$W_t(X_t,Y_t)$ 表示配载力(单位为 tf)以及相应的坐标(单位为 m)；

其他符号的意义见前文。

$W_t(X_t,Y_t)$ 是 K 系数方程组法引入的一个虚拟力，与各个压载舱配载量合力 $W_c(X_c,Y_c)$ 互为反力。其中，配载量合力 $W_c(X_c,Y_c)$ 由下列公式得到。

根据力学原理可知，接载过程必须满足平衡方程。

(1) 力平衡方程：

$$-B+\sum_{i=1}^{N_{\text{tank}}}(W_i+\text{tank}W_i)+W_s+W_p=0 \tag{5.7}$$

(2) 力矩平衡方程：

$$-B\times X_B+\sum_{i=1}^{N_{\text{tank}}}(\text{tank}W_i+W_i)\times \text{tank}X_i+W_s\times X_s+W_p\times X_p=0 \tag{5.8}$$

$$-B\times Y_B+\sum_{i=1}^{N_{\text{tank}}}(\text{tank}W_i+W_i)\times \text{tank}Y_i+W_s\times Y_s+W_p\times Y_p=0 \tag{5.9}$$

根据式(5.7)，可得到配载量合力表达式：

$$W_c=\sum_{i=1}^{N_{\text{tank}}}W_i=B-\sum_{i=1}^{N_{\text{tank}}}\text{tank}W_i-W_s-W_p \tag{5.10}$$

根据式(5.7)和式(5.8)，可得到配载量合力的纵坐标和横坐标表达式：

$$X_c=\frac{\sum_{i=1}^{N_{\text{tank}}}W_i\times \text{tank}X_i}{\sum_{i=1}^{N_{\text{tank}}}W_i}=\frac{B\times X_B-\sum_{i=1}^{N_{\text{tank}}}\text{tank}W_i\times \text{tank}X_i-W_s\times X_s-W_p\times Y_p}{W_c} \tag{5.11}$$

$$Y_c=\frac{\sum_{i=1}^{N_{\text{tank}}}W_i\times \text{tank}Y_i}{\sum_{i=1}^{N_{\text{tank}}}W_i}=\frac{B\times Y_B-\sum_{i=1}^{N_{\text{tank}}}\text{tank}W_i\times \text{tank}Y_i-W_s\times Y_s-W_p\times Y_p}{W_c} \tag{5.12}$$

式中，W_i 表示第 i 个压载舱的配载量。

若该压载舱排水，则 W_i 为负数，力的方向向上；若该压载舱注水，则 W_i 为正数，力的方向向下。

根据互为反作用力定义，配载力可以由式(5.13)确定：

$$W_t = -W_c, \qquad X_t = X_c, \qquad Y_t = Y_c \tag{5.13}$$

5.1.1　配载的力学简化

知道配载力 $W_t(X_t, Y_t)$ 后，各个压载舱的配载量 W_i 便是与之构成杠杆平衡的分布方案。图 5.3 所示为配载杠杆，如果只有两列参与配载(根据实际作业经验，一般操作两列压载舱就能满足接载的配载要求)，对于图 5.3 中的配载力情形，靠后列配载量的力方向必定向上(排水)，靠前列配载量的力方向必定向下(注水)，这样才能满足配载杠杆平衡。具体原理如下。

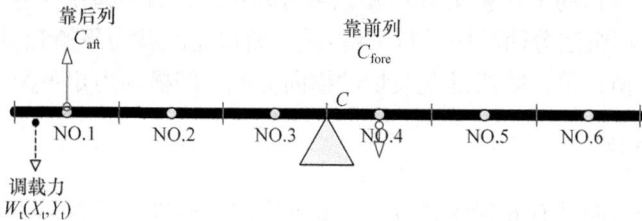

图 5.3　配载杠杆

设 W_a、X_a 表示靠后列 C_{aft} 的整列配载量及配载量纵向坐标；W_f、X_f 表示靠前列 C_{fore} 的整列配载量及配载量纵向坐标。这三个力要平衡，即虚拟支点 C 受力为零，受力矩为零，可得到如下平衡方程：

$$\begin{cases} W_a + W_f + W_t = 0, & \text{支点不承受力} \\ W_a \times X_a + W_f \times X_f + W_t \times X_t = 0, & \text{力矩平衡} \end{cases} \tag{5.14}$$

解得

$$\begin{cases} W_a = W_t \times (X_t - X_f) / (X_f - X_a) \\ W_f = W_t \times (X_a - X_t) / (X_f - X_a) \end{cases} \tag{5.15}$$

由于

$$X_f > X_a > X_t \tag{5.16}$$

从式(5.15)可以得到：对于图 5.3 所示配载力情况，W_f 与 W_t 同号，W_f 方向向下(注水)；W_a 与 W_t 异号，W_a 方向向上(排水)。

配载量绝对值和为

$$W_{\mathrm{dj}} = |W_{\mathrm{f}}| + |W_{\mathrm{a}}| = |W_{\mathrm{t}}| \times (|X_{\mathrm{f}} - X_{\mathrm{t}}| + |X_{\mathrm{a}} - X_{\mathrm{t}}|)/(X_{\mathrm{f}} - X_{\mathrm{a}}) \tag{5.17}$$

可知配载量绝对值和的最小值为 $|W_{\mathrm{t}}|$。

这个结论也可用如下绝对值不等式得到：

$$|W_{\mathrm{f}}| + |W_{\mathrm{a}}| \geqslant |W_{\mathrm{a}} + W_{\mathrm{f}}| = |W_{\mathrm{t}}| \tag{5.18}$$

对于图 5.3 所示情况(一列排水，一列注水)，X_{a}、X_{f} 相距越大，W_{dj} 越接近最小值。

5.1.2　*K* 系数方程组法计算步骤

式(5.7)~式(5.9)联立构成的方程组，最多只能解 3 个压载舱配载的方案。在实际作业过程中，通常配载的压载舱数目要大于 3 个，因此无法通过直接求解方程组得到符合实际作业的配载方案。

本书结合方程的工程意义引入 *K* 系数方程组法，有效解决了这个问题。

K 系数方程组法分两阶段进行求解：第一阶段是配载力平衡和纵向力矩平衡，即配载杠杆平衡；第二阶段是配载量的横向分配，即横向力矩平衡。

1. 第一阶段

本书举例驳船共有 6 列压载舱，从 6 列中取 2 列进行计算，共有 $C_6^2 = 15$ 种不同组合，按式(5.17)分别计算 15 种组合的配载量绝对值，得到配载量绝对值最小的组合，再按照式(5.15)计算 C_{fore} 和 C_{aft} 两列的整列配载量 W_{f} 和 W_{a}。

2. 第二阶段

两列压载舱 C_{fore} 和 C_{aft}，每列有 4 个压载舱，如图 5.4 所示。

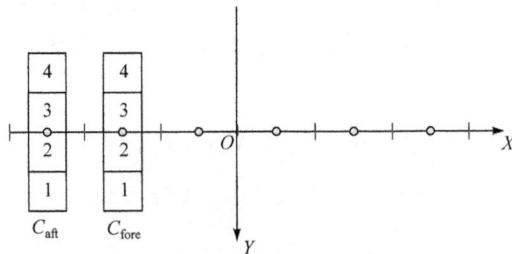

图 5.4　压载舱横向分布图

将 C_{fore} 和 C_{aft} 两列的总配载量进行横向分配，保证横向力矩平衡。设 C_{fore} 列的 4 个压载舱的配载量和横向坐标为 W_i^{f}、Y_i^{f} $(i=1,2,3,4)$，C_{aft} 列的 4 个压载舱的配载量和横向坐标为 W_i^{a}、Y_i^{a} $(i=1,2,3,4)$，则有

$$\begin{cases} \sum_{i=1}^{4} W_i^{\mathrm{f}} = W_{\mathrm{f}} \\ \sum_{i=1}^{4} W_i^{\mathrm{a}} = W_{\mathrm{a}} \\ \sum_{i=1}^{4} W_i^{\mathrm{f}} \times Y_i^{\mathrm{f}} + \sum_{i=1}^{4} W_i^{\mathrm{a}} \times Y_i^{\mathrm{a}} = W_{\mathrm{c}} \times Y_{\mathrm{c}} \end{cases} \quad (5.19)$$

方程组(5.19)有 8 个未知数、3 个等式方程，不能直接求解。引入 K 系数，将问题转化为静定的，即将 C_{aft} 列 4 个压载舱分成两组，第 1 组为 $(R_1^{\mathrm{a}}(1), R_1^{\mathrm{a}}(2))$，第 2 组为 $(R_2^{\mathrm{a}}(1), R_2^{\mathrm{a}}(2))$；同理，将 C_{fore} 列 4 个压载舱分成两组，第 1 组为 $(R_1^{\mathrm{f}}(1), R_1^{\mathrm{f}}(2))$，第 2 组为 $(R_2^{\mathrm{f}}(1), R_2^{\mathrm{f}}(2))$。

由式(5.19)得到

$$\begin{cases} R_1^{\mathrm{a}}(1)\_w + R_1^{\mathrm{a}}(2)\_w = W_{\mathrm{a}} / (1 + K_{\mathrm{wa}}) \\ R_1^{\mathrm{f}}(1)\_w + R_1^{\mathrm{f}}(2)\_w = W_{\mathrm{f}} / (1 + K_{\mathrm{wf}}) \\ R_1^{\mathrm{a}}(1)\_w \times R_1^{\mathrm{a}}(1)\_y + R_1^{\mathrm{a}}(2)\_w \times R_1^{\mathrm{a}}(2)\_y + R_1^{\mathrm{f}}(1)\_w \times R_1^{\mathrm{f}}(1)\_y \\ \quad + R_1^{\mathrm{f}}(2)\_w \times R_1^{\mathrm{f}}(2)\_y = W_{\mathrm{c}} \times Y_{\mathrm{c}} / (1 + K_{\mathrm{my}}) \end{cases} \quad (5.20)$$

$$\begin{cases} R_2^{\mathrm{a}}(1)\_w + R_2^{\mathrm{a}}(2)\_w = W_{\mathrm{a}} \times K_{\mathrm{wa}} / (1 + K_{\mathrm{wa}}) \\ R_2^{\mathrm{f}}(1)\_w + R_2^{\mathrm{f}}(2)\_w = W_{\mathrm{f}} \times K_{\mathrm{wf}} / (1 + K_{\mathrm{wf}}) \\ R_2^{\mathrm{a}}(1)\_w \times R_2^{\mathrm{a}}(1)\_y + R_2^{\mathrm{a}}(2)\_w \times R_2^{\mathrm{a}}(2)\_y + R_2^{\mathrm{f}}(1)\_w \times R_2^{\mathrm{f}}(1)\_y \\ \quad + R_2^{\mathrm{f}}(2)\_w \times R_2^{\mathrm{f}}(2)\_y = W_{\mathrm{c}} \times Y_{\mathrm{c}} \times K_{\mathrm{my}} / (1 + K_{\mathrm{my}}) \end{cases} \quad (5.21)$$

式中，$R_1^{\mathrm{a}}(1)\_w$、$R_1^{\mathrm{a}}(2)\_w$、$R_1^{\mathrm{f}}(1)\_w$、$R_1^{\mathrm{f}}(2)\_w$ 表示前后两列第 1 组压载舱的配载量；$R_1^{\mathrm{a}}(1)\_y$、$R_1^{\mathrm{a}}(2)\_y$、$R_1^{\mathrm{f}}(1)\_y$、$R_1^{\mathrm{f}}(2)\_y$ 表示前后两列第 1 组压载舱的配载量横坐标；$R_2^{\mathrm{a}}(1)\_w$、$R_2^{\mathrm{a}}(2)\_w$、$R_2^{\mathrm{f}}(1)\_w$、$R_2^{\mathrm{f}}(2)\_w$ 表示前后两列第 2 组压载舱的配载量；$R_2^{\mathrm{a}}(1)\_y$、$R_2^{\mathrm{a}}(2)\_y$、$R_2^{\mathrm{f}}(1)\_y$、$R_2^{\mathrm{f}}(2)\_y$ 表示前后两列第 2 组压载舱的配载量横坐标；K_{wa}、K_{wf} 表示 C_{aft} 列和 C_{fore} 列两组压载舱的排注能力比系数；K_{my} 表示 C_{aft} 和 C_{fore} 列的第 2 组与第 1 组的配载量产生的横向力矩能力比系数。这些 K 系数可通过当前压载舱水量求得，认为是固有属性。

排注能力比系数 K_{wa} 由式(5.22)得到：

$$K_{\mathrm{wa}} = \begin{cases} \dfrac{R_2^{\mathrm{a}}(1)_{\mathrm{D}} + R_2^{\mathrm{a}}(2)_{\mathrm{D}}}{R_1^{\mathrm{a}}(1)_{\mathrm{D}} + R_1^{\mathrm{a}}(2)_{\mathrm{D}}}, & W_{\mathrm{a}} < 0 \\[4mm] \dfrac{R_2^{\mathrm{a}}(1)_{\mathrm{I}} + R_2^{\mathrm{a}}(2)_{\mathrm{I}}}{R_1^{\mathrm{a}}(1)_{\mathrm{I}} + R_1^{\mathrm{a}}(2)_{\mathrm{I}}}, & W_{\mathrm{a}} > 0 \end{cases} \quad (5.22)$$

排注能力比系数 K_{wf} 由式(5.23)得到:

$$K_{wf} = \begin{cases} \dfrac{R_2^f(1)_D + R_2^f(2)_D}{R_1^f(1)_D + R_1^f(2)_D}, & W_f < 0 \\[4mm] \dfrac{R_2^f(1)_I + R_2^f(2)_I}{R_1^f(1)_I + R_1^f(2)_I}, & W_f > 0 \end{cases} \tag{5.23}$$

排注量横向力矩能力比系数 K_{my} 由式(5.24)得到:

$$K_{my} = \begin{cases} \dfrac{R_2^a(1)_D \times R_2^a(1)\_y + R_2^a(2)_D \times R_2^a(2)\_y + R_2^f(1)_D \times R_2^f(1)\_y + R_2^f(2)_D \times R_2^f(2)\_y}{R_1^a(1)_D \times R_1^a(1)\_y + R_1^a(2)_D \times R_1^a(2)\_y + R_1^f(1)_D \times R_1^f(1)\_y + R_1^f(2)_D \times R_1^f(2)\_y}, \\ \hfill W_a < 0, W_f < 0 \\[3mm] \dfrac{R_2^a(1)_I \times R_2^a(1)\_y + R_2^a(2)_I \times R_2^a(2)\_y + R_2^f(1)_I \times R_2^f(1)\_y + R_2^f(2)_I \times R_2^f(2)\_y}{R_1^a(1)_I \times R_1^a(1)\_y + R_1^a(2)_I \times R_1^a(2)\_y + R_1^f(1)_I \times R_1^f(1)\_y + R_1^f(2)_I \times R_1^f(2)\_y}, \\ \hfill W_a > 0, W_f > 0 \\[3mm] \dfrac{R_2^a(1)_D \times R_2^a(1)\_y + R_2^a(2)_D \times R_2^a(2)\_y + R_2^f(1)_I \times R_2^f(1)\_y + R_2^f(2)_I \times R_2^f(2)\_y}{R_1^a(1)_D \times R_1^a(1)\_y + R_1^a(2)_D \times R_1^a(2)\_y + R_1^f(1)_I \times R_1^f(1)\_y + R_1^f(2)_I \times R_1^f(2)\_y}, \\ \hfill W_a < 0, W_f > 0 \\[3mm] \dfrac{R_2^a(1)_I \times R_2^a(1)\_y + R_2^a(2)_I \times R_2^a(2)\_y + R_2^f(1)_D \times R_2^f(1)\_y + R_2^f(2)_D \times R_2^f(2)\_y}{R_1^a(1)_I \times R_1^a(1)\_y + R_1^a(2)_I \times R_1^a(2)\_y + R_1^f(1)_D \times R_1^f(1)\_y + R_1^f(2)_D \times R_1^f(2)\_y}, \\ \hfill W_a > 0, W_f < 0 \end{cases} \tag{5.24}$$

式中, $R_1^a(1)_D$、$R_1^a(2)_D$、$R_1^f(1)_D$、$R_1^f(2)_D$ 表示前后两列第 1 组压载舱的最大排水量; $R_2^a(1)_D$、$R_2^a(2)_D$、$R_2^f(1)_D$、$R_2^f(2)_D$ 表示前后两列第 2 组压载舱的最大排水量; $R_1^a(1)_I$、$R_1^a(2)_I$、$R_1^f(1)_I$、$R_1^f(2)_I$ 表示前后两列第 1 组压载舱的最大注水量; $R_2^a(1)_I$、$R_2^a(2)_I$、$R_2^f(1)_I$、$R_2^f(2)_I$ 表示前后两列第 2 组压载舱的最大注水量。

最大排水量由式(5.25)得到:

$$\text{Tank}_D = \text{Tank}_w - \text{Tank}_{min} \tag{5.25}$$

最大注水量由式(5.26)得到:

$$\text{Tank}_I = \text{Tank}_{max} - \text{Tank}_w \tag{5.26}$$

式中, Tank_D 表示某舱最大排水量; Tank_I 表示某舱最大注水量; Tank_w 表示某舱当前液位存水量; Tank_{min} 表示某舱最低液位对应存水量; Tank_{max} 表示某舱最高液位对应存水量。

K 系数的引入, 不仅增加了等式方程数目, 还可使用户根据各个压载舱的配载能力来合理分配压载水。

现在式(5.20)和式(5.21)分别共有 3 个方程、4 个未知数，仍然是不定的方程。

由于驳船的泵管路系统设计，相邻或者同列压载舱(统称排注舱域)不能出现"有些舱注水，有些舱排水"的情况，否则压载泵无法工作。

根据这个特点，引入同排同注系数 K_a、K_f($K_a > 0$，$K_f > 0$)，可将不定方程转化为恰定方程，直接求解得到配载方案。

K_a、K_f 的引入，首先符合实际驳船的泵阀布置和操作要求，即处于一个排注舱域的压载舱必须同时排水或注水，其次减少了不定数目，可构造出恰定方程组。

对式(5.20)，引入同排同注系数 K_a 后得到

$$\begin{cases} R_1^a(1)\_w + R_1^a(2)\_w = W_a / (1 + K_{wa}) \\ R_1^f(1)\_w + R_1^f(2)\_w = W_f / (1 + K_{wf}) \\ R_1^a(1)\_w \times R_1^a(1)\_y + R_1^a(2)\_w \times R_1^a(2)\_y + R_1^f(1)\_w \times R_1^f(1)\_y \\ \quad + R_1^f(2)\_w \times R_1^f(2)\_y = W_c \times Y_c / (1 + K_{my}) \\ R_1^a(2)\_w = K_a \times R_1^a(1)\_w \end{cases} \tag{5.27}$$

解式(5.27)得到

$$R_1^a(1)\_w = \frac{W_a}{(1 + K_{wa})(1 + K_a)}$$

$$R_1^a(2)\_w = \frac{K_a \times W_a}{(1 + K_{wa})(1 + K_a)}$$

$R_1^f(1)\_w$

$$= \frac{\dfrac{W_c \times Y_c}{1 + K_{my}} - \dfrac{W_f}{1 + K_{wf}} \times R_1^f(2)\_y - \dfrac{W_a}{(1 + K_{wa})(1 + K_a)} \times R_1^a(1)\_y - \dfrac{K_a \times W_a}{(1 + K_{wa})(1 + K_a)} \times R_1^a(2)\_y}{R_1^f(1)\_y - R_1^f(2)\_y}$$

$R_1^f(2)\_w$

$$= \frac{\dfrac{W_c \times Y_c}{1 + K_{my}} - \dfrac{W_f}{1 + K_{wf}} \times R_1^f(1)\_y - \dfrac{W_a}{(1 + K_{wa})(1 + K_a)} \times R_1^a(1)\_y - \dfrac{K_a \times W_a}{(1 + K_{wa})(1 + K_a)} \times R_1^a(2)\_y}{R_1^f(2)\_y - R_1^f(1)\_y}$$

根据 $R_1^f(1)\_w$、$R_1^f(2)\_w$ 的表达式，得到 K_f 的表达式为

$$K_f = \frac{R_1^f(2)\_w}{R_1^f(1)\_w} = -\frac{k_1 \times K_a + k_2}{k_3 \times K_a + k_4} > 0 \tag{5.28}$$

式中

$$k_1 = \frac{W_c \times Y_c}{1+K_{my}} - \frac{W_a}{1+K_{wa}} \times R_1^a(2)\_y - \frac{W_f}{1+K_{wf}} \times R_1^f(1)\_y$$

$$k_2 = \frac{W_c \times Y_c}{1+K_{my}} - \frac{W_a}{1+K_{wa}} \times R_1^a(1)\_y - \frac{W_f}{1+K_{wf}} \times R_1^f(1)\_y$$

$$k_3 = \frac{W_c \times Y_c}{1+K_{my}} - \frac{W_a}{1+K_{wa}} \times R_1^a(2)\_y - \frac{W_f}{1+K_{wf}} \times R_1^f(2)\_y$$

$$k_4 = \frac{W_c \times Y_c}{1+K_{my}} - \frac{W_a}{1+K_{wa}} \times R_1^a(1)\_y - \frac{W_f}{1+K_{wf}} \times R_1^f(2)\_y$$

结合物理意义和实际操作要求，这里规定 $k_i \neq 0$，$i=1,2,3,4$。

由不等式(5.28)可以得到 K_a 的取值范围：

$$\begin{cases} K_a \in \left(\min\left(-\frac{k_1 k_4}{k_3}, -\frac{k_2}{k_1}, 0\right), \ \max\left(-\frac{k_1 k_4}{k_3}, -\frac{k_2}{k_1}, 0\right) \right), & \frac{k_3}{k_1} > 0 \\ K_a \in \left(\max\left(-\frac{k_1 k_4}{k_3}, -\frac{k_2}{k_1}, 0\right), \ \infty \right) \cup \left(0, \ \min\left(-\frac{k_1 k_4}{k_3}, -\frac{k_2}{k_1}, 0\right)\right), & \frac{k_3}{k_1} < 0 \end{cases} \tag{5.29}$$

根据压载舱的排注能力，同排同注系数 K_a 的理想取值应该等于排注能力系数比 K_a^g：

$$K_a^g = \begin{cases} \dfrac{R_1^a(1)_D}{R_1^a(2)_D}, & W_a < 0, 排水 \\ \dfrac{R_1^a(1)_I}{R_1^a(1)_I}, & W_a > 0, 注水 \end{cases} \tag{5.30}$$

根据式(5.29)和式(5.30)，有：

如果 $K_a \in \varnothing$，则没有解，取下一个组合计算；

如果 $K_a \notin \varnothing$，则在解集 D 中取 K_a^s，K_a^s 按照如下规则获得：

$$K_a^s = \min\left|K_a^s - K_a^g\right|, \quad K_a^s \in D \tag{5.31}$$

即取最接近 K_a^g 的数值。

将 $K_a = K_a^s$ 代入 $R_1^a(1)\_w$、$R_1^a(2)\_w$、$R_1^f(1)\_w$、$R_1^f(2)\_w$ 的表达式，即可得到第 1 组压载舱的配载量。

对于第 2 组压载舱的配载量，用同样的原理处理式(5.21)，即可得到 $R_2^a(1)\_w$、$R_2^a(2)\_w$、$R_2^f(1)\_w$、$R_2^f(2)\_w$。

上面使用 K 系数方程组法解决的是 2 列 8 舱的配载方案。对于 2 列 4 舱的配载方案求解，可用如下处理方法。

根据配载杠杆，确定 C_{aft} 和 C_{fore} 列的排注水情况，从 C_{aft} 列的 4 个压载舱中确定参与配载的压载舱 $\left(R^{\mathrm{a}}(1), R^{\mathrm{a}}(2)\right)$，从 C_{fore} 列的 4 个压载舱中确定参与配载的压载舱 $\left(R^{\mathrm{f}}(1), R^{\mathrm{f}}(2)\right)$。

确定参与配载的压载舱原则是选择压载舱的排水或注水最大的两个舱。

2 列 4 舱的配载方程为

$$
\begin{cases}
R^{\mathrm{a}}(1)\_w + R^{\mathrm{a}}(2)\_w = W_{\mathrm{a}} \\
R^{\mathrm{f}}(1)\_w + R^{\mathrm{f}}(2)\_w = W_{\mathrm{f}} \\
R^{\mathrm{a}}(1)\_w \times R^{\mathrm{a}}(1)\_y + R^{\mathrm{a}}(2)\_w \times R^{\mathrm{a}}(2)\_y \\
\quad + R^{\mathrm{f}}(1)\_w \times R^{\mathrm{f}}(1)\_y + R^{\mathrm{f}}(2)\_w \times R^{\mathrm{f}}(2)\_y = W_{\mathrm{c}} \times Y_{\mathrm{c}}
\end{cases}
\tag{5.32}
$$

采用上述原理，即可得到配载方案。

对于更多列的配载方案，可用同样的原理处理，但是根据实际的操作经验，2 列 8 舱以下规模的配载方案已能适应配载的要求。配载的压载舱数目太多，反而不适合操作要求。

由于 K 系数方程组法引入的 K 系数体现的是每个压载舱的配载能力，所以内在地满足了约束(5.4)，同时实现了"每次配载排注水越少越好，存水量小的压载舱多注水，存水量大的压载舱多排水"的实际作业要求。由于约束(5.5)和(5.6)没有在计算中包含，所以在得到配载方案后需要对该配载方案进行校核，看是否满足相邻液位和强度的要求。如果不满足约束，则放弃该组方案，对配载量绝对值次小的组合进行计算。

5.1.3　算法验证

本书以 92500 DWT 散货船模拟下水计算为例，当产品进入 65m 时，调整不平衡状态需要排水 947t，使驳船滑道与码头滑道平齐要求四角吃水为 3.65m。

根据上述原理，开发一套计算程序，程序根据"动作压载舱数目最少，配载量最小"和"每次配载排注水越少越好，存水量小的压载舱多注水，存水量大的压载舱多排水"原则进行组合序列优先选择计算。

计算配载方案，整个过程耗时 0.0469s(计算机配置：Intel®Xeon™ CPU 2.66GHz、1GB 内存。本书所有计算都在此计算机上完成，下文备注从略)，配载方案总排水量为 947t，配载后四角吃水均为 3.65m，达到平齐要求。压载舱数据和结果如表 5.1 所示。

表 5.1　配载方案

压载舱名称	存水量/t	重心纵向坐标/m	重心横向坐标/m	配载量/t	备注
NO.3(右)	1207	−17.791	16.554	−41.9	排水
NO.3(右中)	873	−17.040	4.680	0	—
NO.3(左中)	873	−17.040	−4.680	0	—
NO.3(左)	1207	−17.791	−16.554	−41.9	排水
NO.2(右)	1186	−51.120	16.830	−431.5	排水
NO.2(右中)	873	−51.120	4.680	0	—
NO.2(左中)	873	−51.120	−4.680	0	—
NO.2(左)	1186	−51.120	−16.830	−431.5	排水

从实例可知，K 系数方程组法挖掘了配载的物理关系，将不定方程组转化为恰定方程组，将需要借助优化算法求解的问题转化为解方程组问题，计算快速准确；考虑了配载经验和具体压载舱的排注水能力，使每个压载舱的能力得到充分合理的发挥，有利于整个接载配载过程。因此，K 系数方程组法也可以看成一种"优势配载"方法。

5.2　基于载荷曲线的配载强度控制算法

目前，国内并没有专门用于滑道拖拉滑移下水作业的驳船，绝大部分是经适当改造后用于接载作业的。因此，在接载过程中，驳船结构强度是一个主要考虑的因素，对于一些结构强度较弱的驳船，需要设计有利于强度的配载算法。

基于载荷曲线的配载强度控制算法直接从载荷分布曲线出发，给出配载方案，使载荷的分布有利于驳船结构强度的提高。

5.2.1　载荷曲线控制

图 5.5 是 92500DWT 散货船模拟下水计算进入 45m 前驳船平衡状态时的载荷分布曲线。

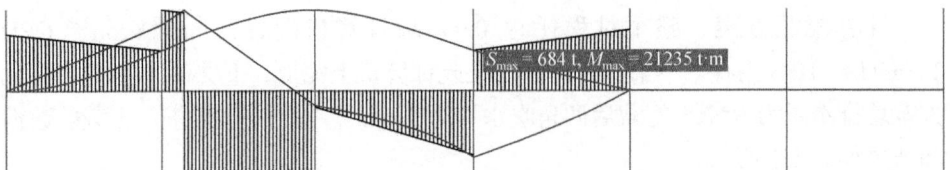

$S_{max} = 684\ t, M_{max} = 21235\ t\cdot m$

图 5.5　载荷分布曲线(平衡状态)

　　图 5.6 是该产品进入 45m 驳船不平衡状态时的载荷分布曲线，调整不平衡状态需要排水 306t。

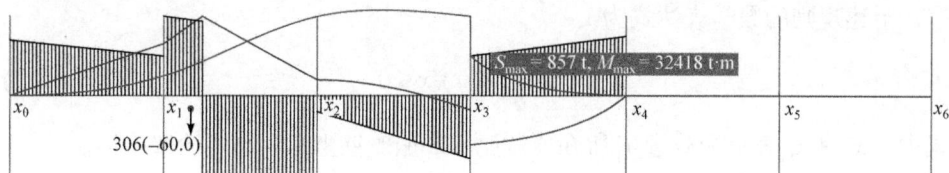

图 5.6　载荷分布曲线(不平衡状态)

　　如图 5.6 所示，各个压载舱的配载量合力位于配载力所指处，根据式(4.5)可知：

$$N'(x) = q(x)$$
$$M'(x) = N(x) = \int_{x_{\text{aft}}}^{x} q(x)\mathrm{d}x \tag{5.33}$$

　　由式(5.33)可知，剪力的极值位置是载荷曲线为零的位置，弯矩的极值位置是剪力曲线为零的位置。

　　由于驳船压载水被舱壁分割开，在配载过程中，每列压载舱的水量绝大部分情况下是不一样的，所以每个舱壁坐标处是载荷曲线跳跃之处。

　　设每个舱壁处的坐标值为 x_i，x_0 为 NO.1 压载舱的靠艉部舱壁，如图 5.6 所示，x_i 处的剪力为 N_i，弯矩为 M_i，$i = 0,1,\cdots,5,6$。

　　设每列压载舱范围内的载荷分布等价集中力为 Q_j，集中力 Q_j 距离 x_0 的距离为 l_j，$j = 1,2,\cdots,5,6$，则有

$$N_i = \begin{cases} 0, & i = 0 \\ \sum_{j=1}^{i} Q_j, & i > 0 \end{cases} \tag{5.34}$$

$$M_i = \begin{cases} 0, & i = 0 \\ \sum_{j=1}^{i} Q_j(x_i - x_0 - l_j), & i > 0 \end{cases} \tag{5.35}$$

　　由式(5.34)可知，每个 x_i 处的剪力是集中力 Q_j 的代数和，如果连续叠加的集中力同号，则剪力绝对值会不断增加，集中力 Q_j 越大，增幅就越大。

　　设剪力绝对值的最大值为 $N_{\max}$，则有

$$N_{\max} \geqslant |N|_{\max}, \quad |N|_{\max} = \max\{|N_i|, i = 0,1,\cdots,5,6\} \tag{5.36}$$

容易得到：如果 $|N|_{\max}$ 较小，那么 $N_{\max}$ 也不会很大。

　　根据配载载荷分布的特点，降低 $|N|_{\max}$ 的最有效和可控的途径是使集中力 Q_j 朝零变化，即"排水就排集中力大于 0 的，优先排集中力最大的舱列；注水就注

集中力小于 0 的，优先注集中力最小的舱列"；其次是使集中力 Q_j "正负变化"均匀，避免连续三个以上的集中力 Q_j 同号。

上述规则的数学表达式为

$$W_i \times \int_{x_i^a}^{x_i^f} q(x)\mathrm{d}x \leqslant 0 \tag{5.37}$$

式中，x_i^f 和 x_i^a 表示配载量 W_i 所在压载舱的靠艏舱壁坐标和靠艉舱壁坐标。

按照以上规则使剪力绝对值较小时，弯矩绝对值也不会很大。

以上所述控制剪力和弯矩绝对值较小的方法，是在其远没有达到许用值的情形下进行的。因此，配载产生的不是使剪力和弯矩的绝对值降低最多的方案，而是有利于总纵强度的方案。由于每次方案中剪力和弯矩的绝对值都会有所降低，只要压载舱中初始注入的压载水分布得合理，则遵循上述规则的整个配载过程总纵强度就不会超出许用值。

为了验证上述论断，以图 5.6 所示的待配平驳船状态为例，给出几组对比方案下的载荷分布曲线，如表 5.2 和图 5.7 所示。在表 5.2 中，最大剪力和弯矩的大小顺序为方案 5< 方案 4< 方案 3< 方案 2< 方案 1< 配平前。

表 5.2　配载方案比较表

方案	最大剪力/tf	最大弯矩/(tf·m)	备注
配平前	857	32418	参看图 5.6
方案 1	704	22079	$Q_1 > 0$, NO.1 排 80t; $Q_2 < 0$, NO.2 排 226t
方案 2	664	20025	$Q_1 > 0$, NO.1 排 192t; $Q_3 < 0$, NO.3 排 114t
方案 3	625	18012	$Q_1 > 0$, NO.1 排 231t; $Q_4 > 0$, NO.4 排 75t
方案 4	606	17065	$Q_1 > 0$, NO.1 排 249t; $Q_5 \approx 0$, NO.5 排 56t
方案 5	595	16503	$Q_1 > 0$, NO.1 排 261t; $Q_6 \approx 0$, NO.6 排 45t
方案 6	940	30682	$Q_3 < 0$, NO.3 排 680t; $Q_4 > 0$, NO.4 注 374t
方案 7	857	32418	$Q_4 > 0$, NO.4 排 1002t; $Q_5 \approx 0$, NO.5 注 696t

方案 3 符合"排水就排集中力大于 0 的，优先排集中力最大的舱列"规则，集中力 Q_1 和 Q_4 都大于 0，是最大的两个集中力，NO.1 和 NO.4 列舱排水，因此，总纵强度要比方案 2 和方案 1 减少得多。

方案 5 和方案 4 的总纵强度比方案 3 减少得更多，是因为 NO.1 列的排水量增多。这也说明了前文论述：总纵强度不要求减少到最低，只要降低到许用值以下，满足驳船的强度设计即可。

方案 6 和方案 7 不符合前文论述规则，且配载量绝对值太大，不仅在强度方面不利于配载，在要求流量方面也可能超出泵的可供流量。

　　从上面的例子分析可知，对载荷分布进行控制，可以有效地产生利于总纵强度的配载方案。

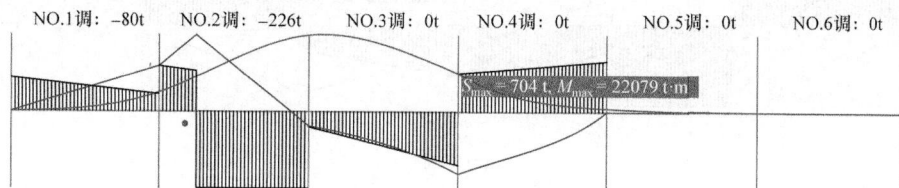

(a) 方案1

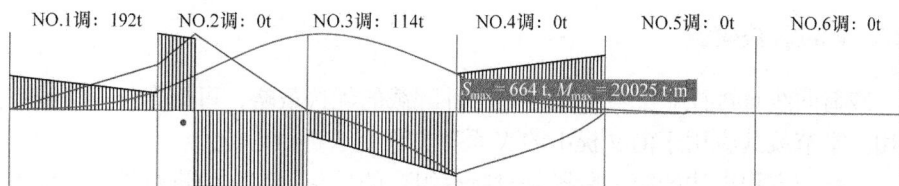

(b) 方案2

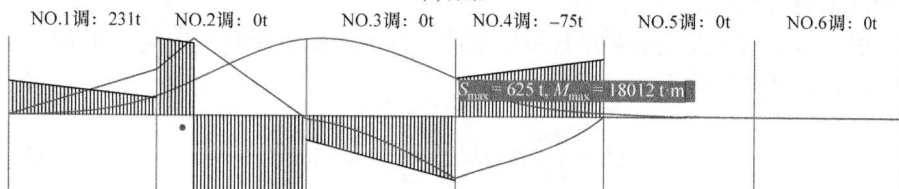

(c) 方案3

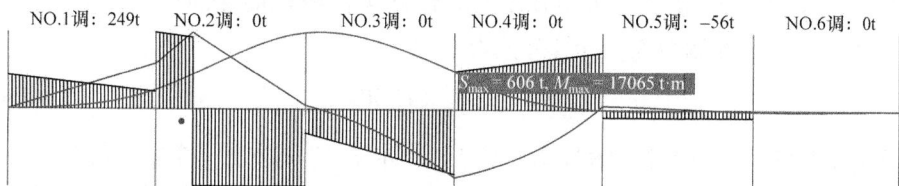

(d) 方案4

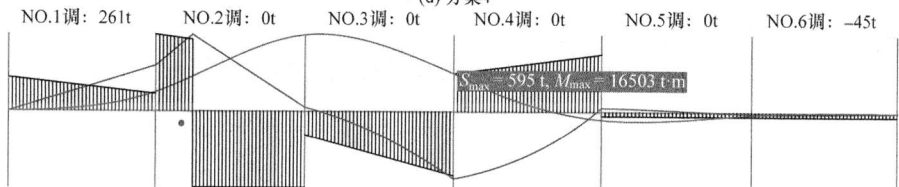

(e) 方案5

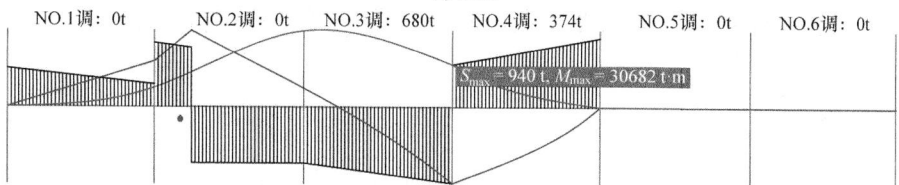

(f) 方案6

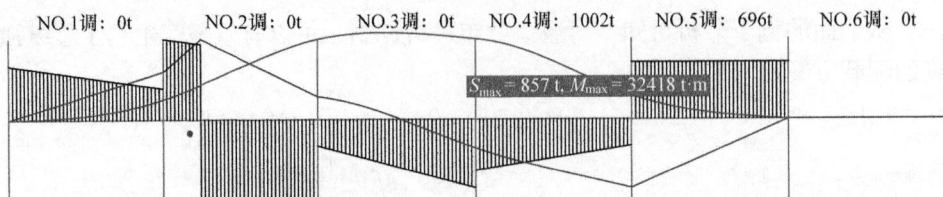

(g) 方案7

图 5.7　配载方案比较图(负号代表排水)

5.2.2　配载算法模型

载荷曲线直接控制配载方案,是一种配载的优选策略,可配合任何配载算法使用。本节就其应用于前文提出的 K 系数方程组法进行讨论。

K 系数方程组法的第一阶段是对所有组合的配载量绝对值进行排序,优先计算配载量绝对值小的组合方案。

引入基于载荷曲线的强度控制思想后,将按照如下规则产生优先计算序列。

首先,计算集中力 Q_j,计算公式为

$$Q_j = \int_{x_j^a}^{x_j^f} q(x)\mathrm{d}x, \quad j = 1,2,\cdots,5,6 \tag{5.38}$$

式中, x_j^f 和 x_j^a 表示集中力 Q_j 所在舱列的靠艏舱壁坐标和靠艉舱壁坐标。

然后,计算控制数 S_i,计算公式为

$$S_i = Q_{ia}W_{ia} + Q_{if}W_{if} \tag{5.39}$$

式中, S_i 表示第 i 个组合, $i \in \{1,2,\cdots,C_n^2\}$;下标 ia、if 表示第 i 个组合的两列压载舱编号, $ia \in \{1,2,\cdots,n\}$, $if \in \{1,2,\cdots,n\}$; W_{ia}、W_{if} 表示第 ia 列和第 if 列压载舱的配载量;本节中, $n = 6$。

最后,对 S_i 进行升序排列,获得新的压载舱列对组合序列:

$$\left\{ (1a,1f)_1, (2a,2f)_2, \cdots, \left(C_n^2a, C_n^2f\right)_{C_n^2} \right\}$$

获得组合序列后,应用 K 系数方程组法的第二阶段,即令 $C_{aft} = ia$, $C_{fore} = if$ 。最先计算的组合为 $(1a,1f)_1$。如果在校核后发现该组合不是可行方案,那么计算下一个组合。

5.2.3　算法验证

现以 92500 DWT 散货船模拟下水计算为例进行介绍。

滑移就位进入长度为 205m，进入部分重量为 14173t，计算步长为 5m，额定速度为 1m/min；压载泵额度流量为 300t/min；潮位曲线采用某港 2009 年 5 月 17 日预报潮位，如图 5.8 所示；开始作业时间为上午 8 时。

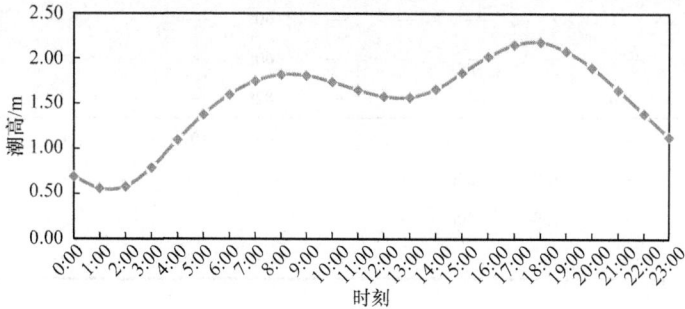

图 5.8　潮位曲线图

计算得到的预配载方案如表 5.3 所示，整个方案共 41 步，计算花费 17.52s，在此列出每隔 20m 共 11 步的预配载方案。

表 5.3　配载方案

压载舱编号		5m	25m	45m	65m	85m	105m	125m	145m	165m	185m	205m
NO.6	1	54t	—	—	28t	7t	−65t	−114t	—	—	—	—
	2	—	—	—	9t	—	—	—	—	—	—	−192t
	3	—	—	—	9t	—	—	—	—	—	—	−192t
	4	54t	—	—	28t	7t	−65t	−114t	—	—	—	—
NO.5	5	—	—	—	—	—	—	—	−10t	−96t	−189t	—
	6	—	—	—	—	—	—	—	−11t	—	—	—
	7	—	—	—	—	—	—	—	−11t	—	—	—
	8	—	—	—	—	—	—	—	−10t	−96t	−189t	—
NO.4	9	—	−7t	−43t	—	—	—	—	−93t	−137t	—	—
	10	—	—	—	—	—	—	—	−72t	—	−45t	—
	11	—	—	—	—	—	—	—	−72t	—	−45t	—
	12	—	−7t	−43t	—	—	—	—	−93t	−137t	—	—
NO.3	13	—	—	—	−216t	—	—	—	—	—	—	—
	14	—	—	—	—	−207t	—	—	—	—	—	—
	15	—	—	—	—	−207t	—	—	—	—	—	—
	16	—	—	—	−216t	—	—	—	—	—	—	—

压载舱编号		5m	25m	45m	65m	85m	105m	125m	145m	165m	185m	205m
NO.2	17	−183t	—	—	—	—	−82t	—	—	—	—	—
	18	—	—	—	—	—	−60t	—	—	—	—	−49t
	19	—	—	—	—	—	−60t	—	—	—	—	−49t
	20	−183t	—	—	—	—	−82t	—	—	—	—	—
NO.1	21	—	—	—	—	—	—	−101t	—	—	—	—
	22	—	−139t	−120t	—	—	—	—	—	—	—	—
	23	—	−139t	−120t	—	—	—	—	—	—	—	—
	24	—	—	—	—	—	—	−101t	—	—	—	—

表 5.3 中，1～24 为压载舱编号，具体对应：1-NO.6(右)，2-NO.6(右中)，3-NO.6(左中)，4-NO.6(左)，其他以此类推。表中，负数表示排水吨数；正数表示注水吨数；"—"表示不排注水。

图 5.9 为每步最大剪力(绝对值)图；图 5.10 为没有加入本节算法的每步最大剪力(绝对值)图，作为比较，以验证本节算法在强度控制方面的有效性。

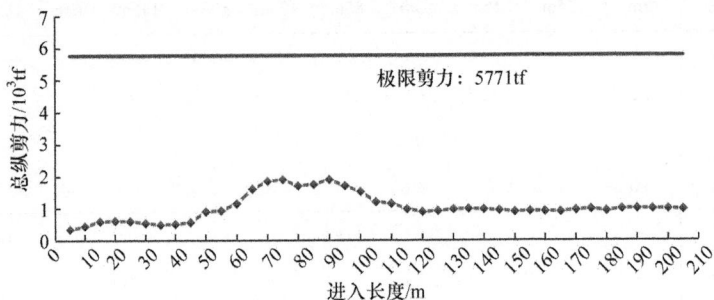

图 5.9　每步最大剪力图

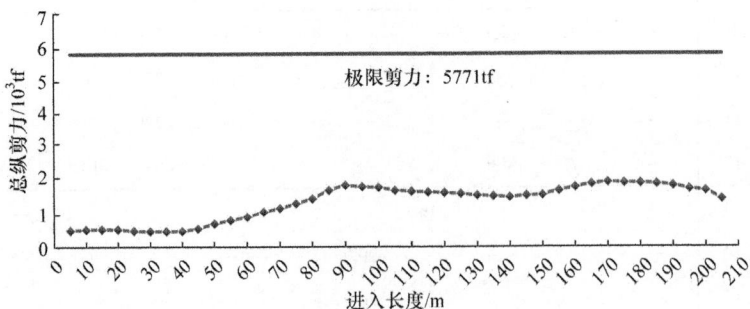

图 5.10　每步最大剪力图(对比)

图 5.11 为每步最大弯矩图，图 5.12 为没有加入本节算法的每步最大弯矩图，作为比较，以验证本节算法在强度控制方面的有效性。图中每步给出了最大弯矩和最小弯矩值。正极限弯矩为 70000tf·m，负极限弯矩为–90000tf·m。

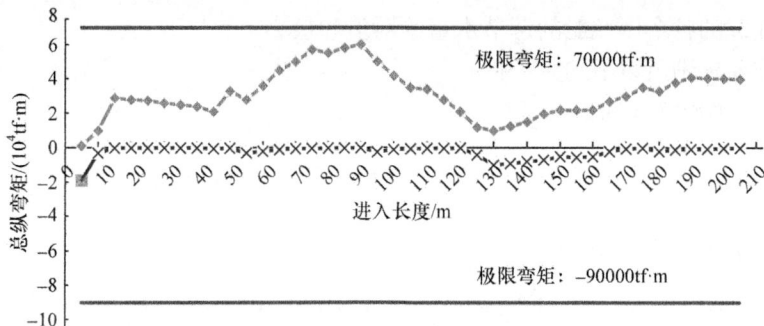

图 5.11   每步最大弯矩图

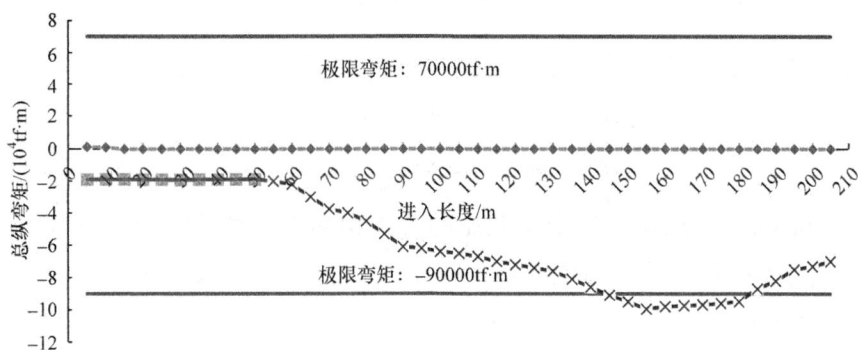

图 5.12   每步最大弯矩图(对比)

从上面的比较可知，本节提出的方法能有效地控制总纵强度，使得配载朝着有利于总纵强度的方向进行。

5.3   基于内点法的配载优化算法

根据驳船压载舱的几何特点，本节将建立驳船在接载产品过程中的线性规划配载模型，并探讨该模型的可行性与合理性[81]。

5.3.1   配载线性规划模型

以每个压载舱的调节水量 W_i 作为设计变量，记 n 为参与配载的压载舱数目，令 $W = [W_1, W_2, W_3, \cdots, W_n]^T$。

结合实际作业要求，模型的目标函数为

$$\min f(W) = \sum_{i=1}^{n} |W_i| \tag{5.40}$$

即每次配载的各个压载舱的调节水量绝对值和最小。

配载要求满足以下约束条件。

(1) 力平衡等式约束：

$$h_1(W) = -B + \sum_{i=1}^{n}(W_i + \mathrm{tank}W_i) + W_s + W_p = 0 \tag{5.41}$$

(2) 力矩平衡等式约束：

$$h_2(W) = -B \times X_B + \sum_{i=1}^{n}(\mathrm{tank}W_i + W_i) \times \mathrm{tank}X_i + W_s \times X_s + W_p \times X_p = 0 \tag{5.42}$$

$$h_3(W) = -B \times Y_B + \sum_{i=1}^{n}(\mathrm{tank}W_i + W_i) \times \mathrm{tank}Y_i + W_s \times Y_s + W_p \times Y_p = 0 \tag{5.43}$$

(3) 压载舱的极限压载水量(考虑相邻液位限制)不等式约束：

$$g_1(W) = W_i - \left(\mathrm{tank}W_{i\_\min} - \mathrm{tank}W_i\right) \geqslant 0 \tag{5.44}$$

$$g_2(W) = W_i - \left(\mathrm{tank}W_{i\_\max} - \mathrm{tank}W_i\right) \leqslant 0 \tag{5.45}$$

式中，$\mathrm{tank}W_{i\_\min}$ 表示第 i 个压载舱的考虑相邻液位高差的最小压载水量；$\mathrm{tank}W_{i\_\max}$ 表示第 i 个压载舱的考虑相邻液位高差的最大压载水量。

综上所述，可得该问题的规划模型：

$$\min f(W) = \sum_{i=1}^{n} |W_i|$$

$$\mathrm{s.t.} \quad -B + \sum_{i=1}^{n}(W_i + \mathrm{tank}W_i) + W_s + W_p = 0$$

$$-B \times X_B + \sum_{i=1}^{n}(\mathrm{tank}W_i + W_i) \times \mathrm{tank}X_i + W_s \times X_s + W_p \times X_p = 0$$

$$-B \times Y_B + \sum_{i=1}^{n}(\mathrm{tank}W_i + W_i) \times \mathrm{tank}Y_i + W_s \times Y_s + W_p \times Y_p = 0 \tag{5.46}$$

$$W_i - \left(\mathrm{tank}W_{i\_\min} - \mathrm{tank}W_i\right) \geqslant 0$$

$$W_i - \left(\mathrm{tank}W_{i\_\max} - \mathrm{tank}W_i\right) \leqslant 0$$

$$W_p \times W_q \geqslant 0, \quad p,q \in D_k$$

$$W_i \in \mathbb{R}, \quad i = 1,2,\cdots,n$$

式中，D_k 表示第 k 个排注舱域的压载舱编号集合。严格意义上说，压载水重心坐标 $tankX_i$、$tankY_i$ 是和 W_i 存在函数关系的，即式(5.41)~式(5.43)是非线性等式约束。

但是，对于驳船配载而言，驳船压载舱一般很大，形状基本也是方体，而单个压载舱的配载量 W_i 不是很大，因此压载舱的 $tankX_i$、$tankY_i$ 在 W_i 范围内变化，可以认为不依赖于自变量 W_i，即保持不变。这个假设在实际配载中已经获得验证。

在配载过程中，由于驳船管路泵阀布置的限制，要求同一排注舱域必须满足"同排同注"的原则，所以本书每一列为一个排注舱域。

本书引入排注系数 $K = [k_1, k_2, \cdots, k_n]^T$，将目标函数的绝对值去掉，转换为线性目标函数。

K 不依赖于自变量 W，可由前文提及的配载杠杆获得。对于第 i 个压载舱，若排水，则 $k_i = -1$；若注水，则 $k_i = 1$。

于是，式(5.46)的等价线性规划模型用矩阵形式表示为

$$\min f(W^c) = C^T W^c$$
$$\text{s.t. } AW^c = b \tag{5.47}$$
$$W^c \geqslant 0$$

式中

$$C = [1,1,1,\cdots,1,0,0,0,\cdots,0]_{2n\times1}^T$$
$$W^c = [W_1^c, W_2^c, \cdots, W_n^c, W_1^{c'}, W_2^{c'}, \cdots, W_n^{c'}]_{2n\times1}^T$$
$$W_i = k_i \times W_i^c, \ i = 1, 2, \cdots, n$$

$W_i^{c'}(i = 1, 2, \cdots, n)$ 为引入的松弛变量；

$$b = \begin{bmatrix} \sum_{i=1}^n tankW_i + shipW + proW - B \\[2mm] \sum_{i=1}^n (tankW_i \times tankX_i) + shipW \times X_s + proW \times X_p - B \times X_B \\[2mm] \sum_{i=1}^n (tankW_i \times tankY_i) + shipW \times Y_s + proW \times Y_p - B \times Y_B \\[2mm] \frac{1}{2}(1+k_1)(tankW_{1\_max} - tankW_1) + \frac{1}{2}(1-k_1)(tankW_1 - tankW_{1\_min}) \\ \vdots \\ \frac{1}{2}(1+k_n)(tankW_{n\_max} - tankW_n) + \frac{1}{2}(1-k_n)(tankW_n - tankW_{n\_min}) \end{bmatrix}_{(n+3)\times1}$$

$shipW$ 为驳船的空船重量；$proW$ 为上驳产品的重量；

$$A = \begin{bmatrix} k_1 & k_2 & k_3 & \cdots & k_n & \\ k_1 \times \text{tank}X_1 & k_2 \times \text{tank}X_2 & k_3 \times \text{tank}X_3 & \cdots & k_n \times \text{tank}X_n & \\ k_1 \times \text{tank}Y_1 & k_2 \times \text{tank}Y_2 & k_3 \times \text{tank}Y_3 & \cdots & k_n \times \text{tank}Y_n & \\ 1 & 0 & 0 & \cdots & 0 & 1 \\ 0 & 1 & 0 & \cdots & 0 & 0 & 1 \\ 0 & 0 & 1 & \cdots & 0 & 0 & 0 & 1 \\ \vdots & \vdots & \vdots & \vdots & \vdots & \vdots & \vdots \\ 0 & 0 & 0 & \cdots & 0 & 0 & 1 & 1 \end{bmatrix}_{(n+3) \times 2n}$$

式(5.47)通常是一个变量规模小于 16 的线性规划问题,对于本书采用的驳船,如果全船所有压载舱都参与配载,那么其规模是含有 48 个未知数的线性规划问题。本书将采用内点法求解式(5.47)。

5.3.2 内点法

求解线性规划问题的经典算法是由美国 Stanford 大学的 Dantzig 教授于 1947年提出的单纯形法。单纯形法的思想是沿着可行域边界,从一个极点到另一个极点逐步进行寻优,最终停留到最优的极点上。单纯形法的计算复杂性为 $O(2^n)$,其迭代次数会随约束条件和变量数的增多而显著增多,甚至会呈指数增长,这就使得单纯形法不可能求解大规模的优化问题[82]。

1984 年,美籍印度学者 Karmarkar 提出了一种计算复杂性为 $O(n^{3.5}L^2)$ 的线性规划多项式算法。根据例题计算比较,其计算速度比单纯形法快 50 倍[82]。

与单纯形法沿可行域边界寻优不同,Karmarkar 方法是从可行域内部点开始,按照最速下降方向寻找最优解,故又称内点法。由于是在可行域内部寻优,当约束条件增多、变量数目增大时,内点法的迭代次数变化较少,且计算速度和收敛性都优于单纯形法。

内点法的出现标志着数学优化领域一个新时代的开始,它是求解大规模线性规划问题的有力算法。

自从 Karmarkar 提出内点法,在他的成果基础上,演化出很多改进的内点算法。本书采用内点法的改进算法,即原始-对偶路径跟踪法(式(5.47))。

原始-对偶路径跟踪法又称跟踪中心轨迹法,该方法收敛迅速,鲁棒性强,对初值的选择不敏感,已经在优化领域得到了广泛应用,是目前最有发展潜力的一类内点算法。

式(5.47)的对偶问题为

$$\max\ b^{\mathrm{T}}y$$

$$\text{s.t.}\quad A^{\mathrm{T}}y+v=C \tag{5.48}$$

$$v\geqslant 0$$

式中，y 是 $n+3$ 维的列向量；v 是 $2n$ 维的列向量。

根据线性规划互补松弛性质，W^{c}、y 和 v 为最优解的充分必要条件是

$$\begin{cases} AW^{\mathrm{c}}=b, & W^{\mathrm{c}}\geqslant 0 \\ A^{\mathrm{T}}y+v=C, & v\geqslant 0 \\ W^{\mathrm{d}}v^{\mathrm{d}}e=0 \end{cases} \tag{5.49}$$

式中，$W^{\mathrm{d}}=\mathrm{diag}(W_1^{\mathrm{c}},W_2^{\mathrm{c}},\cdots,W_n^{\mathrm{c}},W_1^{\mathrm{c\prime}},W_2^{\mathrm{c\prime}},\cdots,W_n^{\mathrm{c\prime}})$；$v^{\mathrm{d}}=\mathrm{diag}(v_1,v_2,\cdots,v_i,\cdots,v_{2n-1},v_{2n})$，$v_i$ 是 V 的第 i 个变量；e 是分量全为 1 的 $2n$ 维列向量。

式(5.49)称为 Karush-Kuhn-Tucker(KKT)条件。将 $W^{\mathrm{d}}v^{\mathrm{d}}e=0$ 换作 $W^{\mathrm{d}}v^{\mathrm{d}}e=\mu e$，实参数 $\mu>0$，得到松弛 KKT 条件：

$$\begin{cases} AW^{\mathrm{c}}=b, & W^{\mathrm{c}}\geqslant 0 \\ A^{\mathrm{T}}y+v=C, & v\geqslant 0 \\ W^{\mathrm{d}}v^{\mathrm{d}}e=\mu e \end{cases} \tag{5.50}$$

实参数 μ 由以下公式估计：

$$\mu=\frac{(W^{\mathrm{c}})^{\mathrm{T}}v}{2n} \tag{5.51}$$

搜索的移动方向方程为

$$\begin{bmatrix} A & 0 & 0 \\ 0 & A^{\mathrm{T}} & I \\ v & 0 & W^{\mathrm{c}} \end{bmatrix} \begin{bmatrix} \Delta W^{\mathrm{c}} \\ \Delta y \\ \Delta v \end{bmatrix} = \begin{bmatrix} b-AW^{\mathrm{c}} \\ C-A^{\mathrm{T}}y-v \\ \mu e-W^{\mathrm{d}}v^{\mathrm{d}}e \end{bmatrix} \tag{5.52}$$

通过式(5.52)可以求得移动方向 $d=\begin{bmatrix} \Delta W^{\mathrm{c}} & \Delta y & \Delta v \end{bmatrix}^{\mathrm{T}}$。

确定移动方向 d 后，需要确定沿此方向移动的步长 λ，以便求出后继点 $\left(W^{\mathrm{c}}+\lambda\Delta W^{\mathrm{c}},y+\lambda\Delta y,v+\lambda\Delta v\right)$。步长 λ 由式(5.53)估计：

$$\lambda=\min\left\{ p\left[\max_{i,j}\left(-\frac{\Delta W_j^{\mathrm{c}}}{W_j^{\mathrm{c}}},-\frac{\Delta v_i^{\mathrm{c}}}{v_i^{\mathrm{c}}}\right)\right]^{-1},1\right\} \tag{5.53}$$

式中，p 为小于 1 且接近 1 的正数。

计算流程如下：

(1) 给定初始点 $\left(W_{(1)}^{c}, y_{(1)}, v_{(1)}\right)$，其中，$y_{(1)}>0$，$v_{(1)}>0$，取小于 1 且接近 1 的正数 p 计算精度 ε，一个相当大的正数 M，置 $k:=1$。

(2) 计算 $\rho = b - AW_{(k)}^{c}$，$\sigma = C - A^{\mathrm{T}}y_{(k)} - v_{(k)}$，$\gamma = v_{(k)}^{\mathrm{T}}W_{(k)}^{c}$，$\mu = \delta\dfrac{\gamma}{2n}$，其中 δ 是小于 1 的正数，通常取 0.1。

(3) 若 $\|\rho\|_{1} < \varepsilon$、$\|\sigma\|_{1} < \varepsilon$、$\gamma < \varepsilon$ 同时成立，则停止计算，得到最优解 $\left(W_{(k)}^{c}, y_{(k)}, v_{(k)}\right)$；若 $\|W_{(k)}^{c}\|_{\infty} > M$ 或 $\|y_{(k)}\|_{\infty} > M$，则停止计算，原问题或对偶问题没有解，否则进行下一步。

(4) 解方程(3.52)，得到移动方向 $d_{(k)} = \begin{bmatrix} \Delta W_{(k)}^{c} & \Delta y_{(k)} & \Delta v_{(k)} \end{bmatrix}^{\mathrm{T}}$，进而用式(3.53) 求得移动步长 λ。

(5) 令 $W_{(k+1)}^{c} = W_{(k)}^{c} + \lambda\Delta W_{(k)}^{c}$，$y_{(k+1)} = y_{(k)} + \lambda\Delta y_{(k)}$，$v_{(k+1)} = v_{(k)} + \lambda\Delta v_{(k)}$。

(6) 置 $k := k+1$，转到步骤(2)。

5.3.3　算法验证

以 92500 DWT 散货船模拟下水计算为例，当产品进入 65m 时，调整不平衡状态需要排水 947t，使驳船滑道与码头滑道平齐要求四角吃水为 3.65m。

选择 NO.2 列和 NO.3 列，共 8 个压载舱，参与配载。根据配载杠杆可知，NO.2 列和 NO.3 列都是排水，因此排注系数 $k_i = -1$，$i = 1, 2, \cdots, 8$。

需要解决的是有 11 个约束、16 个变量的线性规划问题，整个过程耗时 0.03125s，目标函数值为 947t，达到理论最优；配载后四角吃水 3.65m，达到平齐要求。压载舱数据和优化结果如表 5.4 所示。

表 5.4　配载方案(调 8 个压载舱)

压载舱名称	存水量/t	重心纵向坐标/m	重心横向坐标/m	配载量/t	备注
NO.3(右)	694	−17.791	16.554	−17.8	排水
NO.3(右中)	642	−17.040	4.680	−23.1	排水
NO.3(左中)	642	−17.040	−4.680	−23.1	排水
NO.3(左)	694	−17.791	−16.554	−17.8	排水
NO.2(右)	1151	−51.120	16.830	−250.6	排水
NO.2(右中)	713	−51.120	4.680	−182.0	排水
NO.2(左中)	713	−51.120	−4.680	−182.0	排水
NO.2(左)	1151	−51.120	−16.830	−250.6	排水

为了验证原始-对偶路径跟踪法的计算速度，特选择全船 6 列共 24 个压载舱进行计算，并令奇数列排注系数都取−1，偶数列排注系数都取 1。需要解决的是有 27 个约束、48 个变量的线性规划问题，整个过程耗时 0.46875s，目标函数值为 947t，达到理论最优；配载后四角吃水 3.65m，达到平齐要求。压载舱数据和优化结果如表 5.5 所示。

表 5.5　配载方案(调 24 个压载舱)

压载舱名称	存水量/t	重心纵向坐标/m	重心横向坐标/m	配载量/t	备注
NO.6(右)	1390	85.200	16.830	0	——
NO.6(右中)	871	85.200	4.680	0	——
NO.6(左中)	871	85.200	−4.680	0	——
NO.6(左)	1390	85.200	−16.830	0	——
NO.5(右)	1392	51.120	16.830	−36.2	排水
NO.5(右中)	871	51.120	4.680	−30.2	排水
NO.5(左中)	871	51.120	−4.680	−30.2	排水
NO.5(左)	1392	51.120	−16.830	−36.2	排水
NO.4(右)	1736	17.321	16.830	0	——
NO.4(右中)	571	17.040	4.680	0	——
NO.4(左中)	571	17.040	−4.680	0	——
NO.4(左)	1736	17.321	−16.830	0	——
NO.3(右)	694	−17.791	16.554	−61.2	排水
NO.3(右中)	642	−17.040	4.680	−63.6	排水
NO.3(左中)	642	−17.040	−4.680	−63.6	排水
NO.3(左)	694	−17.791	−16.554	−61.2	排水
NO.2(右)	1151	−51.120	16.830	0	——
NO.2(右中)	713	−51.120	4.680	0	——
NO.2(左中)	713	−51.120	−4.680	0	——
NO.2(左)	1151	−51.120	−16.830	0	——
NO.1(右)	786	−85.200	16.830	−149.8	排水
NO.1(右中)	567	−85.200	4.680	−132.4	排水
NO.1(左中)	567	−85.200	−4.680	−132.4	排水
NO.1(左)	786	−85.200	−16.830	−149.8	排水

从上面的实例可知，基于原始-对偶路径跟踪法的配载线性规划模型能非常快速、准确地给出配载方案。值得一提的是，本书中用到的驳船，其 NO.3 和 NO.4 两列压载舱并非方体，即 $\text{tank}X$ 和 $\text{tank}Y$ 是调节量 W 的函数，但是由于每次配载量并不是很大，而 $\text{tank}X$ 和 $\text{tank}Y$ 随调节量的变化很缓慢，在局部可认为近似不变。如果配载量很大或者 $\text{tank}X$ 和 $\text{tank}Y$ 随调节量变化很大，那么可通过多次修正达到浮态调整要求。

因此，通过对配载模型的线性化构造线性规划模型，并采用内点法求解，能达到实际应用的要求。

5.4　遗传算法及其改进

5.4.1　遗传算法概述

遗传算法(genetic algorithm, GA)是模拟生物在自然界中通过遗传、变异而实现进化的行为的一种全局优化概率搜索算法，最早由美国 Michigan 大学的 Holland 教授提出，GoldBerg 在前人工作的基础上总结归纳出遗传算法的基本框架[83]。遗传算法不依赖梯度信息，能在搜索过程中自动获取搜索空间信息，具有鲁棒性好、不要求目标函数连续可导、能够多点搜索、能与其他算法组成混合算法等众多优点，在求解非线性、多约束等问题时性能优越。随着越来越多的学者对其进行研究，遗传算法得到了快速的发展，各种改进算法被广泛地应用于函数优化、生产调度、自动控制、数据挖掘和生命工程等众多领域[84]。

1. 遗传算法的特点

经典的优化方法主要有三种：枚举法、启发式算法和搜索算法[85]。

(1) 枚举法。枚举法的原理是对离散化的问题区间进行举例搜索，但其求解的运算量太大，硬件限制太高。

(2) 启发式算法。利用启发式算法的思想可对不同问题进行不同的定义，产生针对性的算法，但这种方法具有针对性，不可以移植到其他问题。

(3) 搜索算法。搜索算法可在限定好的一个区间内进行对最优解的搜索，但不一定能够得到最好的结果，只能保证求得一个近似解。

随着问题的多样化及规模的扩大，人们力争寻找一种利用不同搜索空间和搜索方式的新的优化方法，遗传算法正是一个这样的有效途径，它和以往的优化方法不同，主要区别在于：

(1) 智能性。在利用 GA 求解工程问题时，通过编码、适应度计算等步骤，利用进化过程中获得的信息自适应地组织搜索。设计算法中的一个最大障碍，即需要在设计过程中事先描述问题的全部特征，并说明相应采取的措施，GA 利用自然选择消除了这一障碍。利用 GA 的原理和方法，那些复杂的非线性、非结构化的问题得到了有效的解决。

(2) 本质上的并行性。GA 利用并行的方法对一个种群内的多个点进行搜索，而不是单点。由于 GA 的构建方式为构建种群的方式，并采用这种方式组织搜索，所以可同时进行多个搜索，在问题域的多个区域，也可以实现这些区域的信息交流。

(3) 方向性优良。GA 不需要对算法中的公式进行求导计算，也不需要其他辅助知识，而只需一个明确的目标函数来规定搜索的方向，以及一个优秀的适应度函数来影响搜索的方向。

(4) 概率性。GA 强调用概率的算法来进行问题的转换，而不是用确定的规则。

(5) 直接应用性。GA 可以被更加直接地应用到实际工程问题中，这对问题解决方案的决定有很大的好处，也方便了很多问题的简化。

(6) 潜在可行解。GA 对给定问题可以产生多个潜在解，以选择适应度更高的可行解。

2. 遗传算法的应用领域

GA 提供了这样一种通用的框架，它不受具体问题、具体领域的影响，对各种问题都有很强的适应性，适用于求解复杂的系统、结构优化问题，被广泛地应用于很多领域。下面是 GA 的一些重要应用领域[86]。

(1) 函数优化。GA 的一个经典应用领域就是函数优化，人们一般用函数优化来对遗传算法进行性能评估。对于一些非常规的、复杂的或者非线性的问题，用其他方法较难求解，遗传算法却可以方便地得到较好的结果。

(2) 组合优化。随着工程问题研究种类、规模的日益扩大，人们以往研究的组合优化问题也变得日益复杂，其搜索空间急剧扩大，有时利用原来的常规优化算法很难甚至不能求出最优解。GA 成为人们寻求满意解的最佳工具。

(3) 生产调度。目前采用的方法一般是依靠有经验的工作者进行经验性的生产安排，有些确定性的算法模型经过简化之后也能得到可行解，但往往由于过度的简化而使模型不能完全地表达问题，导致与实际脱轨。

(4) 自动控制。GA 可用来作为搜索和优化引擎、设计控制系统、调整自适应控制器、直接优化控制器的参数等。

(5) 机器人科学。此类科学技术需要实现对机器人的全面分析和控制，在很多方面，如路径规划、运动轨迹等的运算优化上，GA 都显示出了独特的优势。

(6) 图像处理。GA 在图像处理领域的扫描、提取特征上有着很强的优势，目前已在多个方面得到了实际的应用。

(7) 人工生命。人工生命领域要求算法具有自适应性、智能性，而 GA 的特点正在于此，它必定会在未来的人工生命科学的发展中得到更深入的应用。

5.4.2　基本遗传算法

生物进化是以集团的形式进行的，这种在一定区域内的同类个体的集合称为种群。遗传算法以种群为操作对象，按照一定的搜索规则而找到新的种群。GA 开始时需要生成一个初始种群，按照算法的搜索规则对种群进行选择、交叉和变异操作而得到新的种群，即完成一代进化。对进化后的种群进行停止机制判断，若满足停止要求，则退出进化过程，输出进化结果，计算过程完成。

GA 是模拟自然选择而形成的新的计算方法，因此在 GA 中会出现一些与生命科学类似的术语[87]，如下所述。

(1) 基因。基因是 GA 中的基本单位，携带了一定的遗传信息。在实际工程的应用中，常用编码的形式表示染色体，而基因就是其中的一个片段。

(2) 等位基因。等位基因表示基因所携带的信息，也就是基因的值。这个值表示能够通过对编码的解码操作来读取基因所携带的遗传信息。

(3) 基因座。基因座表示携带遗传信息的基因在染色体中的位置，也就决定了各个变量在编码串中的位置。

(4) 染色体。染色体为基因的一个组合，将基因所携带的各种信息集合到一起。它表示个体所携带的信息，决定个体的表现型。

(5) 个体。每个染色体对应一个个体，个体是组成种群的基本单位。

(6) 种群。多个个体组成种群，是个体进化发展的一个环境，在种群中个体实现交叉、变异等操作。

(7) 适应度。适应度是个体对目标问题的适应性的一种评估，一般由目标函数和约束条件决定。

1. 遗传算法模型表述

遗传算法可以表述为一个 8 元的模型[86]：

$$SGA=(code, fitness, pop0, popsize, sel, cross, muta, T) \tag{5.54}$$

式中，code 表示算法采用的编码方式；fitness 表示个体的适应度评价函数；pop0 表示算法的初始种群；popsize 表示种群中个体的数量；sel 表示选择算子；cross 表示交叉算子；muta 表示变异算子；T 表示算法的终止条件，常取种群的最大进化代数。

　　基本遗传算法的流程通常如图 5.13 所示。

　　遗传算法常用于求解函数的最优解问题。对于求最小值的优化问题，根据优化方法原理，可以建立如式(5.55)～式(5.57)所示的数学规划模型：

$$\min \ f(X) \tag{5.55}$$

$$\text{s.t.} \ \ X \in R \tag{5.56}$$

$$R \subseteq U \tag{5.57}$$

　　上述模型中，$X = [x_1, x_2, \cdots, x_n]^{\mathrm{T}}$ 为该优化问题的决策变量；$f(X)$ 为目标函数；式(5.56)、式(5.57)为约束条件。U 是基本空间，R 是所有满足约束的解组成的集合，即可行解空间。在处理实际问题时，常把约束条件分为等式约束和不等式约束，如式(5.58)和式(5.59)所示：

$$g_i(X) \leqslant 0, \quad i = 1, 2, \cdots, p \tag{5.58}$$

$$h_i(X) \leqslant 0, \quad i = 1, 2, \cdots, q \tag{5.59}$$

2. 编码方式

　　采用 GA 进行计算时，首先要找到目标问题实际表述与 GA 染色体之间的联系，即确定编码方式。GA 具有良好的鲁棒性，对编码方

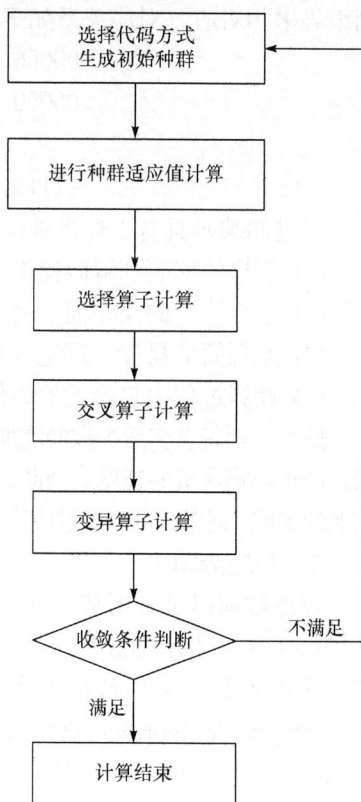

图 5.13　遗传算法基本流程图

式没有固定的要求。实际上，大多数问题都可以采用基因呈一维排列的定长染色体来表达。由于编码方式决定了交叉算子的操作方式，编码问题又被称为编码-交叉问题。因此，编码问题是使用遗传算法时首先需要认真研究的问题，常见的编码方式有以下几种[88]。

1) 二进制编码

　　二进制编码方式采用由 {0,1} 字符集构成的编码串来表示问题空间各变量的取值，编码串的长度由计算精度决定。一条含 n 个自变量的染色体 X 可表示为 $X = (x_1, x_2, \cdots, x_i, \cdots, x_n)$，其中，$x_i$ 为第 i 个自变量对应的二进制编码串。x_i 的二进制串长度可以用式(5.60)进行计算：

$$2^{m_i - 1} < (\mathrm{UL}_i - \mathrm{LL}_i) \times 10^K \leqslant 2^{m_i} - 1 \tag{5.60}$$

式中，m_i 为第 i 个自变量的二进制串长度；K 为计算要求精确到小数点后的位数；UL_i 和 LL_i 分别为自变量 x_i 的上限和下限。

　　式(5.60)可以把自变量上下限之内每个间隔等于计算精度 Δ 的数与一个二进

制编码串相对应，对应关系如下：

$$00000 \cdots 000 \rightarrow \qquad 0$$
$$00000 \cdots 001 \rightarrow \qquad 0 + \Delta$$
$$\vdots$$
$$11111 \cdots 111 \rightarrow \quad UL_i - LL_i$$

二进制编码具有下述多种优点：

(1) 变量的编码和解码操作方便。

(2) 遗传算子的操作简单易行。

(3) 原理简洁易懂、理论分析方便。

(4) 计算过程中自变量始终保持在其取值范围之内。

然而，随着自变量个数的增加和要求计算精度的提高，染色体长度的增长速度太快，严重影响求解的速度。因此，二进制编码不适用于大规模问题和要求精度过高的问题的求解。通常，可以通过改变编码串长度来协调搜索精度和计算效率之间的矛盾。

2) 浮点数编码

浮点数编码是采用某一范围内的一个浮点数来表示变量字符串的编码方式，其染色体 X 可表示为 $X = (x_1, x_2, \cdots, x_i, \cdots, x_n)$，其中 x_i 为第 i 个自变量取值范围内的一个浮点数。采用这种方式编码的遗传算法称为浮点数编码遗传算法(float-encoded genetic algorithm, FGA)。进行浮点数编码时，各自变量的基因应在该变量的取值范围内生成，进行交叉和变异操作后仍保持在变量取值范围之内。与二进制编码相比，浮点数编码遗传算法的交叉和变异操作较难实现。

浮点数编码遗传算法具有许多鲜明的优点：

(1) 编码方便快捷、无需解码操作。

(2) 计算精度较高。

(3) 计算用时少，算法效率高，适于求解变量多、计算量大的问题。

(4) 易于和其他优化方法结合构造混合算法。

由于浮点数编码遗传算法具有上述多种优点，所以常被用于求解多极值函数的优化问题。本书介绍的驳船配载问题搜索空间大，且为非线性计算模型，因此采用浮点数编码方式。

3) 其他编码方式

除了二进制编码和实数编码，还有大字符集编码、树编码和自适应编码等多种编码方式，此处不再一一介绍。

3. 适应度计算及其变化

在研究生物界的遗传进化问题时，由于不同生物对环境的适应程度不同，生

物学家采用适应度这个术语来描述生物对其生存环境的适应程度。对环境的适应
程度高的个体，有更多的繁殖机会，从而更可能把自己的基因延续下去；而适应
程度低的个体则繁殖机会较少甚至无法繁殖，从而在种群中渐渐减少并最终消失。
与此类似，在遗传算法中也采用适应度来衡量种群中个体接近或有利于找到最优
解的程度，适应度高的个体通过进化计算遗传到下一代的概率更大。衡量个体适
应度的函数称为适应度函数。

1) 适应度函数的计算

由于适应度决定了个体进化到下一代的概率，适应度函数的设计关系到整个
遗传算法的成败。对于约束优化问题，适应度的计算既关系着当代优秀个体能否
顺利进化到下一代，也关系着算法能否快速收敛到全局最优值。通常，适应度函
数都是由目标函数经过一定的改造而得到的。对于最小值问题，可以先计算所有
个体的目标函数值，求出其最小值 $F_{\min}$，然后按式(5.61)计算适应度：

$$\text{fitness}_i = F(X) - F_{\min} + \varepsilon \tag{5.61}$$

式中，fitness_i 为第 i 个个体的适应度；ε 为一个很小的正数。

2) 适应度变换

适应度函数作为衡量个体适应能力的标准，其取值必须是非负的，若经过适
应度函数计算得到的值含有负值，则需要对整个种群的适应度进行变换。一种简
单的变换方式是先计算种群所有个体的适应度，求出其最小值，然后每个个体的
适应度均减去最小值，再加上一个很小的正数，如式(5.62)所示：

$$\text{fitness}' = \text{fitness} - \text{fitness}_{\min} + \varepsilon \tag{5.62}$$

式中，$\text{fitness}'$ 为变换后的适应度；fitness 为原适应度；$\text{fitness}_{\min}$ 为种群中原适应
度的最小值；ε 为一个很小的正数。

4. 选择算子

遗传算法对种群进行进化操作时，上一代种群中适应度高的个体获得进化机
会的可能性大，选择算子是用来从上代种群中选出能够参与进化的个体的算子。
若被选中的个体适应度高，则被选中的次数可能不止一次，因此选择又称为复制。
常见的选择算子有以下几种。

1) 轮盘赌选择

轮盘赌选择是从随机轮盘游戏演变而来的，它是一种回放式的随机选择方式。
其选择过程为：先计算种群中所有个体的适应度并计算适应度的总和，每个个体
被选中的概率为其适应度与适应度总和的比值。因此，轮盘赌选择又称为比例选
择。通常，适应度越高的个体被选择的概率越大，但由于是随机选择，其未被选
中的可能性依然存在。因此，轮盘赌选择是一种误差较大的选择方式，使用时常

与其他方式相结合。

2) 确定式采样选择

确定式采样选择保证了适应度高的个体一定能够遗传到下一代种群，其选择过程通过如下方式来实现[86]。

(1) 个体在下一代中可能个数 indivnum$_i$ 的计算：

$$\text{indivnum}_i = \text{popsize} \times \frac{\text{fitness}_i}{\sum\limits_{i=1}^{\text{popsize}} \text{fitness}_i}, \quad i=1,2,\cdots,\text{popsize} \tag{5.63}$$

(2) 对 indivnum$_i$ 取整，int(indivnum$_i$) 即第 i 个个体在下一代种群中的生存数目。

(3) 按照步骤(2)中的方法依次确定各个体在下一代群体中的数目，直到确定第 popsize–1 个个体在下一代的数目；对于充满种群还不足的个体数目用轮盘赌法确定。

3) 精英保留策略

在群的进化过程中，会有很多优秀个体先后产生。随着进化过程的推进，经过交叉和变异操作，有的优秀个体能够遗传到下一代，有的则因为遗传算子的作用降低了其适应度从而被淘汰，这不利于种群的进化。为了使这些优秀个体不被遗传算子破坏，需要采取一定的保护措施[89]：每代进化操作和淘汰过程完成后，对种群中所有个体按适应度由高到低排序，取排序靠前的 N 个个体进行记录，将这 N 个个体放入优秀种群中，不必参加选择、交叉和变异操作，直接与完成本次进化的个体一起参与下一代的选择过程，如图 5.14 所示。这种保护措施对保护优秀个体有利，但也容易使之迅速扩散充满整个种群从而导致局部收敛，降低算法的全局搜索能力。因此，精英保留策略应配合局部收敛防御措施才能让算法发挥良好的作用。

5. 交叉算子

在生物遗传过程中，两条同源染色体通过配对交叉而重组，形成新的染色体。遗传算法的交叉过程与此类似，通过个体编码串的交叉重组而产生新个体，尤其是在进化初期将产生大量的新个体。交叉过程通常从种群随机选择两个个体进行配对，以一定的概率通过局部的基因交换而实现交叉。交叉操作的关键问题在于在哪里进行基因交换、如何进行交换。按照基因交换位置和交换方式的不同，可将交叉操作分为以下几种。

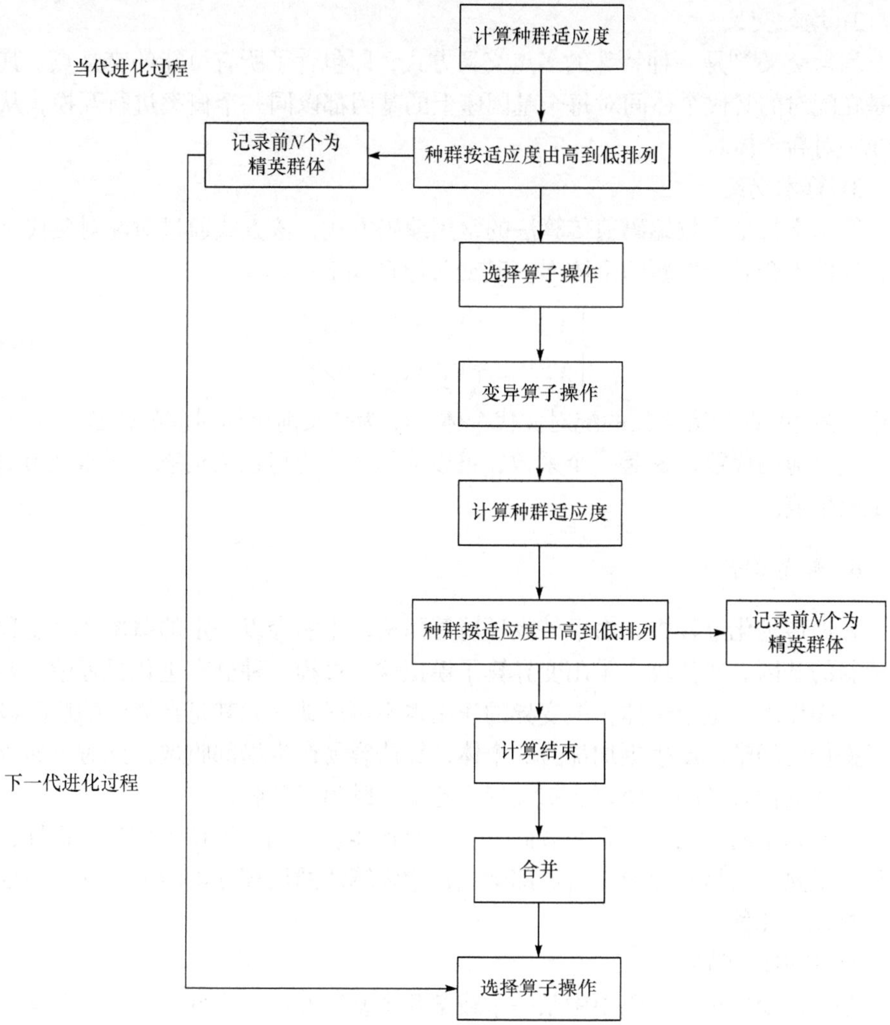

图 5.14　精英保留策略作用原理

1) 单点交叉

单点交叉是一种最简单、常用的交叉方式，通常用于二进制编码遗传算法。其原理是在配对的父代个体编码串的某一个位置进行后半段编码的互换，交叉位置通常采用随机生成方式。具体的交叉过程如图 5.15 所示。

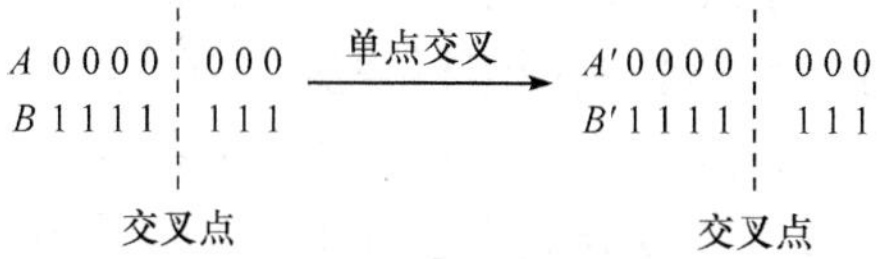

图 5.15　单点交叉示意图

2) 均匀交叉

均匀交叉[86]是一种特殊的多点交叉方式，即包含了所有可能的交叉点。其原理是在配对的父代个体间对每个基因座上的基因都以同一个概率进行互换，从而生成一对新个体。

3) 算术交叉

算术交叉是实数编码遗传算法的常用编码方式，该方式通过对配对父代个体进行线性组合而产生新的个体[90]。其交叉原理如下：

$$\begin{cases} X_1^{G+1} = \alpha X_1^G + (1-\alpha)X_2^G \\ X_2^{G+1} = \alpha X_2^G + (1-\alpha)X_1^G \end{cases} \tag{5.64}$$

式中，X_1 和 X_2 为待交叉的配对父代个体；G 为交叉前个体对应的代数；$G+1$ 为下一代对应的代数；α 是一个系数，可以为静态，也可以为动态，通常在(0,1)区间随机生成。

6. 变异算子

在遗传进化过程中，由于外界环境等因素，生物会以一定的概率产生变异，生成新的基因。遗传算法采用变异算子模拟这一过程。种群在进化过程中主要依靠交叉操作来产生新个体，但变异的作用也不可或缺。尤其是在算法的后阶段，交叉操作已经难以产生更加优秀的个体，算法容易产生局部收敛，此时可通过变异产生新的优秀基因，使算法扩大搜索范围，跳出局部收敛。

变异算子的作用主要有两方面[86]：一是产生新基因，维持种群的多样性，防止种群早熟；二是对变量进行局部微调，增强算法的局部搜索能力。常用的变异算子有以下几种。

1) 基本位变异

基本位变异是将编码串中某一个或某几个基因座指定为变异点，按照某一变异概率进行变异运算。基本位变异只能改变一个或者几个基因座上的等位基因，作用效果较小，因此使用较少。

2) 均匀变异

均匀变异是一种比较常用的变异方式，其搜索范围和变化幅度大，对增强种群多样性效果显著。对于二进制编码和实值编码，其变异操作的原理不同。对于二进制编码，均匀变异是在染色体每个基因座上按照某一变异概率进行变异，对需要产生变异的基因座，将等位基因进行替换，"0"变"1"，"1"变"0"。变异的操作过程分两步：首先，依次指定每个基因座为变异点；其次，对每个变异点，随机生成一个(0,1)内的数，与变异概率进行比较，若其小于变异概率，则进行等位基因变换，否则，进入下一个变异点。对于实值编码，均匀变异是将各自变量均按某一相同的概率进行变异判断，对产生变异的变量，从其取值范围内随机生成一个实值替换原有的变量值。

3) 高斯变异

高斯变异能增强重点搜索区域的局部搜索能力，是一种效果显著的变异方式。高斯变异是在发生变异的基因座上采用满足正态分布的一个随机数来代替原有基因值。

5.4.3　约束条件的处理

在遗传算法的应用过程中，待解决的实际问题通常都带有一定的约束条件，如对自变量范围的约束以及各种等式约束和不等式约束。约束条件的存在限制了求解过程的搜索空间，因此要采用遗传算法求解约束优化问题必须先确定如何处理约束条件。目前，对遗传算法约束条件的处理没有统一的办法，常用的处理办法有以下几种。

1. 惩罚函数法

在遗传算法的进化过程中，每个个体对应一个解。若个体对应的解为非可行解，则在计算该个体适应度时施以一个惩罚项来降低其适应度，使其在之后的进化过程中被淘汰的概率增大，从而实现算法对非可行解的剔除。调整后的个体适应度计算公式如下[83]：

$$f'(x) = \begin{cases} f(x), & x满足约束条件 \\ f(x) - p(x), & x不满足约束条件 \end{cases} \tag{5.65}$$

式中，$f(x)$表示原适应度；$f'(x)$表示考虑约束条件后的适应度；$p(x)$表示惩罚项，即惩罚函数。

惩罚函数法的难度在于如何控制惩罚函数的惩罚力度，若惩罚力度不够，则部分个体仍不能满足约束条件；若惩罚力度过大，则会导致进化计算效率低下。调整好$f(x)$与$p(x)$之间的大小关系，是惩罚函数法处理约束条件的关键。

2. 搜索空间限定法

搜索空间限定法的原理是对搜索空间采取一定的限制，使其中每个个体对应解空间的一个可行解，则搜索过程中所有个体对应的解均为可行解。

5.4.4　遗传算法的改进

基本遗传算法虽然原理简单、容易实现，但其具有算法不稳定、容易局部收敛、搜索效率低下等缺点，在实际应用中难以取得令人满意的效果。本节从初始种群的生成、选择算子、交叉算子、变异算子和适应度函数等方面对基本遗传算法进行一定的改进。此外，还引入隔离小生境进化机制，先将大种群分为多个子种群，子种群进化数代后合并成大种群进化一代，然后再次分为子种群进化，如此循环往复，直到进化过程结束。

1. 编码方式的选择

按编码方式的不同，常用的遗传算法分为二进制编码遗传算法和浮点数编码遗传算法。其中，二进制编码遗传算法编解码方便、遗传操作简单，但不适用于高精度、大规模问题，而浮点数编码遗传算法具有计算精度高、大空间搜索方便、易构造混合算法等优点，能胜任大规模问题的求解。

下水驳船配载问题具有变量个数多、取值范围大的特点，因此采用浮点数编码遗传算法来进行配载方案的优化计算。

2. 初始种群的生成

通常，遗传算法的初始种群是从自变量的取值区间内随机生成的，其适应度分布情况具有很大的不确定性。一个良好的初始种群能使算法具有较高的起点，从而节省大量的计算时间迅速收敛到最优值。下面采用如图 5.16 所示的步骤生成初始种群[91]。

1) 变量取值区间的划分

对每个自变量，将其取值区间均匀分成若干个小区间。以自变量 x_1 为例，若 x_1 的取值范围为 $[a_1, b_1]$，将其分为 n 个区间，则每个区间长度为 $(b_1 - a_1)/n$，第 i 个区间为 $[a_{1i}, b_{1i}]$，其中 $a_{1i} = a_1 + (i-1)(b_1 - a_1)/n$，$b_{1i} = a_{1i} + (b_1 - a_1)/n$。

2) 随机生成自变量取值

依次在各变量的各取值小区间里随机生成一个点 x，组成一系列个体，第 i 个个体 $X_i = (x_{i1}, x_{i2}, \cdots, x_{im})$，其中，$m$ 为变量序号。计算所有个体的适应度。

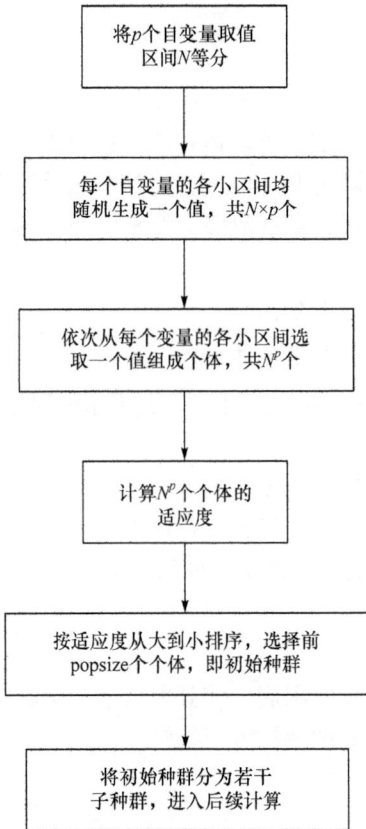

图 5.16　初始种群的生成流程

3) 生成初始种群

将上一步中所有个体按适应度从大到小排列，选择靠前的 popsize 个个体形成初始种群。确定子种群数量，将 popsize 个个体均分成子种群。

3. 适应度计算和约束条件的处理

下水驳船配载问题的配载方案优化模型为约束优化模型，其约束条件为平衡方程组等式约束和调水量的上下限约束。本书借鉴分布式动态参数惩罚函数的方法对约束进行处理[91]。种群的适应度按式(5.66)进行计算：

$$\text{fitness} = f(X) - \lambda \beta R_f(X) \tag{5.66}$$

式中，$f(X)$ 为个体目标函数值；λ 为调节因子，调整优化目标与约束条件之间的主次问题，是一个固定值；β 为分段惩罚比例因子，由个体偏离约束的程度和允许超出约束的距离 ε 决定，本书根据偏离约束的距离与 ε 之间的倍数关系分别将 p 取为 0.8~2 的 7 个值；$R_f(X)$ 为个体超出约束的距离：

$$R_f(X) = \sum_{j=1}^{q} \left| h_j'(X) \right| \tag{5.67}$$

式中，$h_j(X) = 0$ 为模型的等式约束，$h_j'(X)$ 为个体代入 $h_j(X)$ 得到的值；$\left| h_j'(X) \right|$ 表示个体满足第 j 个约束的程度，即超出等式约束的距离。

在处理含有等式约束的问题时，首先应确定等式约束允许的误差大小 ε，然后根据个体实际超出约束的距离确定分段惩罚比例因子 β，超出距离越远，β 取值越大、惩罚力度越大。这里将个体偏离约束的距离按 0.2ε、ε、2ε、10ε、25ε、40ε 和 60ε 七个节点分为 7 种情况，对应的 β 取值为 0.8、1、1.1、1.2、1.3、1.5 和 2。为了保证适应度的合理性，$f(X)$ 和 $R_f(X)$ 的差距不应太大。若 $R_f(X)$ 远大于 $f(X)$，则目标函数对适应度大小的评判作用无足轻重，无法实现优化目标；若 $R_f(X)$ 远小于 $f(X)$，则惩罚项将失去作用，得到的优化结果难以满足约束条件的要求。因此，引入调节因子 λ 来调节适应度中目标函数和约束条件的重要程度，使适应度计算以目标函数为主，约束条件为辅。本书中 λ 的取值为 0.001~0.5。

4. 选择算子的改进

遗传算法常采用轮盘赌法进行选择操作，但由于轮盘赌法是一种回放式的随机选择方法，适应度大的个体仍有不被选中的可能，所以轮盘赌选择的误差较大。为更好地模拟生物的生存竞争，保证优秀个体一定能参与进化，本书以确定式采样法为基础，结合精英保留策略，对种群选择机制进行了改进。具体实现步骤如下：

(1) 将每代所有个体按适应度从大到小排列,记录前 Y 个个体作为当代的优秀种群;在下一代种群进行选择运算时,将该 Y 个个体与下一代的 popsize 个个体合并,按适应度由大到小重新排序,选择前 popsize 个个体组成暂定的新种群。

(2) 对 popsize 个个体,按确定式采样法确定每个新种群的个数,直到确定第 popsize-1 个个体,计算公式见式(5.64)。新种群不足的部分用当前适应度最大的个体填充。

(3) 对步骤(2)确定的个体两两之间进行汉明距离比较,如果汉明距离小于规定的阈值(本书取为 10),则对适应度较小的个体进行一定次数的变异。在确定次数的变异中,力求获得适应度更大的不同个体。本书采用的是浮点数编码,因此汉明距离的计算比较特殊,如式(5.68)所示[89]:

$$\left\| X_i - X_j \right\| = \sqrt{\sum_{k=1}^{l}(x_{ik} - x_{jk})^2} \tag{5.68}$$

式中, i 、 j 表示第 i 、 j 个个体; x_{ik} 、 x_{jk} 表示第 i 、 j 个个体中第 k 个变量的值。

5. 交叉算子的改进

这里不设定交叉概率,所有父代个体均参与交叉操作,交叉方式为算术交叉。对配对的两个父代个体随机进行 crossnum 次交叉,从得到的所有个体中选择适应度最大的两个个体替代父代个体。

6. 变异算子的改进

变异算子具有局部微调和增加新基因的功能,对遗传算法的收敛具有引导作用。通常,变异概率的取值范围为[0.0001,0.1],在进化过程的早期变异概率低,随着进化代数的增大,变异概率逐渐加大。本书取变异概率为 0.1。

为了使变异能获得更好的新个体,这里对所有的变异个体在所有的自变量取值区间内进行随机扰动。具体变异方式如下:以当前变量值为节点将变量取值区间分为上下两段,若对每个个体进行 mutanum 次变异,则分别将上下两段分为 mutanum 个小区间;第一次变异在离节点最近的两个小区间里随机扰动,下一次变异的扰动区间则扩大到离节点最近的上下各两个小区间,以此类推,完成 mutanum 次变异;把变异生成的所有新个体与父代个体进行适应度比较,选择适应度最大的个体为变异后的最终个体,参与后续的进化计算。

本书不但对初始种群的生成、遗传操作算子和适应度函数的计算等进行了改进,还引入隔离小生境进化机制。改进后的遗传算法计算流程如图 5.17 所示。

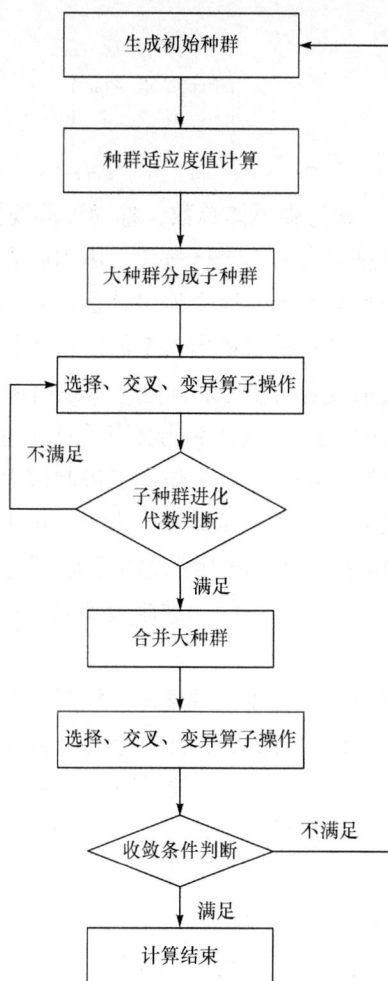

图 5.17 改进后的遗传算法计算流程

5.4.5 驳船配载问题中的遗传算法

下面介绍遗传算法在驳船配载问题求解过程中关键参数的确定方法。

1) 染色体编码

以一个配载方案表示遗传算法中的染色体, 染色体上的每一个基因对应于一个设计变量。由于每一个设计变量表示这列舱对合力矩的贡献程度, 所以采用整数编码, 即每一个染色体由一个整数编码串组成, 其长度与设计变量的维数相同。这样, 一个解向量 P 以及相对应的染色体 V 表示为

$$\begin{cases} P = \left[p_1, p_2, \cdots, p_n \right]^{\mathrm{T}} \\ V = \left[v_1, v_2, \cdots, v_n \right]^{\mathrm{T}} \end{cases} \tag{5.69}$$

则一个种群可表示为

$$V = \begin{pmatrix} v_{11} & \cdots & v_{1m} \\ \vdots & & \vdots \\ v_{m1} & \cdots & v_{mm} \end{pmatrix} \tag{5.70}$$

式中，n 为染色体长度；m 为染色体总数，称为种群规模。

　　在编码之前本书将总的合力矩进行量化，用 100 表示总的合力矩的变化量，而每个基因表示为一个整数编码，这个编码就是这列舱对驳船产生力矩占总舱群产生力矩的百分比。这里要对模型提出一个假定，就是限定所有的压载舱只能对驳船的总力矩做正的贡献或者无贡献，即这个贡献值的取值范围为 0～100。这种方法方便进行初始种群的生成，也基本能够满足对剪力弯矩的要求。同时编码长度为 1～2 位的十进制数，可用一个 7 位的二进制数表示，有效地控制了编码长度。由于作为实例的驳船共有六列压载舱，出于对排水量上下限的保护以及对模型的简化，限定每列舱的排注水量产生的力矩贡献不得大于 30。因此问题也得到了进一步的简化，可以用一个 5 位的二进制数来表示一个自变量。

　　2) 初始种群设定

　　由于产品上驳过程中一般很少出现横倾的情况，驳船每列舱的排注水情况也相同。出于对模型进行简化的目的，在此只考虑纵向的 N 列舱作为研究对象。作为实例的驳船共有六列舱，应用上面的编码原则，可以用一个 30 位的二进制数来表示一个配载方案，即一个个体。根据上面对模型的简化，随机生成 P 个 30 位的二进制数作为初始种群。

　　3) 适应度的计算及约束条件处理

　　驳船配载方案优化问题属于多约束的优化问题，其适应度函数的选取对问题的可行性、算法的性能起着至关重要的作用。因此，可采用权重法将问题的多个约束集中在一起，分别规定每个约束的权重，将其一同考虑进适应度函数的设定中。其基本操作如式(5.71)所示[92]：

$$F(P) = \lambda_1 C_1 F_1(P) + \lambda_2 C_2 F_2(P) + \cdots + \lambda_k C_k F_k(P) \tag{5.71}$$

式中，λ_i 表示各个目标函数相对重要程度的权重系数；F_i 为各个目标函数；C_i 为各个目标函数所对应的归一化系数；$i = 1, 2, \cdots, k$。

　　目标函数可以由式(5.72)求得：

$$F(x) = \min(V_i) = \min \left(\left| \frac{\Delta M x_i}{\rho l_i} \right| \right) \tag{5.72}$$

式中，V_i 为第 i 个舱的压载水变化量；l_i 为其对浮心的力臂。

等式约束为

$$\Delta M(x) = 100 - \sum_{i=1}^{n} x_i - \varepsilon = 0 \tag{5.73}$$

$$\Delta G(x) = \Delta G - \rho \sum_{i=1}^{n} \frac{\Delta M x_i}{l_i} - \varepsilon_G = 0 \tag{5.74}$$

式中，ε、ε_G 分别为力矩和力平衡方程的允许误差范围。

不等式约束为

$$N(x_i) = N_{\text{allow}} - l_i[w(x_i) - b(x_i)] \geqslant 0 \tag{5.75}$$

$$M(x_i) = M_{\text{allow}} - l_i N(x_i) \geqslant 0 \tag{5.76}$$

$$V(x_i)_{\max} = B_i - \frac{\Delta M x_i}{l_i} \geqslant 0 \tag{5.77}$$

$$V(x_i)_{\min} = \frac{\Delta M x_i}{l_i} - A_i \geqslant 0 \tag{5.78}$$

由于本书模型单独考虑纵向配载，暂不考虑稳性高的校核，得到上述等式和不等式约束之后，分别设定每个约束的权重，按本节开始的内容计算出整体的适应度函数，适应度函数如下：

$$\begin{aligned}
\text{Fitness} = {} & \lambda_1 C_1 \left[\frac{1}{f(x)} \right] + \lambda_2 C_2 \Delta M(x) + \lambda_3 C_3 \Delta G(x) + \lambda_4 C_4 N(x) \\
& + \lambda_5 C_5 M(x) + \lambda_6 C_6 V(x)
\end{aligned} \tag{5.79}$$

其中，关于目标函数、舱容上下限及两个等式约束的权重较大，剪力弯矩的权重设置较小。

4) 选择

采用赌盘方法作为选择方法，详见 5.4.4 节。

5) 交叉

选用均匀交叉方法，详见 5.4.4 节。

6) 变异

采用均匀变异方法，详见 5.4.4 节。

7) 终止条件

以设定进化代数作为终止条件。

8) 误差修正

由于将总力矩进行量化，如果总力矩量化后的和值不等于 100，那么最后的结果就会产生一定的误差，对此进行一定的修正。假设生成的变量和为 $\sum X$ ，则将其与 100 进行求差，将差值 $\left(\sum X - 100\right)$ 进行平分并分配到船前后的两个舱上，使最后总力矩达到平衡。

5.4.6 程序及结果分析

下面通过 VB 语言编写程序来实现相关计算。

1. 上驳阶段设定和数据预处理

首先对要配载的阶段进行设定(图 5.18)，程序以 10m 为一个阶段划分整个产品上驳的阶段。下面以产品上驳 20m 时的计算为例进行说明。

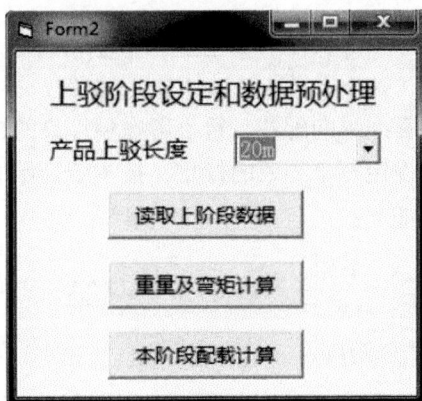

图 5.18　预处理界面

选择产品上驳的长度，程序中预设了相应长度时产品的重量和重心位置、相对力臂等信息，首先读取上一步的计算结果，如果是 10m 的情况则说明上一步默认无产品上驳，驳船处于无压载的正浮状态。

然后进行重量和弯矩的计算，这里指的是重量的变化量和弯矩的变化量的计算，并将计算结果代入下一步计算。

对上驳阶段的设定和数据预处理完成后，就开始下一步的计算，即本阶段的配载计算。

2. 遗传参数的基本设定和计算

交叉和变异概率程序设有默认值，如不输入则按默认值进行计算。这里以初始种群大小 200、种群进化代数 100、初始交叉概率 0.4 和初始变异概率 0.001 为基本设定进行计算。选出 5 个适应度高的个体作为优秀个体。如图 5.19 所示。

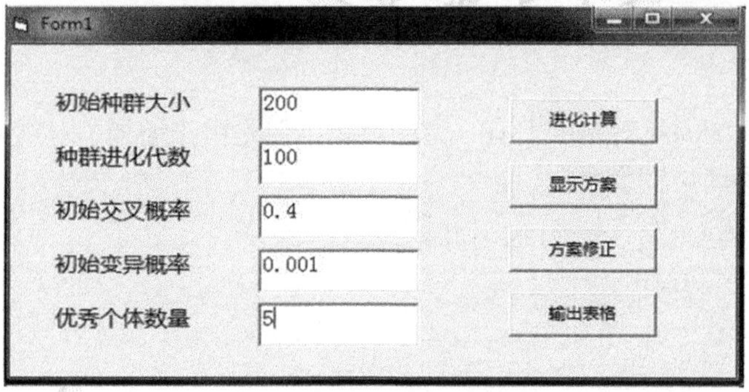

图 5.19　参数设定和计算界面

首先进行进化计算，得出 100 代时的优秀个体，然后查看得出的基本配载方案。如果配载方案满足要求，误差不大，则输出数据表格；如果得出的配载方案存在误差，则按 5.4.5 节的误差修正方法对方案进行修正，得出最后的方案，并输出数据表格。

3. 输出结果

通过设定驳船参数以及遗传算法相关参数，输出表格来表示各压载舱的排注水变化量，如表 5.6 所示。

表 5.6　结果输出表

参数	NO.1 压载舱	NO.2 压载舱	NO.3 压载舱	NO.4 压载舱	NO.5 压载舱	NO.6 压载舱
排注水量/t	437.07	440.46	457.41	0	16.94	213.45
弯矩比例	43%	26%	9%	0%	1%	21%

从输出结果可以看出，得到的舱室的排水量均比较小，且随着产品上驳长度的增加，船艏前和船艏后的排注水情况会发生变化，因此很好地满足了舱容上下限的要求。

4. 结果分析

1) 可行性

程序的算法对可行性上的要求是可以满足的，但计算的结果基于初始种群的生成，随机性较大，需要通过提高种群数量或者进行多次计算来改进。

2) 效率

设计的程序主要应用于预配载，运行时间的问题暂不考虑。

3) 精度

虽然模型的简化对精度上有一定的影响，但是由于增加了对结果的修正，得到的结果能够满足精度要求。

第6章 预配载仿真模型和实时配载
数学模型建立及求解

由于滑道拖拉滑移下水是一种高技术和高风险的作业，稍有不慎就会出现产品倾覆坠海的事故，所以实际作业之前，充足的预配载计算尤其重要。实际接载经验表明，预配载计算能为实际作业提供强大的理论支持，极具工程价值。

6.1 预配载仿真模型

6.1.1 预配载数学模型

预配载需要对潮高、吃水、产品进入长度、滑道高差等由现场传感器获得的数据建立合理的数学模型，进行模拟。

1. 潮位曲线数学模型

一般可以从水文部门获得全年每日的 24 小时潮高预报表，表 6.1 为某港 2009 年 1 月 11 日的 24 小时潮位数据[93]。

表 6.1 潮位表

时刻	0:00	1:00	2:00	3:00	4:00	5:00	6:00	7:00	8:00	9:00	10:00	11:00
潮高/m	2.97	2.74	2.37	1.98	1.66	1.19	0.83	0.52	0.17	0.06	0.45	0.89

时刻	12:00	13:00	14:00	15:00	16:00	17:00	18:00	19:00	20:00	21:00	22:00	23:00
潮高/m	1.25	1.58	1.79	1.76	1.54	1.26	1.05	0.97	1.21	1.90	2.52	2.86

由于只知道 24 个整点的潮高值，需要建立合适的插值模型求得任意时刻的潮高，在此采用三次 B 样条函数对潮高进行插值。图 6.1 是通过插值获得的潮位曲线。

2. 吃水数学模型

对于驳船的吃水模拟计算，这里采用式(3.25)。

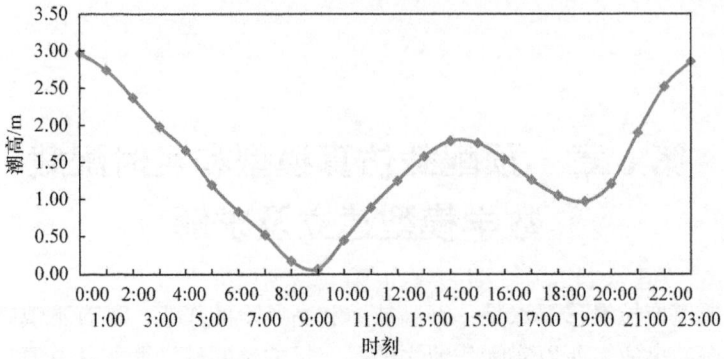

图 6.1　通过插值获得的潮位曲线

3. 产品进入长度数学模型

产品进入长度由以下公式确定：

$$L_{in} = V_p(t - t_0) \tag{6.1}$$

式中，L_{in} 表示 t 时刻进入长度；V_p 表示产品进入速度；t 表示当前时刻；t_0 表示产品开始下水时刻。

产品进入部分重量可由对产品重量分布曲线积分得到，某产品重量分布曲线如图 6.2 所示。

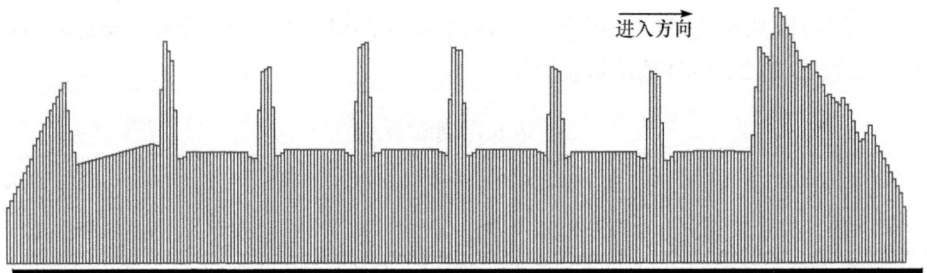

图 6.2　某产品重量分布曲线

t 时刻产品进入的重量和重心为

$$W_p(t) = \int_{x_L}^{x_{fore}} q_L(x)\mathrm{d}x$$

$$X_p(t) = \frac{\int_{x_L}^{x_{fore}} q_L(x)x\mathrm{d}x}{\int_{x_L}^{x_{fore}} q_L(x)\mathrm{d}x} \tag{6.2}$$

式中，$W_p(t)$ 表示 t 时刻产品进入 L_{in} 时作用在驳船滑道上的重量；$X_p(t)$ 表示 t 时

刻产品进入 L_{in} 时作用在驳船滑道部分重量在产品坐标系中的重心；x_{fore} 表示产品重量分布曲线进入方向端点的坐标；x_L 表示 t 时刻产品进入 L_{in} 时对应的坐标；$q_L(x)$ 表示产品的重量分布曲线函数。

4. 滑道高差数学模型

定义滑道高差 ΔH 为驳船滑道上表面与码头滑道上表面的高度差，若驳船滑道高于码头滑道，则 ΔH 为正数，反之为负数[94]。

由图 6.3 可知，ΔH 可由以下公式确定：

$$\Delta H = (H_2 + H_T - d + H_3) - (H_y + H_1) \tag{6.3}$$

同时，根据式(6.3)可确定驳船滑道与码头滑道平齐时的理论吃水 Draft_{goal} 为

$$\text{Draft}_{goal} = (H_2 + H_T + H_3) - (H_y + H_1) \tag{6.4}$$

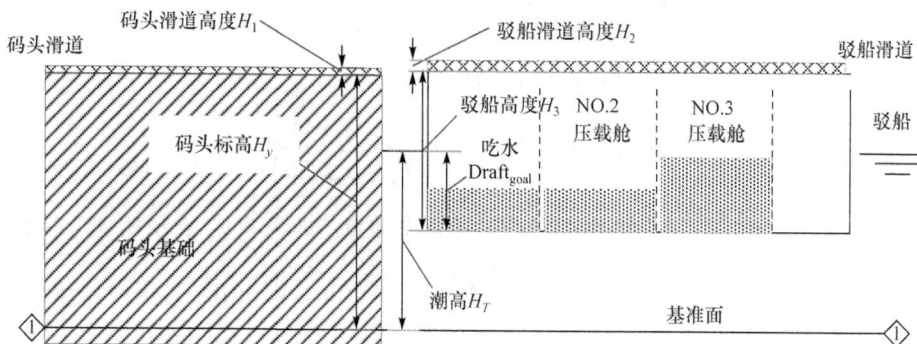

图 6.3 高差图

6.1.2 作业可行性预报

对于下水作业的决策者而言，哪天可下水的时段最长，什么时刻开始下水最有利，这些是关键的信息。

要预测某下水工程能否全过程得到配载方案，先给出如下假设。

(1) 压载舱中初始压载水重量 W_{T0} 满足如下关系：

$$W_{T0} - [W_{all} + (\text{Disp}_1 - \text{Disp}_0)] \geqslant W_{lmt} \tag{6.5}$$

式中，W_{all} 表示产品的总重量(t)；Disp_1 表示作业结束时的排水量(t)；Disp_0 表示作业开始时的排水量(t)；W_{lmt} 为本书定义的压载水量阈值(t)。

(2) 配载力 W_t 对作业时间的导数满足如下关系：

$$\left| \frac{dW_t}{dt} \right| < \psi \tag{6.6}$$

式中，ψ 表示泵的单位时间流量(t/min)。

如果下水工程能同时满足以上两个关系，那么可认为该下水工程在整个作业过程中都能产生配载方案。

下面对压载水量阈值 W_{lmt} 进行估计。

假设某个时刻产品作用在驳船滑道上的重量为 $W_{\mathrm{p}}(t)$，该部分重量的重心在驳船坐标系中的纵向坐标为 $X_{\mathrm{p}}(t)$；经历 Δt 时间后，产品作用在驳船滑道上的重量为 $W_{\mathrm{p}}(t+\Delta t)$，该部分重量的重心在驳船坐标系中的纵向坐标为 $X_{\mathrm{p}}(t+\Delta t)$。$\Delta t$ 在实际作业中的意义为两次计算配载方案的时间间隔，单位为 min，一般 Δt 在 5min 左右，这时潮位变化不是很大。因此，配载力 W_{t} 可由式(6.7)获得：

$$W_{\mathrm{t}} = W_{\mathrm{p}}(t) - W_{\mathrm{p}}(t+\Delta t)$$
$$X_{\mathrm{t}} = \frac{W_{\mathrm{p}}(t)X_{\mathrm{p}}(t) - W_{\mathrm{p}}(t+\Delta t)X_{\mathrm{p}}(t+\Delta t)}{W_{\mathrm{p}}(t) - W_{\mathrm{p}}(t+\Delta t)} \tag{6.7}$$

将产品的重量用梯形分布近似，则有

$$W_{\mathrm{p}}(t) = 0.5\left[2q_2 + V_{\mathrm{p}}t\left(\frac{q_1 - q_2}{x_{\mathrm{pa}} + x_{\mathrm{pf}}}\right)\right]V_{\mathrm{p}}t \tag{6.8}$$

式中，x_{pa} 表示托承产品滑道后端到产品坐标系原点的距离；x_{pf} 表示托承产品滑道前端到产品坐标系原点的距离；$q_1 = \dfrac{2W_{\mathrm{all}}(2x_{\mathrm{pf}} - x_{\mathrm{pa}} - 3x_{\mathrm{all}})}{(x_{\mathrm{pf}} + x_{\mathrm{pa}})^2}$，$W_{\mathrm{all}}$ 表示产品总重量，x_{all} 表示产品的重心在产品坐标系中的纵向坐标；$q_2 = \dfrac{2W_{\mathrm{all}}(-x_{\mathrm{pf}} + 2x_{\mathrm{pa}} + 3x_{\mathrm{all}})}{(x_{\mathrm{pf}} + x_{\mathrm{pa}})^2}$。

这里以 92500 DWT 散货船模拟下水计算为例：产品长度为 222m，重为 15600t，重心纵向坐标为−7.799m，根据式(6.7)和式(6.8)可知，若 V_{p} =1m/min，Δt=5min，则 W_{t} 最大为 430t，X_{t} =78m。

驳船 6 列压载舱的重心纵向坐标如表 6.2 所示。

表 6.2 压载舱列重心纵向坐标表

NO.1 列	NO.2 列	NO.3 列	NO.4 列	NO.5 列	NO.6 列
−85.2m	−51.12m	−17.04m	17.04m	51.12m	85.2m

根据式(5.17)和重心坐标，可知配载量的绝对值 W_{dj} 最大为 3688t。因此，要能成功给出配载方案，压载舱中至少有 3688t 的水可以排注。

上面的分析是极端配载情况，因此压载水量阈值 W_{lmt} 可取 3688t。这里取整

令 W_{lmt} =3700t。

图 6.4 是该产品 11 月份的作业可行性预报图。对每个以整点下水作业的工程进行预报，如果能完成下水作业，则图中用灰格子表示；如果不能完成作业，则图中用白格子表示。灰格子和白格子的过渡格子表示该点可完成下水作业但需要谨慎作业。图中横坐标表示 24 个整点，纵坐标表示 11 月份 1～29 日的可完成作业时间数。

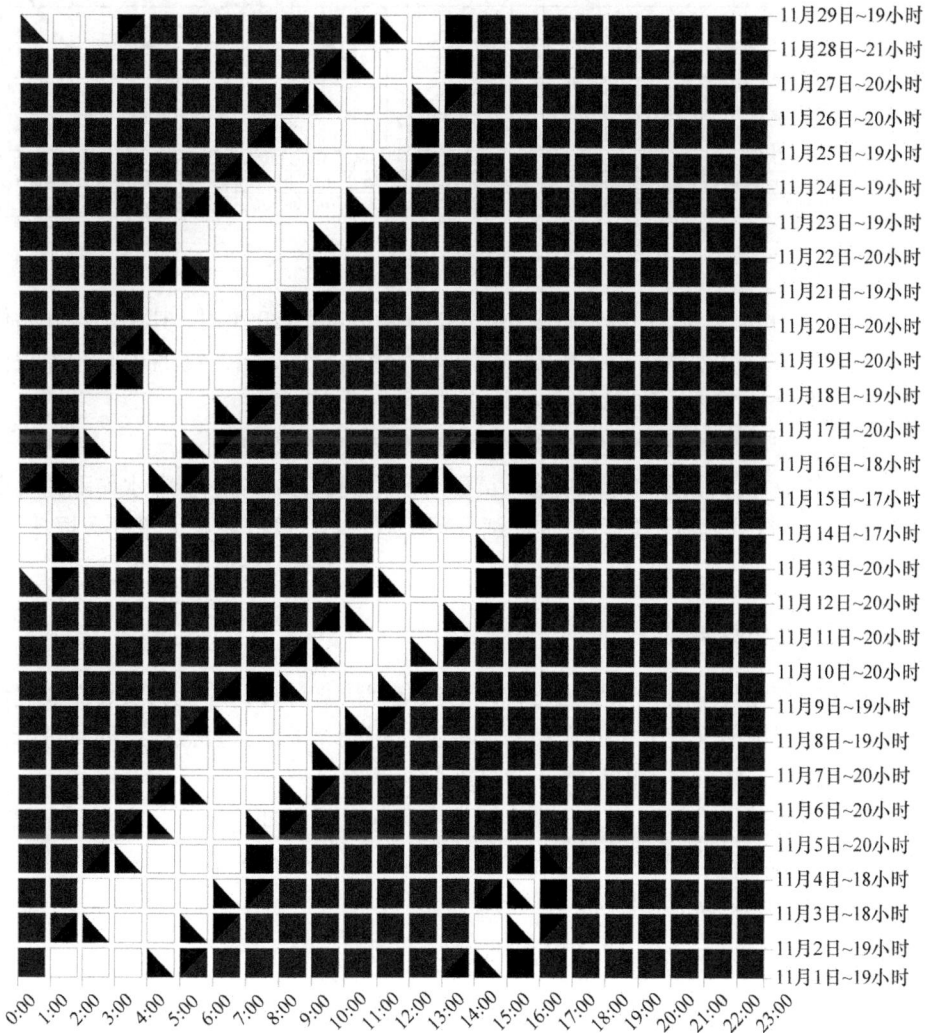

图 6.4　可行性预报图(平均速度 1m/min)

为了对比预报的正确性，这里以 11 月 6 日为例，对其 24 个整点都做了单独的预配载计算。计算时设置的步长为 5m，总进入长度为 230m，进入速度为 1m/min，由于产品总长为222m，只要进入长度大于222m便可认为能完成下水作业。具体如图6.5所示。

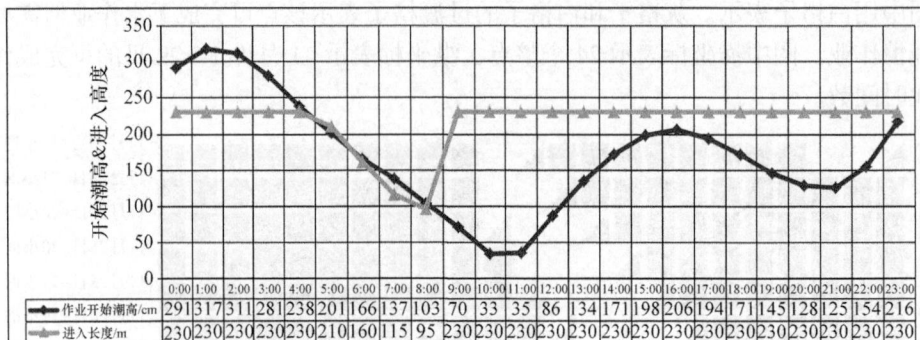

图6.5　11月6日预配载可进入长度图

由图6.4可知，11月6日预报的可完成作业时间为20小时，其中5点开始作业的工程处于灰白过渡格子，需要谨慎作业；由图6.5可知，11月6日预配载计算进入长度大于222m的时间为20小时。

通过比较可知本书所述的作业可行性预报方法是正确的。

通过作业可行性预报图，决策人员很容易得到可以成功进行下水作业的日期和开始时刻。在此基础上进行更加详细的预配载计算，可以避免大量的数据计算，提高计算效率。

6.1.3　预配载仿真实现

在确定作业日期后，需要进行详细的预配载仿真计算，才能为实际作业提供理论支持。根据前文建立的预配载数学模型，得到相关的仿真数据，即可进行预配载仿真计算。图6.6是预配载计算的核心流程图。

为使预配载仿真尽可能"真实"地为实际作业提供理论计算，本书预配载仿真提供了正常预配载作业、暂停预配载作业和连续方案预配载作业三个模块。图6.7所示为预配载仿真界面。

1. 正常预配载作业仿真

给定下水作业当日的24小时潮高数据，确定下水时刻，给出拖拉滑移速度、进入长度和泵流量等数据。程序即可进行正常作业的预配载仿真，同时保存仿真数据和配载方案。

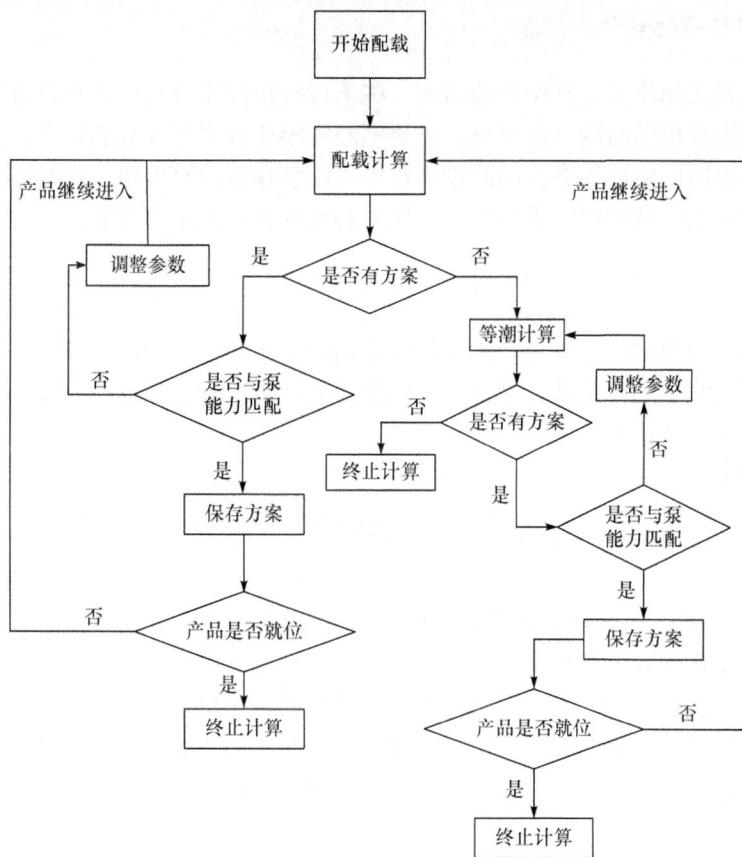

图 6.6　预配载计算的核心流程图

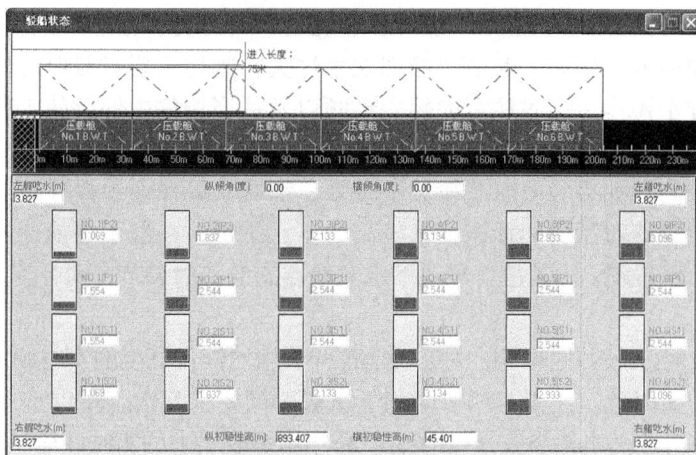

图 6.7　预配载仿真界面

2. 暂停预配载作业仿真

考虑到实际作业过程中可能出现一些不可抗拒因素导致产品在行进中停止，而潮水等因素也随时间不断变化，需要不断调整压载水保证驳船浮态，使驳船滑道与码头滑道面保持平齐，因此设计暂停预配载作业仿真模块。这时需要输入暂停的进入长度、暂停时间等信息，才能进行暂停预配载仿真计算。

3. 连续方案预配载作业仿真

连续方案预配载仿真模式能提供以某初始下水时刻为开始，按某时间间隔递增作为下水时刻的预配载计算方式。因此，能计算大量的预配载方案，为实际作业提供充足的理论数据。

6.2　实时配载数学模型的建立及求解

下水驳船是一种用来移运船舶产品及大型海洋结构物的水上运载工具。通常，整个下水作业过程可分为两大部分：产品移运上驳和驳船在指定水域沉浮。产品移运上驳过程中，要求下水驳船甲板平面始终与岸边保持齐平；而沉浮过程要求驳船尽量保持正浮状态。也就是说，在整个驳船作业过程中，驳船始终需要保持特定的、适宜的浮态。驳船浮态的调整则是通过不断调节驳船各压载舱水量来实现的。

何时进行压载水调节、需要调节哪些压载舱和调水量多少都是影响整个调水过程的关键因素。通常采用类似浮船坞的调水方式进行作业，即依照各压载舱的液位，参考驳船左右舷在船艏、船舯和船艉处六点的吃水情况，由操作员根据经验进行手动调节，例如，若驳船艏部吃水过大，则可主要对驳船舯偏前的水舱进行适当排水操作，同时注意驳船的纵倾以及适当调整中偏后的水舱。这种依靠经验的手动调节方式对驳船浮态要求并不太高的下水情形是可行的，但对操作员要求较高，如果驳船压载舱数量较多，那么实际作业中操作烦琐且效率低下。这就意味着对于驳船浮态要求较高的下水情形，一般不可能通过手工操作实现整个下水过程。而若能实现对下水驳船浮态的实时调节，则可较好地解决上述问题[95]。

下水驳船浮态实时调节的关键就是各调节水舱液位高度的实时确定。各调节水舱水位的实时确定主要与所求时刻下水驳船的要求吃水(假设要保证驳船甲板滑道与岸边滑道基本始终齐平)、移运产品作用于驳船上的实时载荷、各调节水舱的舱容要素、调节前各水舱的原有水位以及涨落潮实时水位等有关[96]。

本节主要探讨下水驳船实时配载模型的建立和求解方法，分析平衡方程组模型和优化模型，并给出各方法的适用情形，以供操作人员参考选用。

为了更清楚地说明下水产品移运上驳的过程，给出示意图如图 6.8 所示。图中，下水产品需要从驳船 A 位置移运至 B 位置。假设产品在 A 位置时驳船浮态满足上驳要求，驳船各压载舱的液位高也均已知。实时配载计算的本质就是由产品在 A 位置时的已知数据求得产品在 B 位置时需要调节的压载舱信息，如调节水舱数量、调节水量等。通常，产品的下水过程受潮水变化的影响较大，操作者希望尽量在涨潮或平潮阶段就可以完成产品的上驳操作。而当下水驳船建好后，压载水泵的数量及能力就已基本确定，因此各调节水舱的总待调节水量成为影响整个下水作业完成时间的决定因素，即各调节水舱的总待调水量越小，配载速度就越快，从而整个上驳作业也可尽早完成。

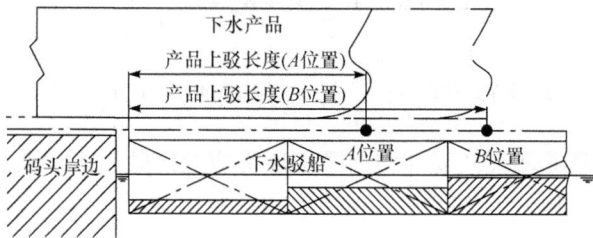

图 6.8　产品移运上驳示意图

6.2.1　解平衡方程组法

1. 计算原理

图 6.9 为驳船上驳过程的受力分析示意图，可以看出驳船所受垂直向下的力分为三部分：产品上驳重量、空船重量和压载水重量，而与之平衡的就是驳船受到的浮力。本书将三部分重量合看作重力，即在某一时刻将产品上驳重量也看成驳船重力的一部分，那么驳船的实时配载实质上就是实时确定各调节水舱的液

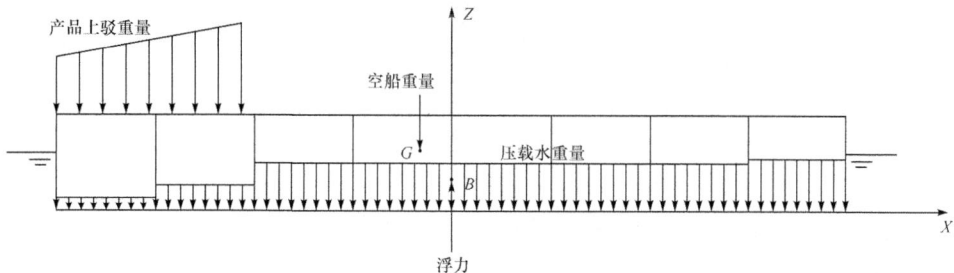

图 6.9　上驳过程驳船受力分析示意图

位高，使得驳船满足浮力和重力的平衡，即浮力和重力大小相等，方向相反，且作用在同一条垂直线上；同时需要保持驳船滑道与岸边滑道齐平，即驳船的吃水必须符合某个要求值。

本节所采用的计算模块就是从上述角度出发，在驳船满足一定吃水要求的前提下，使之达到力和力矩的平衡。为此，下面分别以力和力矩平衡为条件来建立方程和推导数学模型。

2. 数学模型

一方面，依据力学平衡条件，驳船需要满足如下三个平衡方程。

(1) 力平衡就是驳船浮力与重力大小相等，方向相反，即

$$h_1(V) = P - \left(\sum_{i=1}^{N} V_i + W_p + W_s \right) = 0 \tag{6.9}$$

$$h_2(V) = PX_b - \left[\sum_{i=1}^{N} (V_i X_{g_i}) + W_p X_p + W_s X_s \right] = 0 \tag{6.10}$$

(2) 力矩平衡是驳船所受浮力与重力所形成的横倾力矩和纵倾力矩的大小相等，方向相反，即

$$h_3(V) = PY_b - \left[\sum_{i=1}^{N} (V_i Y_{g_i}) + W_p Y_p + W_s Y_s \right] = 0 \tag{6.11}$$

另一方面，各调节水舱水量受到一定的限制，可通过提前实验获得或人为地估计设定，该限制可表述为

$$V_{\min_i} \leqslant V_i \leqslant V_{\max_i}, \quad i = 1, 2, \cdots, N \tag{6.12}$$

综上，可得下水驳船实时配载的数学模型为

$$\begin{cases} h_1(V) = P - \left(\sum_{i=1}^{N} V_i + W_p + W_s \right) = 0 \\ h_2(V) = PX_b - \left[\sum_{i=1}^{N} (V_i X_{g_i}) + W_p X_p + W_s X_s \right] = 0 \\ h_3(V) = PY_b - \left[\sum_{i=1}^{N} (V_i Y_{g_i}) + W_p Y_p + W_s Y_s \right] = 0 \\ V_{\min_i} \leqslant V_i \leqslant V_{\max_i}, \quad i = 1, 2, \cdots, N \end{cases} \tag{6.13}$$

式中，P、X_b 和 Y_b 为要求吃水(调节后吃水)下的驳船排水量、浮心纵向坐标和横向坐标；V_i、X_{g_i} 和 Y_{g_i} 为第 i 个调节水舱的水量、重心纵向坐标和横向坐标；W_p、X_p 和 Y_p 为产品已上驳部分的重量、重心纵向坐标和横向坐标；W_s、X_s 和 Y_s 为下

水驳船的空船(不包括各调节水舱压载水)重量、重心纵向坐标和横向坐标;$V_{\min_i}$、$V_{\max_i}$为第i个调节水舱水量的下限和上限。

3. 求解方法

对于驳船而言,调节水舱数目N通常都大于 3,而方程组仅包含 3 个方程,因此最多可求解 3 个自变量。针对这个问题,可采取两种方式进行处理。

1) 处理方式一

考虑从N个舱室中任意选择 3 个作为自变量,其余舱室则认为均不调水,这样方案数为C_N^3个。对每一方案分别利用方程组进行求解,若所得结果满足自变量的上下限,则认为该方案是这个问题的一个可行解。在得到多个可行解后,以各舱室待调节水量的绝对值之和最小为准则,对所有可行解进行相互比较找到最优解,这个最优解就作为最终的调水方案。

通常,驳船各调节水舱的重心纵向坐标X_{g_i}和横向坐标Y_{g_i}是关于舱室当前水量V_i的函数。因此,上述数学模型为一个带约束的非线性隐式方程组。

当各调节水舱的重心X_{g_i}和Y_{g_i}受调节水量的影响不可忽略时,可对方程组进行逐次线性化,采用牛顿迭代法[97]进行求解,在每次迭代时可通过舱容曲线较为准确地反映调水量对调节水舱重心坐标的影响。而牛顿迭代法具有收敛速度快、计算耗时较短的优点,对于本章实例而言,$N=18$,则方案总数为 816 个,利用牛顿迭代法进行求解得到最佳方案需耗时大约半分钟。

令选定的舱室水量为V_1、V_2和V_3,引入向量V、$H(V)$表示为

$$H(V) = \begin{bmatrix} h_1(V) \\ h_2(V) \\ h_3(V) \end{bmatrix}, \quad V = \begin{bmatrix} V_1 \\ V_2 \\ V_3 \end{bmatrix}$$

则方程组(6.13)可改写为$H(V) = 0$,采用逐次线性化方法可得到线性化方程:

$$\text{Jac}\,\Delta(V^{(k)}) + H(V^{(k)}) = 0 \tag{6.14}$$

式中,Jac 为$H(V)$在$V^{(k)}$处的雅可比矩阵:

$$\text{Jac} = \begin{bmatrix} \dfrac{\partial h_1}{\partial V_1} & \dfrac{\partial h_1}{\partial V_2} & \dfrac{\partial h_1}{\partial V_3} \\ \dfrac{\partial h_2}{\partial V_1} & \dfrac{\partial h_2}{\partial V_2} & \dfrac{\partial h_2}{\partial V_3} \\ \dfrac{\partial h_3}{\partial V_1} & \dfrac{\partial h_3}{\partial V_2} & \dfrac{\partial h_3}{\partial V_3} \end{bmatrix}$$

求解线性化方程，可得第 $k+1$ 次近似时的自变量值：$V^{(k+1)} = V^{(k)} + \Delta(V^{(k)})$。

由模型易知，雅可比矩阵的各项取值如下：

$$\frac{\partial h_1}{\partial V_{1,2,3}} = -1, \quad \frac{\partial h_2}{\partial V_{1,2,3}} = -X_{g_{1,2,3}}, \quad \frac{\partial h_3}{\partial V_{1,2,3}} = -Y_{g_{1,2,3}}$$

依据上述公式，再考虑到有些方案的雅可比矩阵中 X_{g_i} 和 Y_{g_i} 可能相等，因此矩阵可能出现非满秩情形，从而在求解方程 $\mathrm{Jac}\Delta(V^{(k)}) + H(V^{(k)}) = 0$ 时出现有无穷多解或无解的情况。此时，在具体编程计算时可采用高斯消去法作降阶处理。另外，初值 $\Delta(V^{(0)})$ 各项的正负符号选取不同，对结果也有一定影响。

当各调节水舱的重心坐标 X_{g_i} 和 Y_{g_i} 受调节水量的影响微小时，方程组可直接用下述推导公式求解：

$$\begin{cases} V_1 = \dfrac{S_1(S_5 - S_6) - S_2(X_{g_2}S_5 - Y_{g_2}S_6)}{S_4 S_5 - S_3 S_6} \\[3mm] V_2 = \dfrac{S_1(S_8 - S_7) - S_2(X_{g_3}S_8 - Y_{g_3}S_7)}{S_5 S_8 - S_6 S_7} \\[3mm] V_3 = \dfrac{S_1(S_3 - S_4) - S_2(Y_{g_1}S_3 - X_{g_1}S_4)}{S_7 S_4 - S_8 S_3} \end{cases} \tag{6.15}$$

式中

$$S_1 = PX_b - W_s X_s - W_p X_p, \quad S_2 = P - W_s - W_p, \quad S_3 = X_{g_1} - X_{g_2}, \quad S_4 = Y_{g_1} - Y_{g_2}$$

$$S_5 = X_{g_2} - X_{g_3}, \quad S_6 = Y_{g_2} - Y_{g_3}, \quad S_7 = X_{g_1} - X_{g_3}, \quad S_8 = Y_{g_1} - Y_{g_3}$$

需要说明的是，在上述公式中，若分母为零，则表明方程组奇异，可认为此时无解，即该组合方案为不可行解。

从上述分析可以看出，该方法适用于驳船舱室任意布置的情形，但调节水舱数量最多为 3 个，因而配载方案生成的能力有所不足，在某些情形下，不能给出配载方案。

2) 处理方式二

若驳船压载舱布局比较规则，有较为明显的行列规律(船长方向为行，船宽方向为列)，则对于模型(6.13)可采用一些结合人工手动配载经验的特殊处理方法进行求解。本书介绍了几种适用于该情形的求解算法。

将驳船的调节水舱均按行列分布进行分组，对于纵向上驳，以各列水舱的纵坐标 X_g 相同为分组原则；对于横向上驳，以各行水舱的横坐标 Y_g 相同为分组原则。若有个别舱室不同，可单独作为行或列进行考虑。后述方法均以产品纵向上驳为例进行说明。

(1) 配对法。

如图 6.10 所示，以驳船船长方向的中点为分界，将调节水舱分成艏、艉两个区，假设艏部区域舱室列数为 M，艉部区域舱室列数为 N，将每一列视为一舱，这样在船长方向共有 $M+N$ 个舱。产品上驳时，在艏、艉两个区内分别取一个舱进行调水，其余舱水量看成常量。这样，平衡方程组中只有两个未知量，且恰好有两个方程(暂不考虑横向力矩平衡方程 h_3)。

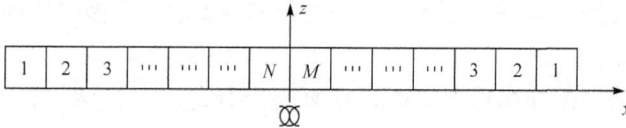

图 6.10　驳船调节水舱编号(配对法和端部优先法)

设两个调节水舱号分别为 S 和 L，两舱的待调节水量为 x_S 和 x_L ，则由式(6.13)可得纵向调水方程组：

$$\begin{cases} P - \left(\sum_{i=1}^{N} V_{a0i} + \sum_{i=1}^{M} V_{f0i} + x_S + x_L + W_s + W_p \right) = 0 \\ PX_b - \left[\sum_{i=1}^{N} (V_{a0i} X_{g_{ai}}) + \sum_{i=1}^{M} (V_{f0i} X_{g_{fi}}) + x_S X_{g_S} + x_L X_{g_L} + W_s X_s + W_p X_p \right] = 0 \end{cases} \quad (6.16)$$

式中，V_{a0i} 和 V_{f0i} 分别表示后半区和前半区的第 i 个调节水舱的调节前水量。

引入两个参数 F_{add} 和 M_{add} ：

$$\begin{cases} F_{add} = \sum_{i=1}^{N} V_{a0i} + \sum_{i=1}^{M} V_{f0i} + W_s + W_p - P \\ M_{add} = \sum_{i=1}^{N} (V_{a0i} X_{g_{ai}}) + \sum_{i=1}^{M} (V_{f0i} X_{g_{fi}}) + W_s X_s + W_p X_p - PX_b \end{cases} \quad (6.17)$$

则由式(6.18)可以容易地解得 x_S 和 x_L ：

$$\begin{cases} x_S = \dfrac{F_{add} X_{g_L} - M_{add}}{X_{g_S} - X_{g_L}} \\ x_L = -F_{add} - x_S \end{cases} \quad (6.18)$$

这样，共有 $M \times N$ 种组合情形，故可得到 $M \times N$ 种调水方案。通过对所求得的各调水方案进行对比，可从中寻找到既满足舱容要求、总调水量又相对最小的方案作为最终的调水方案。

不难看出，对于配对法，产品纵向上驳的单步仅可调节一对舱室，若单步产品重量较大，则可能难以找到可行方案，且方案的选择方法也可能引起舱室调水的不连续性，造成较短时间内的阀门开关操作。

(2) 端部优先法。

针对配对法的缺点，可以预先指定待配载舱室的配对顺序。容易理解，对越接近于驳船两端的舱室进行配载其效果越为明显。端部优先法就是从驳船两端的舱室开始搜索配对，并依照式(6.18)求解配对所得结果。若不满足舱容限制的要求，则需进行必要的处理，再继续下一步的配对计算；若满足舱容限制的要求则停止搜索，这时所得的方案即该上驳步长的最终调水方案。

为了说明在配对调水方案不满足舱容限制的要求时所做的处理方法，引入如下参数及公式：

后半区舱室 i 的注水抵消力矩能力 $M_{a\_in_i} = (V_{amax_i} - V_{a0i})X_{g_{ai}}$ ；

后半区舱室 i 的排水抵消力矩能力 $M_{a\_out_i} = (V_{amin_i} - V_{a0i})X_{g_{ai}}$ ；

前半区舱室 i 的注水抵消力矩能力 $M_{f\_in_i} = (V_{fmax_i} - V_{f0i})X_{g_{fi}}$ ；

前半区舱室 i 的排水抵消力矩能力 $M_{f\_out_i} = (V_{fmin_i} - V_{f0i})X_{g_{fi}}$ 。

如图 6.10 所示，后半区任意舱室编号 i=1, 2,···, N，前半区任意舱室编号 j=1, 2,···, M。该方法的程序处理步骤具体如下：

① 计算并输入驳船的新增力和力矩 F_{add} 、 M_{add} ，并令 i=0 和 j=0。

② i++，若 $i > N$ ，则表明没有可行的调水方案；否则，转至③。

③ 当驳船新增力矩 $M_{add} < 0$ 时，先判断舱室 i 是否满足 $M_{add} + M_{a\text{-}out_i} \geqslant 0$ 。

a. 若满足，转至⑤。

b. 若不满足，表明舱室 i 的排水抵消力矩能力不足以平衡新增力矩，那么按式(6.19)对该舱室进行排空处理，并返回②：

$$\begin{cases} M_{add} = M'_{add} + M_{a\_out_i} \\ F_{add} = F'_{add} - (V_{a0i} - V_{amin_i}) \\ M_{a\_out_i} = 0 \\ M_{a\_in_i} = (V_{amax_i} - V_{amin_i})X_{g_{ai}} \\ V_{a0i} = V_{amin_i} \end{cases} \tag{6.19}$$

式中， M'_{add} 为处理前的结果，本节其他变量均做类似处理。

④ 当驳船新增力矩 $M_{add} \geqslant 0$ 时，先判断舱室 i 是否满足 $M'_{add} + M_{a\_in_i} \leqslant 0$ 。

a. 若满足，转至V。

b. 若不满足，表明舱室 i 的注水抵消力矩能力不足以平衡新增力矩，那么按式(6.20)对该舱室进行注满处理，并返回②：

$$
\begin{cases}
M_{\text{add}} = M'_{\text{add}} + M_{\text{a\_in}_i} \\
F_{\text{add}} = F'_{\text{add}} - (V_{\text{a0}i} - V_{\text{amax}_i}) \\
M_{\text{a\_in}_i} = 0 \\
M_{\text{a\_out}_i} = (V_{\text{amin}_i} - V_{\text{amax}_i}) X_{g_{ai}} \\
V_{\text{a0}i} = V_{\text{amax}_i}
\end{cases}
\tag{6.20}
$$

⑤ j++，若 $j > M$，则令 $j=0$ 并转至②；否则，采用式(6.18)分别计算舱室 i 和舱室 j 的调水量 F_i、F_j。

a. 若 $F_j + V_{\text{f0}j} < V_{\text{fmin}_j}$，则按式(6.21)对舱室 j 进行排空处理，并转至⑤：

$$
\begin{cases}
M_{\text{add}} = M'_{\text{add}} + M_{\text{f\_out}_j} \\
F_{\text{add}} = F'_{\text{add}} - (V_{\text{f0}j} - V_{\text{fmin}_j}) \\
M_{\text{f\_out}_j} = 0 \\
M_{\text{f\_in}_j} = (V_{\text{fmax}_j} - V_{\text{fmin}_j}) X_{g_{fj}} \\
V_{\text{f0}j} = V_{\text{fmin}_j}
\end{cases}
\tag{6.21}
$$

b. 若 $F_j + V_{\text{f0}j} > V_{\text{fmax}_j}$，则按式(6.22)对舱室 j 进行注满处理，并转至⑤：

$$
\begin{cases}
M_{\text{add}} = M'_{\text{add}} + M_{\text{f\_in}_j} \\
F_{\text{add}} = F'_{\text{add}} - (V_{\text{f0}j} - V_{\text{fmax}_j}) \\
M_{\text{f\_in}_j} = 0 \\
M_{\text{f\_out}_j} = (V_{\text{fmin}_j} - V_{\text{fmax}_j}) X_{g_{fj}} \\
V_{\text{f0}j} = V_{\text{fmax}_j}
\end{cases}
\tag{6.22}
$$

c. 若 $F_i + V_{\text{a0}i} < V_{\text{amin}_i}$，则按式(6.19)对舱室 i 进行排空处理，令 $i = i+1$，$j = 0$，若 $i > N$，则表明无可行调水方案；否则，转至⑤。

d. 若 $F_i + V_{\text{a0}i} > V_{\text{amax}_i}$，则按式(6.20)对舱室 i 进行注满处理，令 $i = i+1$，$j = 0$，若 $i > N$，则表明无可行调水方案；否则，转至⑤。

⑥ 按式(6.23)更新舱室 i 和舱室 j 的水量，所得的各舱水量即该上驳子步最终的调水方案：

$$
\begin{cases}
V_{\text{a0}i} = V'_{\text{a0}i} + F_i \\
V_{\text{f0}j} = V'_{\text{f0}j} + F_j
\end{cases}
\tag{6.23}
$$

(3) 随行配载法[53]。

随行配载法仅适用于驳船的形状为长方体，且驳船压载舱室的大小相同，舱室的初始水量也相同的情形。

需要特别说明的是，在该方法中，驳船坐标系坐标原点的选取较为特殊：以驳船最艉端的横剖面与中纵剖面的交点为坐标原点，如图 6.11 所示。

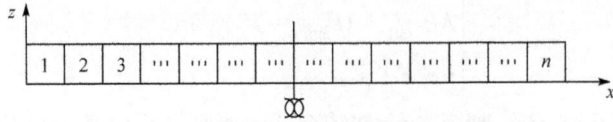

图 6.11　驳船调节水舱编号(随行配载法)

为了便于后述说明，引入如下符号：驳船纵向压载舱数目为 n，其中每个舱室的长度为 l_c，满舱水量为 V_{max}，空舱水量为 V_{min}，初始水量为 V_0。

在某时刻，当产品已经过驳一定长度时，驳船配载方案的计算可按下述步骤进行。

① 计算并输入上驳产品对驳船所施加的压力 F 和压力作用点坐标 x(驳船坐标系下)，按式(6.24)计算抵消压力 F 所需要调节的压载舱数量 n_{tank}：

$$n_{tank} = \frac{F}{V_0 - V_{min}} \tag{6.24}$$

若 $n_{tank} > n$ (n 为驳船纵向压载舱数目)，说明驳船配载能力不够，无配载方案；否则，可根据 n_{tank} 选取两个整数 S 和 L，若 n_{tank} 不为整数，按式(6.25)选取，否则按式(6.26)选取：

$$\begin{cases} S = \lfloor n_{tank} \rfloor \\ L = \lceil n_{tank} \rceil \end{cases} \tag{6.25}$$

$$\begin{cases} S = n_{tank} - 1 \\ L = n_{tank} \end{cases} \tag{6.26}$$

式中，「 ⌉ 表示求取上限整数；⌊ 」表示求取下限整数。

② 若 $x < 0.5l_c$，令 $i=L$，$j=n$，转至⑤。

③ 若 $0.5l_c \leqslant x < (n-0.5)l_c$，$c_i = 0$，$c_j = 0$，按式(6.27)计算 i 和 j：

$$\begin{cases} i = \begin{cases} \left[\dfrac{x + 0.5L_{bp}}{l_c} \right] - \dfrac{S}{2}, & S\text{是偶数} \\[3mm] \left[\dfrac{x + 0.5L_{bp}}{l_c} \right] - \dfrac{S+1}{2}, & S\text{是奇数} \end{cases} \\[8mm] j = i + S + 1 \end{cases} \tag{6.27}$$

式中，[ ]代表求取最接近的整数。

a. 若$i<1$或$j>n$，说明驳船配载能力不够，无配载方案。

b. 若$i \geqslant 1$，$j \leqslant n$，按式(6.28)计算舱室i和舱室j的调水量：

$$\begin{cases} F_i = \dfrac{F(x_j - x) - SV_0 \dfrac{l_c}{2} L}{x_i - x_j} \\ F_j = -F - F_i + SV_0 \end{cases} \tag{6.28}$$

并按式(6.29)更新舱室的水量：

$$V_k = \begin{cases} V_0 + F_i, & k = i \\ V_{\min}, & i < k < j \\ V_0 + F_j, & k = j \end{cases} \tag{6.29}$$

c. 若$i<1$，$j \leqslant n$，令$i=L$，$j=n$，转至⑤。

d. 若$i \geqslant 1$，$j>n$，令$i=1$，$j=n-S$，转至⑥。

④ $x \geqslant (n-0.5)l_c$，令$i=1$，$j=n-S$，转至⑥。

⑤ 若$i=L$，$j=n$，令$c_i=0$，$c_j=0$，并更新舱室k的水量$V_k=V_{\min}$，其中$k=1,2,\cdots,i-1$；

a. 按式(6.30)计算舱室i和舱室j的调水量：

$$\begin{cases} F_i = \dfrac{F(x_j - x) - SV_0 \left(x_j - \dfrac{l_c}{2} S \right)}{x_i - x_j} \\ F_j = -F - F_i + SV_0 \end{cases} \tag{6.30}$$

b. 若$V_0 + F_i < V_{\min}$，$V_0 + F_j \leqslant V_{\max}$，则舱室$i$的水量$V_i = V_{\min}$，$c_i++$，$i++$；若$V_0 + F_i \geqslant V_{\min}$，$V_0 + F_j > V_{\max}$，则舱室$j$的水量$V_j = V_{\max}$，$c_j++$，$j--$；若$V_0 + F_i < V_{\min}$，$V_0 + F_j > V_{\max}$，则舱室$i$和舱室$j$的水量$V_i = V_{\min}$，$V_j = V_{\max}$，$c_i++$，$c_j++$，$i++$，$j--$。

c. 若$i \geqslant j$，说明驳船配载能力不够，无配载方案；否则，按式(6.31)计算舱室i和舱室j的调水量：

$$\begin{cases} F_i = \dfrac{F(x_j - x) - SV_0 \left(x_j - \dfrac{l_c}{2} S \right) - c_i V_0 \left(x_j - x_i + \dfrac{c_i+1}{2} l_c \right) - \dfrac{c_j(c_j+1)}{2}(V_{\max} - V_0) l_c}{x_i - x_j} \\ F_j = -F - F_i + SV_0 + c_i V_0 - c_j(V_{\max} - V_0) \end{cases}$$

$$\tag{6.31}$$

按式(6.32)更新舱室 i 和舱室 j 的水量：

$$\begin{cases} V_i = V_0 + F_i \\ V_j = V_0 + F_j \end{cases} \tag{6.32}$$

⑥ 若 $i=1$，$j=n-S$，令 $c_i = 0$，$c_j = 0$，更新舱室 k 的水量 $V_k = V_{\min}$，其中 $k = j+1, \cdots, n$。

a. 按式(6.33)计算舱室 i 和舱室 j 的调水量：

$$\begin{cases} F_i = \dfrac{F(x_j - x) + SV_0 \dfrac{l_c}{2} L}{x_i - x_j} \\ F_j = -F - F_i + SV_0 \end{cases} \tag{6.33}$$

b. 若 $V_0 + F_i > V_{\max}$，$V_0 + F_j \geqslant V_{\min}$，则舱室 i 的水量 $V_i = V_{\max}$，$c_i ++$，$i ++$；若 $V_0 + F_i \leqslant V_{\max}$，$V_0 + F_j < V_{\min}$，则舱室 j 的水量 $V_j = V_{\min}$，$c_j ++$，$j --$；若 $V_0 + F_i > V_{\max}$，$V_0 + F_j < V_{\min}$，则舱室 i 和舱室 j 的水量 $V_i = V_{\max}$，$V_j = V_{\min}$，$c_i ++$，$c_j ++$，$i ++$，$j --$。

c. 若 $i \geqslant j$，说明驳船配载能力不够，无配载方案；否则，按式(6.34)计算舱室 i 和舱室 j 的调水量：

$$\begin{cases} F_i = \dfrac{F(x_j - x) + SV_0 \left(L_{bp} - x_j - \dfrac{l_c}{2} S \right) - V_0 \dfrac{c_j(c_j + 1)}{2} l_c + c_i (V_{\max} - V_0) \left(x_j - x_i + \dfrac{c_i + 1}{2} l_c \right)}{x_i - x_j} \\ F_j = -F - F_i + SV_0 - c_i (V_{\max} - V_0) + c_j V_0 \end{cases}$$
$$\tag{6.34}$$

按式(6.32)更新舱室 i 和舱室 j 的水量。

综上所述，随行配载法对驳船分舱及形状要求严格，因而针对性强，适用范围较窄。但该方法可依据单步上驳重量的不同对两个及两个以上的舱室进行调水，相比配对法增加了产生配载方案的可能性。在整个产品上驳过程中，待调节水舱始终紧随着产品的上驳而移动和扩展，并处于产品已上驳部分的下方，这就使得驳船所受到载荷的分布较为均匀，有利于驳船的总纵强度。

(4) 改进的随行配载法。

针对随行配载法适用范围窄的缺点，结合端部优先法的部分思想，即一方面引入驳船单个配载舱排注水抵消外力力矩能力的表述，另一方面将产品上驳过程单步驳船载荷的变化视作新增力 F_{add} 和力矩 M_{add}，通过特定的舱室搜索顺序，实现随行配载法的驳船待调节水舱随产品的上驳而移动和扩展的特点。

如图 6.12 所示，驳船舱室编号从船艉向船艏编号依次为 $1,2,\cdots,n$，并选取常规坐标系。

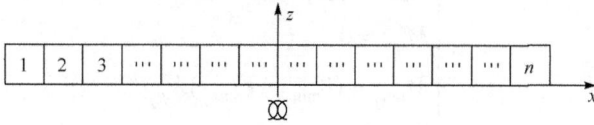

图 6.12　驳船调节水舱编号(改进的随行配载法)

驳船舱室 i 的注、排水抵消力矩能力可由式(6.35)计算:

$$\begin{cases} M_{\mathrm{in}_i} = (V_{\max_i} - V_{0i})X_{g_i} \\ M_{\mathrm{out}_i} = (V_{\min_i} - V_{0i})X_{g_i} \end{cases} \tag{6.35}$$

该方法的程序处理步骤具体如下。

① 计算并输入驳船的新增力和力矩 F_{add} 与 M_{add}，并令 $i=0$。

② 令 $i=i+1$，若 $i>n$，则表明无可行调水方案; 否则，继续下一步。

③ 若 $M_{\mathrm{add}}<0$，则对舱室 i 进行判断看是否满足 $M_{\mathrm{add}}+M_{\mathrm{out}_i}\geqslant 0$ 或 $M_{\mathrm{out}_i}\leqslant 0$:

a. 若满足，则令 $j=n+1$，转至⑤。

b. 若不满足，则表明舱室 i 排水抵消力矩的能力不足以平衡新增力矩，按式(6.36)对该舱室进行排空处理，返回②:

$$\begin{cases} M_{\mathrm{add}} = M'_{\mathrm{add}} + M_{\mathrm{out}_i} \\ F_{\mathrm{add}} = F'_{\mathrm{add}} - (V_{0i} - V_{\min_i}) \\ M_{\mathrm{out}_i} = 0 \\ M_{\mathrm{in}_i} = (V_{\max_i} - V_{\min_i})X_{g_i} \\ V_{0i} = V_{\min_i} \end{cases} \tag{6.36}$$

④ 若 $M_{\mathrm{add}}\geqslant 0$，则对舱室 i 进行判断看是否满足 $M'_{\mathrm{add}}+M_{\mathrm{out}_i}\leqslant 0$ 或 $M_{\mathrm{out}_i}\geqslant 0$:

a. 若满足，则令 $j=i+1$，转至⑥。

b. 若不满足，则表明舱室 i 排水抵消力矩的能力不足以平衡新增力矩，按式(6.36)对该舱室进行排空处理，返回②。

⑤ 令 $j=j-1$，若 $j\leqslant i$，则转至②; 否则，转至⑦。

⑥ 令 $j=j+1$，若 $j>n$，则转至②; 否则，转至⑦。

⑦ 采用式(6.18)计算舱室 i 和舱室 j 的调水量 F_i、F_j。

a. 若 $F_j+V_{0j}<V_{\min_j}$，则按式(6.36)对舱室 j 进行排空处理。

b. 若 $F_j+V_{0j}>V_{\max_j}$，则按式(6.37)对舱室 j 进行注满处理:

$$
\begin{cases}
M_{\text{add}} = M'_{\text{add}} + M_{\text{in}_j} \\
F_{\text{add}} = F'_{\text{add}} - (V_{0j} - V_{\max_j}) \\
M_{\text{in}_j} = 0 \\
M_{\text{out}_j} = (V_{\min_j} - V_{\max_j})X_{g_j} \\
V_{0j} = V_{\max_j}
\end{cases}
\tag{6.37}
$$

c. 若 $F_i + V_{0i} < V_{\min_i}$ ，则按式(6.28)对舱室 i 进行排空处理，令 $i=i+1$ ，若 $i>n$ ，则表明无可行调水方案；否则，若 $M_{\text{add}} < 0$ ，则令 $j=n+1$ ，若 $M_{\text{add}} \geqslant 0$ ，则令 $j=i+1$ 。

d. 若 $F_i + V_{0i} > V_{\max_i}$ ，则按式(6.37)对舱室 i 进行注满处理，令 $i=i+1$ ，若 $i>n$ ，则表明无可行调水方案；否则，若 $M_{\text{add}} < 0$ ，令 $j=n+1$ ，若 $M_{\text{add}} \geqslant 0$ ，则令 $j=i+1$ 。

e. 若 $F_j + V_{0j} \geqslant V_{\min_j}$ ， $F_j + V_{0j} \leqslant V_{\max_j}$ ， $F_i + V_{0i} \geqslant V_{\min_i}$ ， $F_i + V_{0i} \leqslant V_{\max_i}$ ，则转至⑧；否则，若 $M_{\text{add}} < 0$ ，则转至⑤，若 $M_{\text{add}} \geqslant 0$ ，则转至⑥。

⑧ 按式(6.38)更新舱室 i 和舱室 j 的水量，所得的各舱水量即该上驳子步最终的调水方案：

$$
\begin{cases}
V_{0i} = V'_{0i} + F_i \\
V_{0j} = V'_{0j} + F_j
\end{cases}
\tag{6.38}
$$

改进的随行配载法将某上驳子步的新增力矩 M_{add} 分为正、负两种情况分别进行处理，既考虑了上驳前期对驳船艏艉两端的舱室进行调水的有效性，也考虑了从总纵强度出发的待调节水舱随产品上驳的移动和扩展等特点。

(5) 基于纵向配载方案的水量横向分配方法。

从上述配对法、端部优先法、随行配载法和改进的随行配载法的分析可以看出，它们仅仅给出了驳船纵向的配载方案，并未给出依照纵向配载方案进行水量横向分配的原则与方法。而对于一个实际工程可用的配载方案，这是必须要考虑的问题。

驳船压载水横向分配的原则与纵向分配基本相同，既要保证驳船强度，又希望总调水量较小从而加快产品上驳速度。通常，驳船某列舱室数较少，可采取类似端部优先法的组合方法，将纵向某列舱组分为左右两部分，按一定顺序进行左右区的舱组配对，并通过求解横向平衡方程组得到该配对下的调水方案，通过判断是否满足舱容限制确定方案是否可行。由于该方法与端部优先法类似，这里不再给出具体的程序处理步骤。需要说明的是，一方面，驳船新增横向力矩通常较小，另一方面从驳船横向强度考虑，舱组的配对顺序原则是先对靠近横向船舯的舱室进行配对，然后向两舷扩展，这与端部优先法有所不同。

6.2.2 优化方法

由前述分析可知，下水驳船配载的实质就是在保证驳船特定浮态的要求下确定需要调整最少压载水的调节方案，并满足舱容等的要求。显然，该问题可以看成一个约束优化问题，通过分析产品上驳的力学特征及作业特点可建立适当的优化模型，并可采用适当的优化方法进行求解。

1. 优化模型的建立

1) 设计变量

选取各水舱调节前后的水量变化量作为设计变量，即 $X = [x_1, x_2, \cdots, x_N]^T$，其中，$x_i$ 为第 i 舱的调节水量，N 为调节水舱的数量。当求得优化模型最优解 $X^* = [x_1^*, x_2^*, \cdots, x_N^*]^T$ 后，可由舱容曲线得到产品在 B 位置时各调节水舱的液位高。

2) 目标函数

依据前述分析，该优化模型是将目标函数取为各调节水舱需调节水量的绝对值之和，并使其最小，即

$$\min f(X) = \sum_{i=1}^{N} |x_i| \tag{6.39}$$

3) 约束条件

该优化模型共有三类约束条件：力平衡、力矩平衡、调节水舱水量的上限和下限。前两类属等式约束，后一类属不等式约束。

力平衡是驳船所受浮力与重力大小相等。驳船重力包括上驳产品的压力、压载水重量和驳船自身的空船重量三部分。因此，该约束可用下述公式表示：

$$h_1(X) = P - \left[\sum_{i=1}^{N} (x_i + V_{0i}) + W_p + W_s \right] = 0 \tag{6.40}$$

力矩平衡是驳船所受浮力与重力所形成的横倾力矩和纵倾力矩的大小相等，即

$$h_2(X) = PX_b - \left[\sum_{i=1}^{N} (x_i + V_{0i}) X_{g_i} + W_p X_p + W_s X_s \right] = 0 \tag{6.41}$$

$$h_3(X) = PY_b - \left[\sum_{i=1}^{N} (x_i + V_{0i}) Y_{g_i} + W_p Y_p + W_s Y_s \right] = 0 \tag{6.42}$$

各水舱水量的上、下限约束为

$$V_{\min_i} \leqslant x_i + V_{0i} \leqslant V_{\max_i}, \quad i = 1, 2, \cdots, N \tag{6.43}$$

经整理得到

$$g_1(X) = x_i + V_{0i} - V_{\max_i} \leqslant 0, \quad i = 1, 2, \cdots, N \tag{6.44}$$

$$g_2(X) = V_{\min_i} - (x_i + V_{0i}) \leqslant 0, \quad i = 1, 2, \cdots, N \tag{6.45}$$

上述公式中，V_{0i} 表示第 i 个调节水舱的调节前水量，其余符号的含义与式 (6.13)中所述一致。

综合上述，可得该问题的优化模型为

$$\begin{cases} \min \ f(X) = \sum_{i=1}^{N} |x_i| \\ \text{s.t.} \ \ h_1(X) = P - \left[\sum_{i=1}^{N} (x_i + V_{0i}) + W_p + W_s \right] = 0 \\ h_2(X) = PX_b - \left[\sum_{i=1}^{N} (x_i + V_{0i}) X_{g_i} + W_p X_p + W_s X_s \right] = 0 \\ h_3(X) = PY_b - \left[\sum_{i=1}^{N} (x_i + V_{0i}) Y_{g_i} + W_p Y_p + W_s Y_s \right] = 0 \\ g_1(X) = x_i + V_{0i} - V_{\max_i} \leqslant 0, \quad i = 1, 2, \cdots, N \\ g_2(X) = V_{\min_i} - (x_i + V_{0i}) \leqslant 0, \quad i = 1, 2, \cdots, N \end{cases} \tag{6.46}$$

2. 优化模型的求解

容易看出，上述优化模型属于单目标非线性约束优化问题。

目前，求解约束优化问题的算法有很多，按照性质大体可分为两类：确定性算法和随机性算法。确定性算法通常是基于梯度的搜索方法，如投影梯度法、简约梯度法、各类外点和内点惩罚函数法、乘子法和序列二次规划法等[98-101]。这些方法存在的主要问题是，求解时需要设置很好的初值点和需要函数的梯度信息，它们对于不可导、可行域不连通，甚至对显式数学表达式等问题无能为力，而且求得的多为局部最优解。随机性算法主要包括进化算法(evolutionary algorithm, EA)、模拟退火(simulated annealing, SA)算法和禁忌搜索(tabu search, TS)算法等[102-104]。进化算法是一种模拟自然进化过程的全局优化方法，它借用了达尔文关于生物进化的观点，通过选择、交叉和变异等机制来提高个体的适应性。模拟退火算法以优化问题的求解与物理系统退火过程的相似性为基础，利用 Metropolis 算法并适当控制温度的下降过程实现模拟退火，从而达到求解全局优化问题的目的。禁忌搜索算法是一种扩展邻域、全局逐步寻优的启发式搜索方法。在搜索过程中，利用禁忌表产生的记忆过程来寻找新的邻域，扩大搜索空间。与确定性的优化方法相比，进化算法是一种具有有向随机性的智能优化方法，更适合于求解约束优化问题。

本节主要采用惩罚函数法、乘子法进行优化模型的求解。同时，为了提高优化模型的求解精度和速度，对模型(6.46)进行了归一化处理。

1) 惩罚函数法[82, 105]

惩罚函数法是一种使用很广泛、很有效的间接解法，是处理约束优化问题的常用方法。它的基本原理是将约束优化问题中的不等式和等式约束函数进行加权转化，和原来目标函数结合，形成新的目标函数——惩罚函数，是一种序列无约束优化方法，因此可称为序列无约束优化技术(sequential unconstrained minimization technique, SUMT)。其本质是容许群体中的个体在一定程度上违反约束条件，但必须对该个体依其违反约束条件的程度进行惩罚，以减小被选择的概率，其中个体违反约束条件的程度由惩罚函数来决定。惩罚函数法虽然是序列无约束优化方法，但与其他序列无约束优化方法(如简约梯度法和广义简约梯度法)不同。简约梯度法和广义简约梯度法的基本思想是沿可行域的边界(或线性近似边界)搜索约束最优点，当约束条件的非线性程度极高时，这种沿边界搜索是困难的。惩罚函数法的基本思路是采用将约束优化问题转化为无约束优化问题的策略，利用现有成熟的多维无约束优化方法来解决。惩罚函数法包括内点法、外点法、混合法和增广乘子法等。

考察约束优化问题：

$$
\begin{cases}
\min & f(x) \\
\text{s.t.} & g_i(x) \leqslant 0, \quad i = 1, 2, \cdots, m \\
& h_j(x) = 0, \quad j = 1, 2, \cdots, p
\end{cases}
\tag{6.47}
$$

式中，$x = [x_1, x_2, \cdots, x_n]^{\mathrm{T}}$

对问题(6.47)定义惩罚函数：

$$
F(x, M) = f(x) + Mp(x)
\tag{6.48}
$$

式中，$M > 0$ 为常数，称为惩罚因子；$p(x)$ 是定义在 $\mathbb{R}^n$ 上的一个函数，称为惩罚项，它满足如下三条性质：

(1) $p(x)$ 是连续的。

(2) 对任意 $x \in \mathbb{R}^n$，有 $p(x) \geqslant 0$。

(3) 当且仅当 $x \in S$ 时，$p(x) = 0$。

定义 S 是问题(6.47)的可行集，即

$$
S = \Big\{ x \big| g_i(x) \leqslant 0, i = 1, 2, \cdots, m;
$$
$$
h_j(x) \leqslant 0, j = 1, 2, \cdots, p, x \in X \Big\}
\tag{6.49}
$$

通常，对等式约束可定义

$$g_j^+(x) = (h_j(x))^2, \quad j = 1, 2, \cdots, p \tag{6.50}$$

对不等式约束，定义

$$g_{i+p}^+(x) = \begin{cases} 0, & g_i(x) \leqslant 0 \\ (g_i(x))^2, & g_i(x) > 0 \end{cases}, \quad i = 1, 2, \cdots, m \tag{6.51}$$

令 $L = p+m$，于是，惩罚函数为

$$F(x, M_k) = f(x) + M_k \sum_{i=1}^{L} g_i^+(x) \tag{6.52}$$

式中，$M_k > 0$，且 $M_1 < M_2 < \cdots < M_k < M_{k+1} < L$

$$\lim_{k \to \infty} M_k = +\infty$$

容易验证，这样定义的惩罚项 $p(x) = \sum_{i=1}^{L} g_i^+(x)$ 满足上述三条性质。

(1) 显然 $g_i^+(x)$（$i = 1, 2, \cdots, L$）是连续的，因此 $p(x) = \sum_{i=1}^{L} g_i^+(x)$ 连续。

(2) 对所有的 $x \in \mathbb{R}^n$，显然有 $g_i^+(x) \geqslant 0$，因此 $p(x) \geqslant 0$。

(3) 当 $x \in S$ 时，$g_i^+(x) = 0$，有 $p(x) = \sum_{i=1}^{L} g_i^+(x) = 0$。由于 $g_i^+(x) \geqslant 0$，所以 $g_i^+(x) = 0$。

由上述分析可知，当 x 满足约束条件，即 $x \in S$ 时，$g_i^+(x) = 0$（$i = 1, 2, \cdots, L$）；当约束条件被破坏，即 $x \notin S$ 时，至少有一个 $i(1 \leqslant i \leqslant L)$，使 $g_i^+(x) > 0$，从而 $p(x) > 0$。约束条件被破坏得越严重，则 $p(x) > 0$ 取值越大，从而 $F(x, M) = f(x) + Mp(x)$ 也就越大，即对于约束条件来说被破坏是一种惩罚，M 越大则惩罚得越严重。当满足约束条件时，$p(x) = 0$，这时无论 $M > 0$ 为何值，$F(x, M) \equiv f(x)$，即当满足约束条件时不受惩罚。

用惩罚函数法求解约束优化问题的步骤如下：

(1) 选取 $M_1 > 0$，精度 $\varepsilon > 0$，$c \geqslant 2$，初始点为 $x^{(0)}$，令 $k = 1$。

(2) 以 $x^{(k-1)}$ 为初始点，求解无约束优化问题：

$$\min F(x, M_k) = f(x) + M_k \sum_{i=1}^{L} g_i^+(x) \tag{6.53}$$

设其最优解为 $x^{(k)} = x(M_k)$。

(3) 令 $\tau_1 = \max_{1 \leqslant i \leqslant p} \left\{ \left| h_i(x^{(k)}) \right| \right\}$，$\tau_2 = \max_{1 \leqslant i \leqslant m} \left\{ \left| g_i(x^{(k)}) \right| \right\}$。

(4) 若 $\tau < \varepsilon$ ，则迭代结束，取 $x^* = x^{(k)}$ ；否则令 $M_{k+1} = cM_k$ ，$k=k+1$ ，转回步骤(2)。

在式(6.45)中，惩罚项 $p(x) = \sum_{i=1}^{L} g_i^+(x)$ ，可以采用式(6.42)和式(6.43)的定义方法，也可用其他办方法来定义，只要保证 $p(x)$ 具有前面所述的三条性质即可。

上述算法准则 $\tau < \varepsilon$ 也可以改为：若 $M_k p(x^{(k)}) < \varepsilon$ ，则取 $x^* \approx x^{(k)}$ ，迭代结束；否则令 $M_{k+1} = cM_k$ ，$k=k+1$ ，继续进行迭代。

2) 乘子法

乘子法是由 Powell 和 Hestenes 于 1969 年彼此独立地对等式约束优化问题首先提出来的。1973 年，Rockafellar 将其推广到不等式约束的优化问题。多年来，乘子法获得了迅速的发展，并成为求解约束优化问题的一类重要而有效的方法。Bertsekas 在乘子法方面做了较多的工作，1976 年发表了一个综述[106]，对乘子法的理论进行了系统的论述。1984 年，北京工业大学的史明仁发表了乘子法的一个程序[107]。

(1) Hestenes 的乘子法[82]。

惩罚函数法的主要缺点之一是当惩罚因子越来越大时，惩罚目标函数的黑赛(Hessian)矩阵越来越病态，使无约束优化方法的计算难以进行下去，而乘子法则克服了这个缺点。

Hestenes 经过分析，首先引入增广拉格朗日函数：

$$\varphi(x,\mu) = f(x) + \sum_{j=1}^{p} \mu_j h_j(x) + \frac{c}{2} \sum_{j=1}^{p} \left[h_j(x) \right]^2 \tag{6.54}$$

式中，$\mu_1, \mu_2, \cdots, \mu_p$ 为拉格朗日乘子，这里将 M 改写成 $\frac{c}{2}$ 。

式(6.54)也可以写成

$$\varphi(x,\mu) = L(x,\mu) + \frac{c}{2} \sum_{j=1}^{p} \left[h_j(x) \right]^2 \tag{6.55}$$

式中，$L(x,\mu) = f(x) + \sum_{j=1}^{p} \mu_j h_j(x)$ 为等式约束优化问题的拉格朗日函数。

(2) Powell 的乘子法[82]。

Powell 在 1969 年与 Hestenes 几乎同时但又各自独立地提出了一种类似的乘子方法，它参考含有两组参数的惩罚函数：

$$M(x,\sigma,\alpha) = f(x) + \frac{1}{2} \sum_{j=1}^{p} \sigma_j \left[h_j(x) + \alpha_j \right]^2 \tag{6.56}$$

式中，若令 $\sigma_j = c$ ，$\alpha_j = \mu_j / c$ ，则得

$$M(x,\sigma,\alpha) = f(x) + \frac{1}{2}\sum_{j=1}^{p}\left\{\left[h_j(x)\right]^2 + \frac{2\mu_j}{c}h_j(x) + \left(\frac{\mu_j}{c}\right)^2\right\} \tag{6.57}$$

$$= f(x) + \frac{c}{2}\sum_{j=1}^{p}\left[h_j(x)\right]^2 + \sum_{j=1}^{p}\mu_j h_j(x) + \frac{1}{2c}\sum_{j=1}^{p}\mu_j^2$$

将式(6.57)与式(6.55)进行比较，可得

$$M(x,\sigma,\alpha) = \varphi(x,\mu) + \frac{1}{2c}\sum_{j=1}^{p}\mu_j^2 \tag{6.58}$$

即 $M(x,\sigma,\alpha)$ 与 $\varphi(x,\mu)$ 仅差一个常数项。因此，Powell 方法是一种比 Hestenes 方法更广泛的乘子方法，但两者的出发点不同。Powell 方法基于下面的事实。

定理 6.1　设对某两组参数 σ 和 α ，$x^*(\sigma,\alpha)$ 是 $M(x,\sigma,\alpha)$ 的无约束极小点，则 $x^*(\sigma,\alpha)$ 也是问题的极小点：

$$\begin{cases} \min\ f(x) \\ \text{s.t.}\ \ h_j(x) = h_j(x^*(\sigma,\alpha)), \quad j = 1,2,\cdots,p \end{cases} \tag{6.59}$$

根据该定理可知，若能找到两组参数 σ 和 α ，使

$$h_j(x^*(\sigma,\alpha)) = 0, \quad j = 1,2,\cdots,p \tag{6.60}$$

则这个点 $x^*(\sigma,\alpha)$ 就是该等式约束优化问题的最优解。为此人们期望产生一列参数值 $\sigma^{(k)}$ 与 $\alpha^{(k)}$ ，使

$$\lim_{k\to\infty} h_j(x(\sigma^{(k)},\alpha^{(k)})) = 0, \quad j = 1,2,\cdots,p \tag{6.61}$$

当 $k \to \infty$ 时，就可使 $x(\sigma^{(k)},\alpha^{(k)})$ 的极限 $x^*(\sigma,\alpha)$ 满足式(3.52)。

为了得到 $\alpha_j^{(k)}(j = 1,2,\cdots,p)$ 的调整公式，需要求出 $M(x,\sigma,\alpha)$ 对 x 的梯度：

$$M(x,\sigma,\alpha) = f(x) + \frac{1}{2}\sum_{j=1}^{p}\sigma_j\left[h_j(x) + \alpha_j\right]^2 \tag{6.62}$$

对固定充分大的 $\sigma_j(j = 1,2,\cdots,p)$ ，可采用式(3.55)来调整 $\alpha_j^{(k)}$ 。若 $\alpha_j^{(k)}$ 收敛太慢或不收敛，可增大 σ_j ：

$$\alpha_j^{(k+1)} = \alpha_j^{(k)} + h_j(x(\sigma,\alpha^{(k)})), \quad j = 1,2,\cdots,p \tag{6.63}$$

3) 优化方法具体应用

(1) 用惩罚函数法求解优化模型(6.46)。引入惩罚因子 r_k 和 s_k ，可将其化为如

下无约束优化问题：

$$\min F(X, r_k, s_k) = f(X) + r_k \sum_{j=1}^{2} \left[\frac{\left| g_j(X) \right| + g_j(X)}{2} \right]^2 + s_k \sum_{j=1}^{2} \left[h_j(X) \right]^2 \quad (6.64)$$

通过不断地调节 r_k 和 s_k 值(逐渐增大)，依次求解无约束优化问题(6.56)，当 $k \to \infty$ 时，可求得式(6.64)的最优解。惩罚因子通常取为

$$r_{k+1} = r_k c, \quad s_{k+1} = s_k c, \quad k = 0, 1, \cdots \quad (6.65)$$

式中，$c \in [4,10]$，$r_0 > 0$，$s_0 > 0$。

(2) 采用乘子法进行求解。引入乘子向量 λ 和 μ，可化为如下无约束优化问题：

$$\min \varphi(X, \lambda, \mu) = f(X) + \sum_{j=1}^{2} (\lambda_j h_j(X)) + \frac{c}{2} \sum_{j=1}^{2} (h_j(X))^2 \\ + \frac{1}{2c} \sum_{j=1}^{2} \left\{ [\min(0, \mu_j + c g_j(X))]^2 - \mu_j^2 \right\} \quad (6.66)$$

式中，$c > 0$。

通过不断调节乘子向量 λ 和 μ 的取值，依次求解上述无约束优化问题，所求得最优解即可认为是式(6.46)的最优解。

乘子向量 λ、μ 的迭代公式为

$$\lambda_j^{(k+1)} = \lambda_j^{(k)} + c h_j(X^{(k)}) \quad (6.67)$$

$$\mu_j^{(k+1)} = \min \left[0, \mu_j^{(k)} + c g_j(X^{(k)}) \right] \quad (6.68)$$

式中，$j = 1, 2$；$k = 0, 1, 2, \cdots$。

迭代计算的结束准则采用

$$\sum_{j=1}^{2} (h_j(X))^2 + \sum_{j=1}^{2} \left\{ \min \left[g_j(X^{(k)}), -\frac{\mu_j^{(k)}}{c} \right] \right\}^2 < \varepsilon^2 \quad (6.69)$$

式中，ε 为计算精度。

(3) 基于横强度的优化模型特殊处理。在产品上驳过程中，驳船横强度不可忽略，不合理的横向配载可能导致驳船横强度出现问题。为了解决这个问题，本书从优化模型的求解过程进行了研究，通过改变调节水舱的优化搜索顺序，使得上驳产品下方的调节水舱先行配载。这样，产品上驳增加的重量可由其下方的调节水舱的调水量抵消，尽量不改变驳船的重量分布，从而横强度相对于上驳前不会产生较大变化，保证了配载的安全性。显然，该方法对驳船的总纵强度也会产生同样效果。

某驳船初始调水舱室编号如图 6.13 所示，通常下水驳船舱室均对应有一定的编号。为了使上驳产品下方的水舱可最先实施配载，在优化搜索时先搜索该类舱室。为了表征哪些舱室位于驳船上已上驳产品的下方，引入已上驳产品重心和舱室水量重心间的距离作为衡量标准，即该距离越大，说明该舱室距已上驳产品越远。最后可以通过比较各舱室重心与已上驳产品重心间距离的大小，对舱室重新进行编号，再通过所提供的优化模型进行求解。图 6.14 显示了按上述标准对各调节水舱进行重新编号的结果。

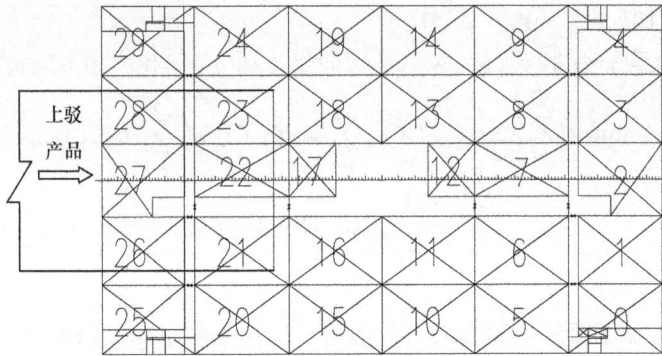

图 6.13　某驳船初始调节水舱编号

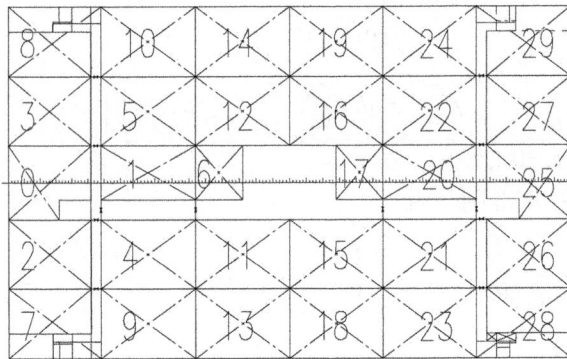

图 6.14　经处理后的驳船优化搜索舱室新编号

6.2.3　驳船沉浮过程实时配载模型处理方法

当上驳产品完全移运至驳船上指定位置并落墩就位后，上驳过程结束。接着，需要将驳船拖曳至沉驳坑处下沉，直至产品自身起浮后便可实现下水。在驳船下沉过程中，最重要的是尽量保持驳船处于正浮状态，以免上驳产品由于驳船倾斜过大而发生滑移造成危险事故，这也是对该过程配载过程的核心要求[108]。

容易知道，当产品在驳船上就位后，产品对驳船所施加的重量载荷及作用点将不再发生变化。此时驳船的配载主要是依靠压载水的变化抵消下沉过程中因驳船吃水的增加而导致的浮力及浮力矩的增加。需要注意的是，当外界水位已经淹过上驳产品的基平面后，产品将产生浮力，从而使得驳船所承受的产品载荷减小，而该浮力影响也需通过调节驳船压载水来消除。随着驳船外界水位的不断升高，该浮力逐渐增大。当该浮力与产品重量相互抵消后，产品即实现自浮，将不再对驳船产生压力，此时应不再考虑该浮力的影响，产品对驳船施加的重量载荷也将为零。

驳船和上驳产品在给定吃水下的浮力计算均可通过各自的静水力曲线插值得到，只是需要对产品的吃水做适当的换算。当然，对于外形规则的船型而言，该浮力可采用数学公式直接计算[109]。

结合上述分析，驳船的沉浮过程可采用与上驳过程相同的配载模型，如式(6.13)和式(6.46)所示。但产品重量载荷和驳船浮力等参数的计算方法有所不同，主要体现在以下几个方面：

(1) 驳船上产品的重量载荷为固定值，可作为常量处理。

(2) 当吃水超过上驳产品的基平面后，产品所受到的浮力需计入驳船提供的浮力当中，也就是说此时模型中的浮力载荷是由驳船和产品所受的浮力共同组成的。

(3) 当上驳产品由于自身受到的浮力超过其自身重量而脱离驳船甲板后，其重量载荷应不再计入驳船重力部分，即配载方案仅是使得在指定的要求吃水下使驳船自身重力和受到的浮力平衡。

若受水深限制，无法找到使产品实现自浮的水域，则需先将驳船连同上驳产品拖进干船坞内实现驳船坐墩，然后向坞内注水，调节驳船压载水，使驳船与墩紧密接触，实现产品的自浮。这个过程的驳船配载要始终保证驳船与墩木间存在一定压力 $P_{墩}$，即驳船的重力和浮力不再平衡，一部分重力由 $P_{墩}$ 来支持。因此，需对配载模型进行简单的处理，在式(6.13)和式(6.46)中 h_1 的浮力项加入 $P_{墩}$。

6.2.4　潮汐变化对模型的影响及处理方法

众所周知，月亮和太阳对海水的吸引力会使海洋水位发生周期性涨落，这就是潮汐。潮汐的变化直接影响下水驳船作业过程中的浮态。为了保证驳船甲板始终与岸边保持齐平，需要实时进行压载水调节以抵消这种影响。

1. 潮高的估算与测量

在下水驳船预配载计算时，只能对下水作业当天的潮位进行估算。通常，某些相关机构根据历史上的潮位观测数据，可预报出某海域全年365天的24小时潮汐表。若对下水当日 24 小时的潮高进行拟合处理，就可以插值得到任意时刻的潮高，如表 6.3 所示。

表 6.3　2007 年 7 月 30 日某港潮汐表

时刻	0:00	1:00	2:00	3:00	4:00	5:00	6:00	7:00	8:00	9:00	10:00	11:00
潮高/cm	200	155	109	74	64	87	134	196	263	316	341	335

时刻	12:00	13:00	14:00	15:00	16:00	17:00	18:00	19:00	20:00	21:00	22:00	23:00
潮高/cm	304	254	193	137	98	86	101	135	180	226	257	258

文献[110]将潮汐的涨落视为简谐运动，认为其运动曲线可近似为余弦曲线。假设上驳开始时刻为 6:30，依据该时刻前后的低潮时刻 t_{bott} 和高潮时刻 t_{top} 及对应潮高 d_{bott} 和 d_{top}，可得到该段时间内的余弦拟合曲线：

$$h_{tide} = 0.5(H_{top} - H_{bott})\sin\left\{\frac{\pi\left[t - 0.5(t_{top} + t_{bott})\right]}{t_{top} - t_{bott}}\right\} + 0.5(H_{top} + H_{bott}) \quad (6.70)$$

由表 6.3 可以看出，该时间段内的高低潮时刻信息并未明确给出，只可进行估算。表 6.4 给出了两种不同精确度估算情况下由式(6.70)估算的潮高结果。

表 6.4　式(6.70)估算的潮高结果

时刻	潮高/cm	低潮(4:00, 64cm)	高潮(10:00, 341cm)	低潮(3:48, 63.44cm)	高潮(10:15, 342.24cm)
		潮高/cm	误差/cm	潮高/cm	误差/cm
3:00	74.0	82.6	8.6	73.8	−0.2
4:00	64.0	64.0	0.0	64.0	0.0
5:00	87.0	82.6	−4.4	86.4	−0.6
6:00	134.0	133.3	−0.7	135.9	1.9
7:00	196.0	202.5	6.5	200.8	4.8
8:00	263.0	271.8	8.8	266.2	3.2
9:00	316.0	322.4	6.4	316.9	0.9
10:00	341.0	341.0	0.0	341.0	0.0
11:00	335.0	322.4	−12.6	333.0	−2.0

从表 6.4 中可以看出，上驳时间段内高低潮信息的精确程度直接影响余弦公式拟合结果的好坏，即使较为精确的高低潮信息，在中间时刻的潮位出现几厘米

的误差。因此，在可获得下水日 24 小时潮高数据时，不建议采用余弦曲线方式进行简单的拟合，而是采用更为准确、直接的样条函数进行拟合；若只能获得下水日的高低潮信息，则可用余弦曲线拟合近似计算。在下水驳船实际作业时，任意时刻的潮水高度都可以通过潮位测量传感器实时测量获得。

2. 针对潮高变化的模型处理方法

通常，可采取两种方式针对潮高变化进行处理。一种方式是设置专门的潮汐平衡补偿系统，该系统拥有独立的配载装置，甚至可以设立独立的配载舱室，配载时不必考虑产品上驳的影响。采用该方式后，模型(6.13)或(6.46)中的驳船浮力 P 和浮心 X_b 将不再计及潮高变化的影响。另一种方式是将潮高变化的影响直接反映在驳船的要求吃水中，即若给定驳船在零潮位时与岸边保持齐平的吃水，则在任意潮高时，只需将这个吃水与潮高相加作为要求吃水，以此计算得到该时刻考虑潮高的驳船浮力 P 和浮心 X_b 的大小。

6.2.5　上驳作业调节水舱阀门开关时刻优化计算

由前几节所述可知，建立合适的驳船实时配载数学模型，并结合恰当的优化算法，可实时确定产品上驳过程中各调节水舱的要求液位高度。若驳船水舱能一直保证达到要求的液位，则驳船始终可以保持理想的产品上驳状态。但由于配载过程中舱室阀门开关往往不是瞬时的，而且从工程角度上看，也不希望阀门的开关过于频繁，只要保证驳船的浮态和强度在允许的范围之内即可。当调水方案确定后，如何控制阀门开关时刻来保证调水过程中驳船可以处于最佳的上驳状态，将是一个十分有意义的工作[111]。本节针对这个问题进行具体而详细的讨论。

1. 问题分析及优化模型建立

1) 问题分析

对于配载舱室阀门开关问题，通常有两种操作方式：一种方式是产品在上驳过程中，舱室阀门处于关闭状态，实时监测驳船吃水及强度等要素，一旦发现监测要素超限即可报警，立刻停止上驳作业，计算该时刻需要调节的舱室信息，打开阀门进行压载水调节直至驳船浮态等恢复正常，再继续产品的上驳操作，如此往复，直至产品最终抵达就位位置[112]；另一种方式是在产品的上驳过程中，预先估算下一产品停止位置的配载方案，在产品抵达该配载时刻的过程中，相应的配载阀门适时开启，并在产品抵达前完成配载，观测并计算驳船的浮态等参数，若满足要求，则类似地进行下一步配载操作，若不满足，则计算该时刻实际需要调节的舱室信息，打开相应的阀门进行调节直至驳船浮态等参数满足要求，再类似进行下一步操作，直至产品最终抵达就位位置[113]。这两种操作方式都存在这样的问题：配载水舱阀门开关时刻不同，驳船在配载过程中的浮态会有所不同，选择不恰当还可能发生危险。

显然，第二种方式相比第一种方式更能体现通过压载水调节抵消产品上驳增加的力和力矩的特征，且可以减少阀门的开关次数。因此，本书将主要介绍第二种作业方式下如何确定调节水舱阀门开关时间，使得配载过程中驳船的浮态始终处于较佳状态，从而在保证安全的前提下，产品能够快速上驳。

2) 优化模型建立

如图 6.8 所示，上驳产品需从驳船 A 位置移运至 B 位置。整个过程要求驳船下滑道表面尽量与岸边滑道顶端平面保持齐平，且在上驳过程中要考虑潮位变化的影响。依据 6.2 节中的方法，可以得出产品由 A 位置移至 B 位置时需要调节的压载舱信息，包括调节水舱数量、调节水量等。

依据配载方案，阀门开关时间的确定主要与驳船浮态特征、产品上驳速度、潮位变化和阀门流量等有关。

选取各调节水舱阀门打开时刻 Ts 为设计变量，即 $Ts = [ts_1, ts_2, \cdots, ts_N]^T$，可建立如下简单优化模型：

$$\begin{cases} \min \quad f(Ts) = F(Ts) \\ \text{s.t.} \quad g_1(Ts) = ts_i + \Delta t_i - t_{\max} \leqslant 0, \quad i = 1, 2, \cdots, N \\ \qquad\quad g_2(Ts) = -ts_i \leqslant 0, \qquad\qquad i = 1, 2, \cdots, N \end{cases} \tag{6.71}$$

式中，$\Delta t_i = \Delta w_i / r_i$；$F(Ts)$ 为产品从 A 位置至 B 位置期间的驳船浮态表征函数；ts_i 为第 i 个调节水舱调节起始时刻；Δt_i 为第 i 个调节水舱调节完成需要时间；N 为调节水舱数目；$t_{\max}$ 为各调节水舱可调节时间范围，即产品由 A 位置至 B 位置所需的时间；Δw_i 为产品从 A 位置至 B 位置第 i 个调节水舱的调节水量；r_i 为第 i 个调节水舱的阀门流量。

在模型(6.71)中，关键是驳船浮态表征函数 $F(Ts)$ 的构造与计算。由于上驳过程中，驳船滑道应尽量与岸边滑道顶面保持齐平，所以驳船纵倾值及平均吃水应计入驳船特征函数。另外，表征函数构造的不同会导致优化过程的计算量有所不同，且得到的优化效果也会有所差异。

为了构造出合适的 $F(Ts)$，可采取两种处理方式：处理方式一主要表达整个配载过程中驳船的整体浮态特征，尽管该方式会增加优化求解过程的计算量，但更符合实际工程的要求；处理方式二是表达某时刻驳船的浮态特征，虽然减少了优化计算的工作量，但优化得到的阀门开关时刻只能保证该时刻驳船浮态较好，其他时刻可能较差，因此优化后必须采取适当的处理方法来尽量接近实际工程需要。

(1) 处理方式一。

将 t_{max} 划分为 M 份，采用如下浮态表征函数：

$$F(\text{Ts}) = \text{Max}\left(\frac{|\text{Trim}_i|}{\text{Trim}_{max}} + \frac{|d_i - d_r|}{d_0}\right), \quad i = 0, 1, \cdots, M \tag{6.72}$$

式中，Trim_i、d_i 表示开阀时刻为 Ts 时驳船在 t_i 时刻的纵倾值和平均吃水；Trim_{max} 表示驳船允许的纵倾最大值；d_r 表示驳船在 t_i 时刻能与岸边保持齐平的要求吃水；d_0 表示产品在 A 位置时驳船的平均吃水；$\text{Max}(\cdot)$ 表示求取所有时刻其后公式的最大值。

容易看出，Trim_i 和 d_i 的计算是浮态表征函数求取的核心，它们与开阀时刻 Ts、产品上驳速度 V_s 和潮位 h_{tide} 变化都有密切关系。

若给定开阀时刻 Ts，则可计算出 t_i 时刻各调节水舱已经调节的水量，从而计算出该时刻各压载舱的水量 V_j：

$$V_j = \begin{cases} V_{0j}, & t_i \leqslant \text{ts}_j \\ V_{0j} + r_j(t_i - \text{ts}_j)\dfrac{\Delta w_j}{|\Delta w_j|}, & \text{ts}_j < t_i < \text{ts}_j + \Delta t_j, i = 0, 1, \cdots, M; j = 1, 2, \cdots, N \\ V_{0j} + r_j\Delta t_j\dfrac{\Delta w_j}{|\Delta w_j|}, & t_i \geqslant \text{ts}_j + \Delta t_j \end{cases} \tag{6.73}$$

式中，V_j 表示第 j 个调节水舱在 t_i 时刻的水量；V_{0j} 表示第 j 个调节水舱在上驳初始时刻的水量。

若已知产品上驳速度与时间的函数关系，即 $V_s = S(t)$，则可以计算出 t_i 时刻产品从 A 位置新进入长度 ΔL，再结合上驳产品的重量曲线，就可以计算出已上驳产品的重量和重心。

在求得 t_i 时刻各压载舱水量和产品上驳部分的重量重心后，结合驳船自身的空船重量重心，容易得出该时刻驳船整体的重量重心。依照静力学方法，可以方便地求出驳船的浮态参数 d_i 和 Trim_i。

若已知潮位与时间的函数关系，即 $h_{tide} = H(t)$，则可计算出驳船在 t_i 时刻的要求吃水 d_r：

$$d_r = d_0 - H(0) + H(t_i) \tag{6.74}$$

(2) 处理方式二。

采用式(6.75)所示的浮态表征函数：

$$F(\text{Ts}, t_i) = \frac{|\text{Trim}_i|}{\text{Trim}_{\max}} + \frac{|d_i - d_r|}{d_0}, \quad i = 0, 1, \cdots, M \tag{6.75}$$

若采用式(6.75)作为目标函数，通过求解优化模型(6.71)，可得到驳船在 t_i 时刻具有最好浮态的阀门打开时刻 Ts_i，这样，通过求解 $M+1$ 个时刻的模型，得到 $M+1$ 组最优的阀门打开时刻集合 $\{\text{Ts}_0, \text{Ts}_1, \cdots, \text{Ts}_M\}$；针对每一组 Ts_j，求出上驳过程中浮态特征函数的最大值，即 $\rho_j = \text{Max}\left[F(\text{Ts}_j, t_i)\right]_{i=0,1,\cdots,M}$。通过比较找到最小的 $\rho_{\min}$，则 $\rho_{\min}$ 对应的阀门打开时刻 Ts_j 即最终的优化结果。

2. 优化模型求解方法

针对优化模型(6.71)，分别采用惩罚函数法、网格法和模拟退火算法进行求解。

1) 惩罚函数法

引入惩罚因子 r_k，可将式(6.71)转化为如下无约束优化问题：

$$\min F(\text{Ts}, r_k) = f(\text{Ts}) + r_k \sum_{i=1}^{2}\left[\frac{|g_i(\text{Ts})| + g_i(\text{Ts})}{2}\right]^2 \tag{6.76}$$

通过不断地调节 r_k 值(逐渐增大)，依次求解无约束优化问题(6.76)，当 $k \to \infty$ 时，所求得的最优解即式(6.71)的最优解。惩罚因子通常取为

$$r_{k+1} = r_k c, \quad k = 0, 1, \cdots \tag{6.77}$$

式中，$c \in [4, 10]$，$r_0 > 0$。

2) 网格法

由式(6.71)可知，第 i 个调节水舱的阀门打开时间容许范围为 $[0, t_{\max} - \Delta t_i]$。将这段时间等分成 M_1 份，假设第 i 个调节水舱只能在 $M_1 + 1$ 个等分点上取值，则所有调节水舱的阀门打开时间可表示为 $\text{Ts} = \left[\text{ts}_{0_{j_1}}, \text{ts}_{1_{j_2}}, \cdots, \text{ts}_{N_{j_N}}\right]$，其中 $j_1, j_2, \cdots, j_N \in [0, M_1]$。容易看出，共有 M_1^N 种组合。分别计算每种组合下式(6.72)所示的浮态特征函数值，比较找到特征函数值最小的一种组合，则认为该组合为式(6.71)的最优解。

理论上，$M_1 \to +\infty$，这种方法所得结果就是式(6.71)的最优解。但容易看出，随着 M_1 的增大，组合数迅速增长，从而导致计算量大大增加。因此，M_1 应适当取值，本书取 $M_1 = 100$，调节水舱数量 $N \leqslant 7$。

3) 模拟退火算法

模拟退火算法[82]是一种随机性的全局优化方法，它的基本思想是将优化问题比拟成一个物理系统，将优化问题的目标函数 $f(x)$ 比拟为物理系统的能量 $E(x)$，

系统从某一较高的初始温度 $T_0 > 0$ 开始逐步降温，最终达到系统最低能量状态，即获得优化问题的全局最优解。

模拟退火算法要获得全局最优解需要满足如下条件：初始温度足够高，使该温度下所有状态以相同概率出现；降温速度足够慢，每一温度下达到准平衡状态；终止温度趋近于零。这些条件实际都难以完全满足，因此模拟退火算法只能以一定概率找到近似的全局最优解。另外，新解的产生方法也对算法的收敛性产生重要影响。

对于模型(6.71)，采取如下处理方法。

(1) 降温方式：

$$T_{k+1} = \alpha T_k \tag{6.78}$$

式中，α 为温度下降因子，一般取 $0.95 \sim 0.98$。

(2) 新解产生方法。假设当前决策变量 $\mathrm{Ts}_k = [\mathrm{ts}_1, \mathrm{ts}_2, \cdots, \mathrm{ts}_N]^{\mathrm{T}}$，从当前解中随机选取一个分量 ts_r 产生随机扰动：

$$\mathrm{ts}_r' = \mathrm{ts}_r + \mathrm{Rand} \cdot \mathrm{Scale} \cdot (t_{\max} - \Delta t_r) \tag{6.79}$$

式中，Rand 为 $[-1, 1]$ 区间的随机数；Scale 为邻域规模因子，取 $\mathrm{Scale} = 0.8$。

对式(6.79)所得值进行边界处理，得到新解 Ts_{k+1}：

$$\mathrm{ts}_r = \begin{cases} t_{\max} - \Delta t_r + \mathrm{ts}_r', & \mathrm{ts}_r' < 0 \\ \mathrm{ts}_r', & 0 \leqslant \mathrm{ts}_r' \leqslant t_{\max} - \Delta t_r \\ \mathrm{ts}_r' + \Delta t_r - t_{\max}, & \mathrm{ts}_r' > t_{\max} - \Delta t_r \end{cases} \tag{6.80}$$

(3) 新解接受准则[83](Metropolis 法则)。当温度为 T 时新解的转移概率可由式(6.81)计算得到，若 $p > \eta$ (η 为 $(0, 1)$ 上均匀分布的随机数)，则接受新解；否则，放弃该解。

$$p = \begin{cases} 1.0, & f(\mathrm{Ts}_{k+1}) \leqslant f(\mathrm{Ts}_k) \\ \exp\left[\dfrac{f(\mathrm{Ts}_k) - f(\mathrm{Ts}_{k+1})}{T}\right], & f(\mathrm{Ts}_{k+1}) > f(\mathrm{Ts}_k) \end{cases} \tag{6.81}$$

(4) 终止准则：连续多次降温，目标函数值不再下降。

3. 实例分析

上驳分段：上驳方向总长 $L_s = 100\mathrm{m}$，重量载荷均匀分布，载荷密度 $q = 130\mathrm{t} \cdot \mathrm{m}$，横向无偏心，垂心坐标距产品基线高度 $Z_{g_s} = 4.5\mathrm{m}$。

下水驳船：总长 $L_{bp} = 105.0\mathrm{m}$，型宽 $B_b = 63.0\mathrm{m}$，型深 $D_b = 7.8\mathrm{m}$，为一长方体，零潮位驳船要求吃水 $d_r = 2.812\mathrm{m}$，共有 30 个调节水舱，$W_s = 8325.1\mathrm{t}$，$X_{g_0} = 0.744\mathrm{m}$，

$Y_{g_0} = 0.044\text{m}$，$Z_{g_0} = 6.227\text{m}$。

如图 6.15 所示，假设产品现在从 A 位置匀速移运至 B 位置，速度 $V_s = 0.8\text{m/min}$，移运距离为 8.0m，驳船处于 A 位置的时刻 $t_A = 0\text{min}$，驳船处于 B 位置的时刻 $t_B = 10.0\text{min}$，则 $t_{\max} = t_B - t_A = 10.0\text{min}$。已知产品处于 A 位置时各调节水舱的液位高度，此时驳船吃水 $d_0 = 4.312\text{m}$。而产品处于 B 位置时各配节水舱要求液位高度以及驳船要求吃水可依据潮位变化采用 6.2.4 节所述方法求得。

1) 优化算法有效性

在上述已知条件下，采用模拟退火算法求解各调节水舱阀门的开关时刻。

对于潮位变化，分别采用平潮和涨潮两种情形：平潮潮位 $h_{\text{tide}} = 1.500\text{m}$，涨潮潮位 $h'_{\text{tide}} = 1.5 + 0.01(t - t_A) = 1.5 + 0.01t(\text{m})$。

部分参数设置如下：初始温度 $T_0 = 20$，马尔可夫链长度 $L_{\max} = 50$，温度下降因子 $\alpha = 0.99$。调节水舱阀门开关时刻优化计算结果如表 6.5 和表 6.6 所示。

表 6.5 调节水舱阀门开关时刻优化计算结果(平潮)

调节水舱代号	液位高/m		调节水量/t	阀门流量/(t/min)	调节需要时间/min	阀门开关时刻/min	
	A 位置	B 位置				开启	关闭
1	3.473	3.704	43.5	100.0	0.435	1.416	1.851
2	3.611	3.557	−10.3	100.0	0.103	0.215	0.318
3	3.498	1.972	−299.4	100.0	2.994	6.994	9.988
4	3.498	1.000	−469.7	100.0	4.697	0.004	4.701
5	3.498	2.001	−293.7	100.0	2.937	4.270	7.207

表 6.6 调节水舱阀门开关时刻优化计算结果(涨潮)

调节水舱代号	液位高/m		调节水量/t	阀门流量/(t/min)	调节需要时间/min	阀门开关时刻/min	
	A 位置	B 位置				开启	关闭
1	3.473	5.499	381.0	100.0	3.810	4.994	8.804
2	3.498	2.846	−127.8	100.0	1.278	1.282	2.560
3	3.498	1.000	−469.7	100.0	4.697	0.474	5.171
4	3.498	2.836	−129.9	100.0	1.299	8.184	9.483

依据阀门开关时刻的优化结果，可以计算出整个调水过程中驳船的纵倾值变化、驳船吃水与上驳要求吃水(考虑潮位)间的差值变化。为了证明本书方法的有效性，本节计算了在初始上驳时刻阀门同时打开以及产品移运至半程阀门同时打开两种情形下的驳船纵倾值变化、驳船吃水与上驳要求吃水(考虑潮位)间的差值变化。三种阀门打开方案得到的计算结果如图 6.15～图 6.18 所示。

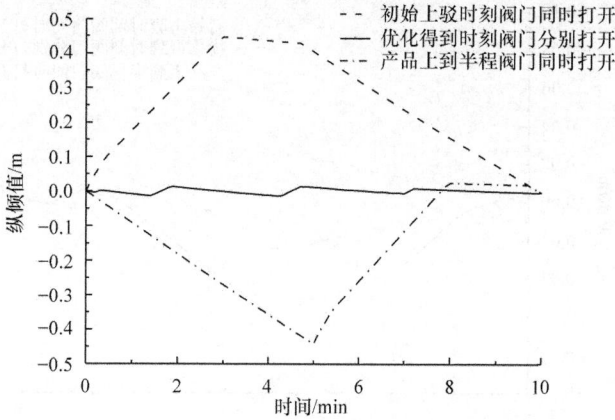

图 6.15　驳船纵倾变化曲线(平潮)

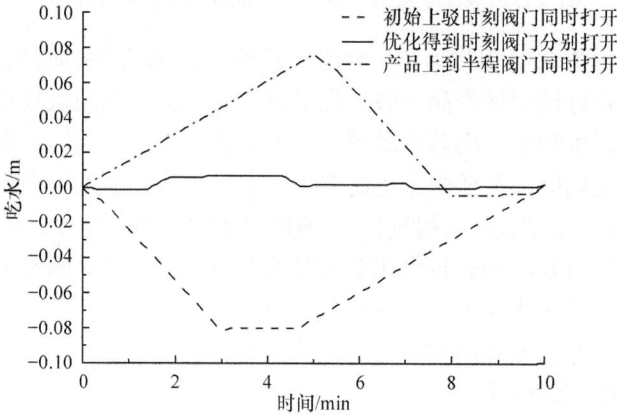

图 6.16　驳船吃水与上驳要求吃水差值变化曲线(平潮)

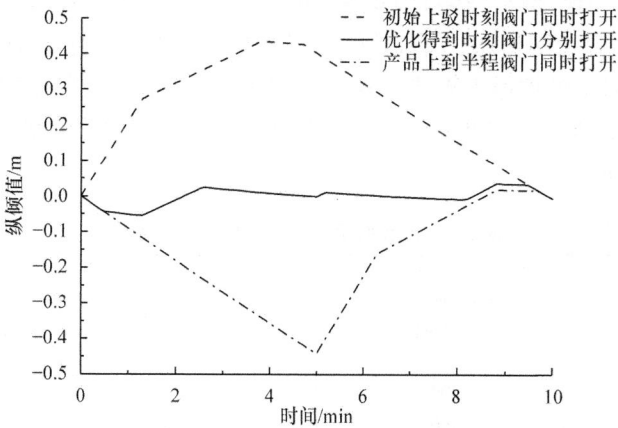

图 6.17　驳船纵倾值变化曲线(涨潮)

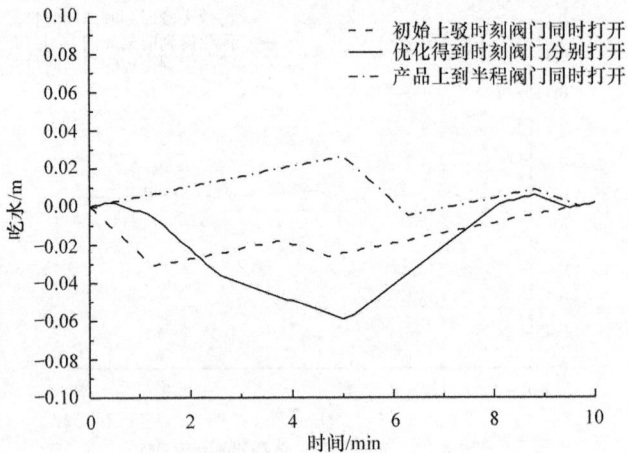

图 6.18　驳船吃水与上驳要求吃水差值变化曲线(涨潮)

从图 6.15~图 6.18 可以看出,经优化后得到的阀门开关时刻,无论平潮还是涨潮,都可以较好地保证产品上驳过程中驳船的浮态:纵倾值较小,驳船实时吃水与要求吃水差也较小。而若产品刚开始上驳就全部打开阀门,则平潮和涨潮时都会产生较大的艏倾,驳船吃水也比要求吃水低;若产品上到半程才全部打开阀门,则会产生较大的艉倾,驳船吃水一般比要求吃水高。另外,从图 6.18 可以看出,涨潮时阀门打开时刻是否优化对驳船吃水与要求吃水差的影响不明显,优化方案甚至不如两种未优化方案;三种方案的吃水差都较小,且产品上驳时对纵倾和吃水要求都较好,因此两种未经优化的方案仍较差。

2) 优化算法比较分析

依据该实例已知信息,对前述浮态特征函数的处理方式一,分别采用惩罚函数法、网格法和模拟退火法进行求解;对处理方式二则只采用惩罚函数法进行求解。其中,对于网格法,单舱调水等分数 $M_1 = 20$,故组合总数 $M_1^N = 20^5 = 3200000$ 次;对于模拟退火算法,参数设置同前。该计算分析未考虑潮位的变化,即采用平潮潮位 $h_{tide} = 1.500\text{m}$。各种方法优化计算得到的调节水舱阀门打开时刻结果如表 6.7 所示。

表 6.7　调节水舱阀门打开时刻优化结果

调节水舱代号	调节水量/t	每分钟阀门流量/(t/min)	阀门打开时刻/min			
			处理方式一			处理方式二
			惩罚函数法	网格法	模拟退火算法	惩罚函数法
1	43.5	100.0	0.075	0.000	1.416	5.725
2	-10.3	100.0	0.000	0.000	0.215	6.625
3	-299.4	100.0	0.106	0.375	6.994	3.325

续表

调节水舱代号	调节水量/t	每分钟阀门流量/(t/min)	阀门打开时刻/min			
			处理方式一			处理方式二
			惩罚函数法	网格法	模拟退火算法	惩罚函数法
4	−469.7	100.0	2.474	5.782	0.004	0.125
5	−293.7	100.0	6.765	3.021	4.270	6.500
	F(Ts)		0.145	0.135	0.100	0.370

依据阀门开关时刻的优化结果，可以计算出所述四种方法整个调水过程中驳船的纵倾值变化、驳船吃水与上驳要求吃水(考虑潮位)间的差值变化，结果如图 6.19 和图 6.20 所示。

从图 6.19 和图 6.20 可以看出：

(1) 采用处理方式二所得优化结果，驳船浮态最差，纵倾最大值大于 0.060m，要求吃水差最大值大于 0.015m。

(2) 采用处理方式一所得优化结果，驳船浮态整体较好，纵倾值均小于 0.030m，要求吃水差基本小于 0.010m。

(3) 对于处理方式一，网格法和模拟退火算法的浮态结果相对较好，惩罚函数法则相对较差。

本节对船舶产品移运上驳过程中调节水舱阀门打开时刻进行优化模型及算法研究。通过对上驳过程的特征进行分析，选取两种驳船浮态表征函数，建立相应优化模型。对浮态特征函数的处理方式一，分别采用惩罚函数法、网格法和模拟

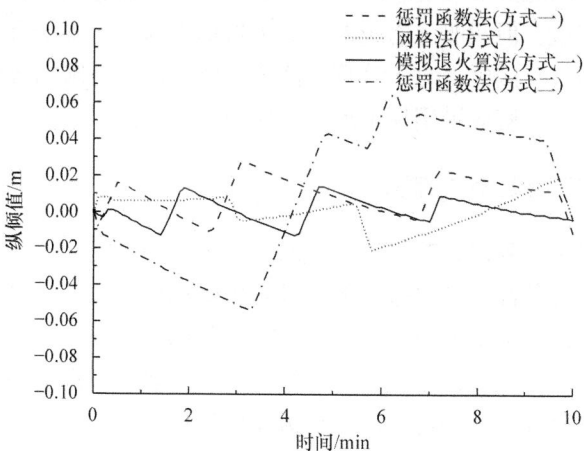

图 6.19　驳船纵倾值变化曲线

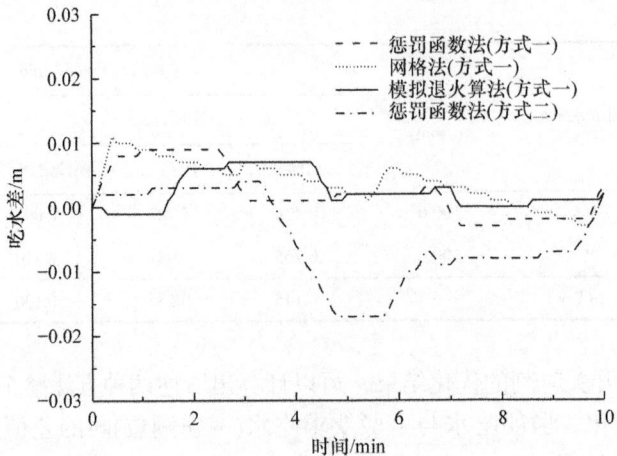

图 6.20 驳船吃水与上驳要求吃水差变化曲线

退火算法进行求解；对处理方式二则仅采用惩罚函数法进行求解。通过实例分析比较，得到如下结论：

(1) 调节水舱阀门打开时刻对上驳过程中的驳船浮态有较大影响，不合理的开阀时刻可能导致驳船较早出现浮态报警。

(2) 调节水舱阀门打开时刻的合理确定与产品上驳速度和潮位变化密切相关。

(3) 本章建立的模型及相应的几种求解方法，可以保证驳船具有较好的浮态。

(4) 浮态特征函数的两种处理方式更适宜采用处理方式一。

(5) 对于处理方式一，网格法所得结果虽使得调水过程中的驳船浮态较好，但计算量随调节水舱数量或配载时间等分份数的增加而急剧增长；惩罚函数法的计算时间相对较短，但驳船浮态较差；而模拟退火算法所得结果驳船浮态较好，只是计算时间稍长。因此，对于计算时间要求较短而浮态限制较松的情形可采用惩罚函数法；反之，则应采用模拟退火算法或网格法。

6.2.6 驳船实时配载计算流程图

从前面论述可以看出，若给定任意时刻 t 的潮位高度、产品已上驳部分重量和驳船各舱室的液位高，针对驳船舱室的布置对称性特点，通过选择平衡方程组模型和优化模型以及合适的对应解法，可以实时计算得到该时刻的驳船配载方案。对于该方案，可以采用 6.2 节论述的方法，进行驳船的浮态、稳性和总纵强度等的计算，若不满足要求，则需重新进行方案的计算。整个上驳过程驳船的实时配载计算流程如图 6.21 所示。

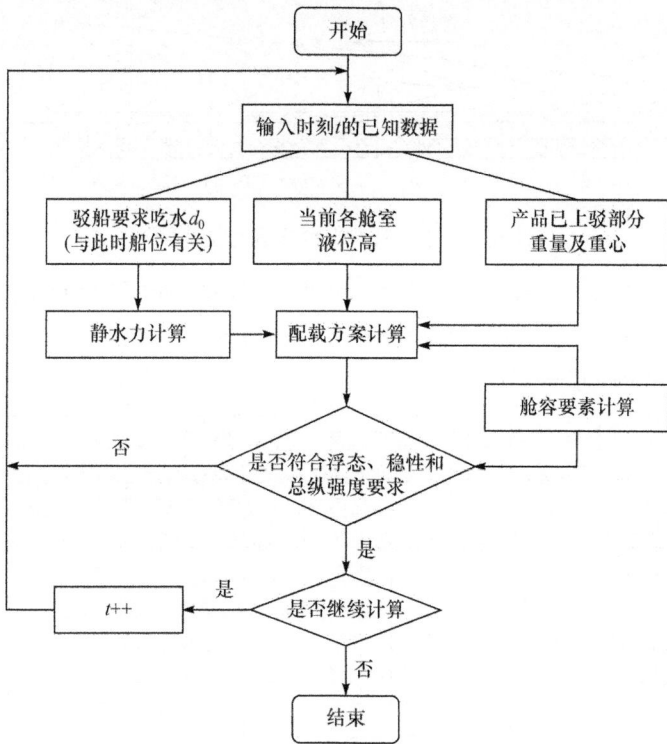

图 6.21　实时配载计算流程图

6.2.7　实时配载实例计算与分析

为了证明本章所述的平衡方程组模型和优化模型的有效性，比较对应解法的优缺点，从而为工程人员选择恰当的配载算法提供参考，本节制定了两个实例。

1. 实例一

本实例用于比较平衡方程组模型求解的处理方式二中的四种方法之间的优缺点，实例取自文献[53]中的 Case 2b。

如图 6.22 所示，某下水驳船外形为一长方体，船长 L_{bp}=150.0m，型宽 B_b=50.0m，型深 D_b=10.0m，沿驳船纵向等分为 15 列水舱，驳船要求吃水为 8.51m，附体系数和舱容系数均取为 1.0，水的密度为 $1.0t/m^3$。上驳导管架平台总长为 150.0m，重量载荷按梯形分布处理，底部(上驳前端)载荷为 22.0t/m，顶部(上驳后端) 载荷为 7.0t/m。

整个上驳过程分为 25 步，第 1 步导管架进入 1m，其余的 24 步中每步增加 6m，则最终上驳长度为 145m。

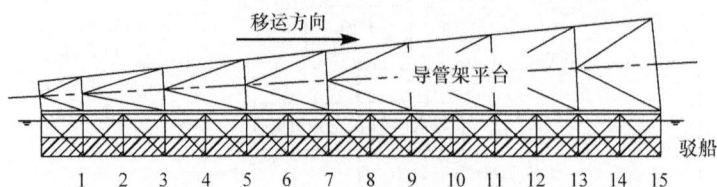

图 6.22　某导管架平台移运上驳示意图

　　图 6.23 和图 6.24 分别给出了在这 25 步中利用处理方式二的四种方法计算得到的纵向调水方案，图中阴影部分大小表示该舱室水量的多少，横坐标为舱室编号，纵坐标为上驳步号。

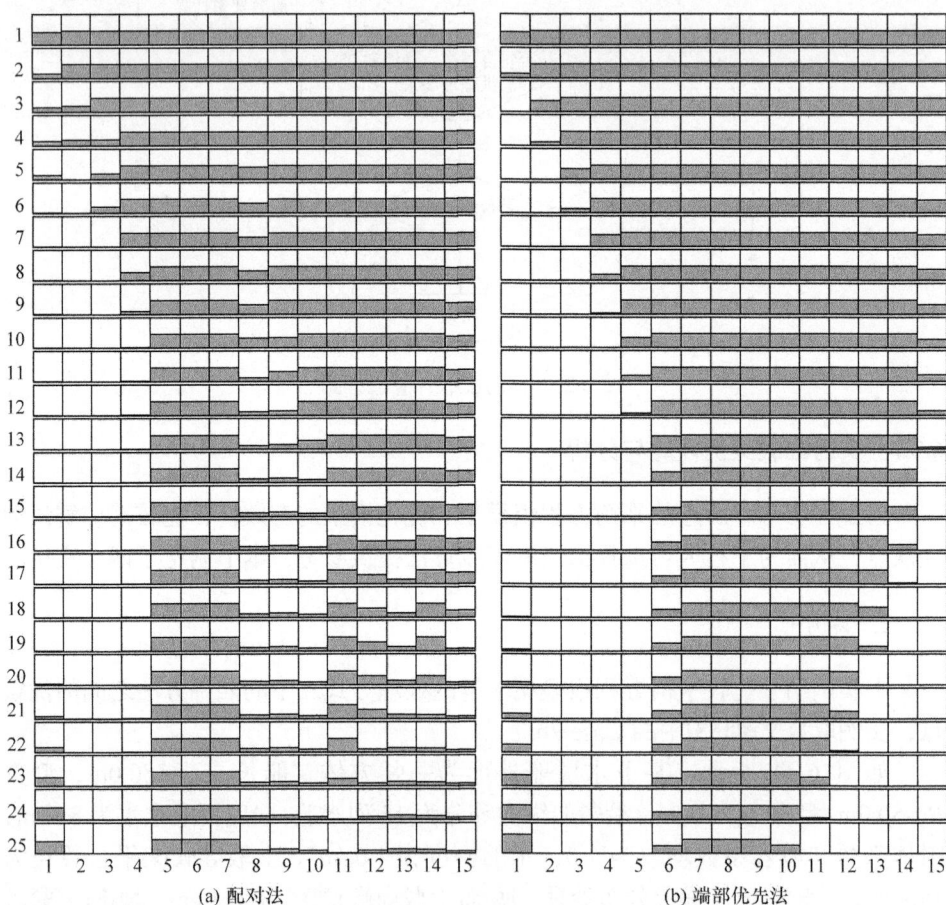

(a) 配对法　　　　　　　　　　　　　(b) 端部优先法

图 6.23　纵向配载方案(配对法和端部优先法)

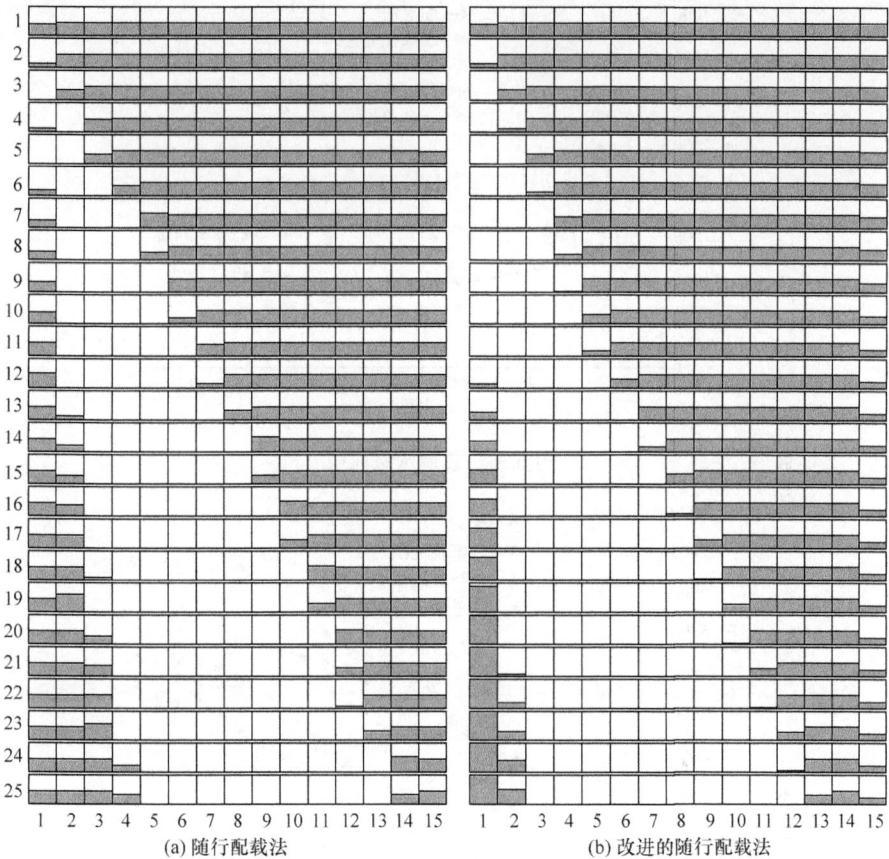

(a) 随行配载法　　　　　　　　　　　　(b) 改进的随行配载法

图 6.24　纵向配载方案(随行配载法和改进的随行配载法)

从图 6.23 和图 6.24 可以看出,在利用四种方法进行计算所得到的配载方案中,各水舱的配载大多具有连续性,且单步上驳时待调节水舱数量较少,对于该实例一般在三列以内,这些符合工程实际中尽量少动阀和开关阀的要求。而利用这几种方法所得的配载方案又各有特点:利用配对法所得到的方案,配载舱室的选择无明显的规律,尤其是前半区舱室;利用端部优先法所得到的方案,具有明显的从艏艉两端向船舯顺序地选择舱室的特征;利用随行配载法所得到的方案,待配载舱室随着导管架的逐步上驳而不断地由艉向艏变化和扩展,但有些相邻子步出现先注再排的情形,如第 15~17 步的第 10 列舱室;对于改进的随行配载法,最后得到的配载方案也具有待配载舱室不断由艉向艏变化和扩展的特点,且充分利用了艏艉两端舱室配载的有效性。

为了进一步比较分析四种方法的特点,计算了整个导管架上驳过程中驳船的总调水量和最大剪力、最大弯矩的变化,结果如图 6.25~图 6.27 所示。

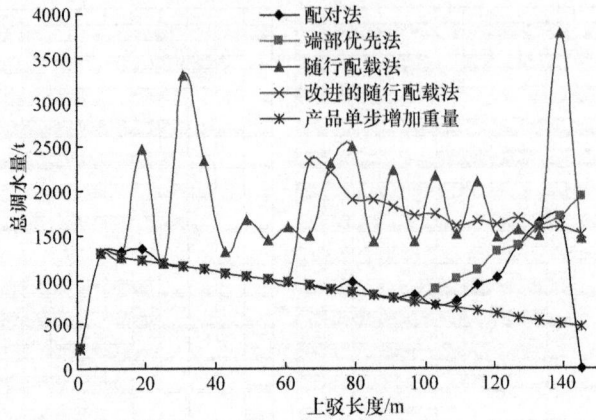

图 6.25　总调水量曲线

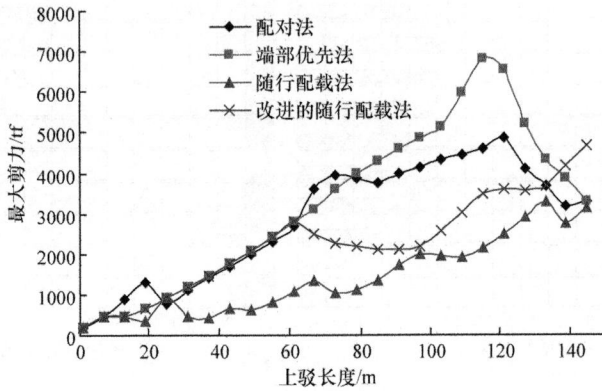

图 6.26　最大剪力曲线

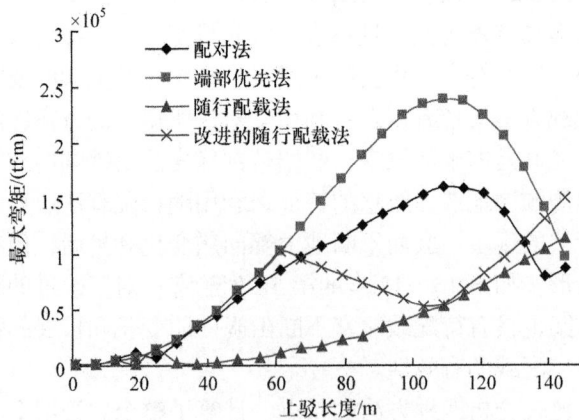

图 6.27　最大弯矩曲线

从图 6.25 可以看出，利用配对法和端部优先法所得到方案的总调水量较小，在导管架上驳的前大半段时间内，每一步的总调水量与产品单步增加重量基本相同，在没有潮位影响的情况下，这就是总调水量所能达到的最小值；对于随行配载法，每一步的总调水量及其变化幅度均较大，其中单步调水量的最大值达到 3500t 以上，最小值也在 1500t 左右；而对于改进的随行配载法，在上驳的前 61m 内，每一步的总调水量与产品单步增加重量十分接近，但进入 66m 后，每一步的总调水量突然增加至 2000t 以上，其后各步总调水量虽逐步下降，但依然保持在 1500t 以上。综上，若依据总调水量较小为判断原则，这几种方法由好至差的顺序依次为配对法>端部优先法>改进的随行配载法>随行配载法。

从图 6.26 和图 6.27 可以看出，随行配载法对应的调水方案使得驳船所承受的剪力和弯矩最小，对总纵强度最有利，最大弯矩具有逐渐增大的趋势；其次是改进的随行配载法，驳船所承受的最大弯矩具有先增大后减小再增大的趋势；紧接着是配对法，最大弯矩具有先增大后减小的趋势；最差的是端部优先法，驳船所承受的最大弯矩甚至接近了 250000tf·m，很可能超过驳船的许用弯矩(本例并未考虑驳船的结构)。

需要注意的是，配对法在最后一步并没有给出可行方案，这与该方法在单步内最多只能调整两列舱室有关。因此，该方法不适用于长度较短而重量很大的结构物的上驳作业。

综上所述，平衡方程组模型求解的处理方式二中的四种方法具有不同的特点，适用于不同的情况：随行配载法只适用于长方体驳船且沿船长方向驳船舱室的长度相同的情形，由于该方法的单步总调水量较大，所以对驳船水泵及管路能力要求较高，但调水操作简便；配对法和端部优先法均适用于驳船强度足够但对上驳时间要求较高的情形，其中配对法的纵向强度相对好些，而端部优先法的阀门操作更方便和容易；改进的随行配载法适用于驳船强度一般、调水时间要求也不十分严格的情形，该方法调水操作也很简便。总之，四种方法的选取没有明确的标准和界限，需要具体情况具体分析。

2. 实例二

由于实例一已经分析了舱室布局对称情形下的平衡方程组模型及对应的解法，本例中仅采用平衡方程组模型中的差商解平衡方程组法和优化模型中的惩罚函数法与乘子法进行计算分析。

某船舶采用下水驳船进行分段移运下水，如图 6.28 所示。

下水产品及驳船信息如下所述。

上驳分段：上驳方向总长 L_s=60m，重量载荷均匀分布，载荷密度 q=30t/m，横向无偏心，垂心坐标距产品基线高度 $Z_{g_s} = 7.0\text{m}$ 。

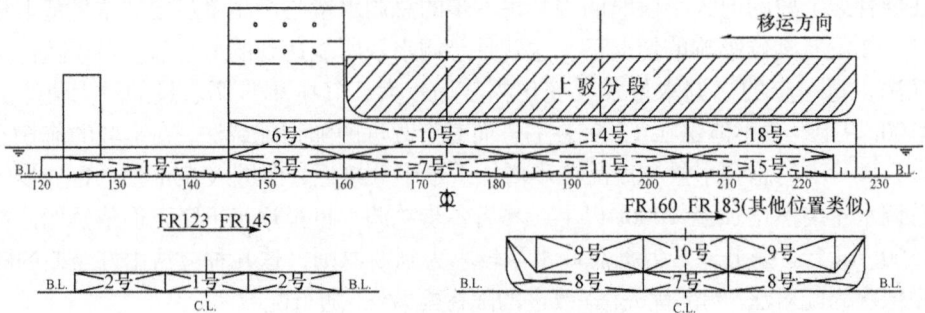

图 6.28　某下水驳船示意图
B.L.代表基线(base line)，C.L.代表中心线(center line)

下水驳船：船长 L_{bp}=96.3m，型宽 B_b=42.13m，型深 D_b=5.7m，驳船要求吃水 d_r=2.8m，共有 18 对左右对称分布的调节水舱，W_s= 4076.3t，$X_{g_0} = 0.421\text{m}$，$Z_{g_0} = 4.002\text{m}$，$P = 10361.2\text{t}$，$X_b = 3.866\text{m}$。

为了简化实际调水操作，程序中预先设定不对调节水量很小的舱室进行调水操作。本书后续实例中对所得到的调水结果进行了该种适当处理，主要以调节水量大小和该水量对浮船坞的力矩大小作为标准，对该压载舱是否需要调节进行判断。当然，若舍去的待调节水舱较多，则一定程度上会影响调节后的浮态，但只要选取合适的标准，所得到的结果是可以满足工程需要的。

1) 计算分析一

已知该船体分段上驳过程中 t 时刻(产品进入长度为 20m)处于正浮状态，此时各配载舱室的水量如表 6.8 所示，现需计算经过 Δt 时间后(产品进入长度变为 25m)驳船保持与岸齐平的各调节水舱待调节的水量。其中，假定该段时间内潮位保持不变。本实例分别采用惩罚函数法、乘子法和差商解平衡方程组法(该实例分析后述中简称"解方程组法")三种方法进行计算，结果如表 6.8 所示。

表 6.8　配载计算结果

舱号	t 时刻舱内水量/t	$t + \Delta t$ 时刻					
		惩罚函数法		乘子法		解方程组法	
		舱内水量/t	调水量/t	舱内水量/t	调水量/t	舱内水量/t	调水量/t
1	395.80	395.80	0.00	383.12	−12.68	395.80	0.00
2	63.33	63.33	0.00	63.53	0.20	63.53	0.00
3	269.90	269.90	0.00	269.90	0.00	269.90	0.00
4	1008.60	1008.60	0.00	1008.60	0.00	1008.60	0.00
5	29.40	29.40	0.00	29.40	0.00	29.40	0.00

续表

舱号	t 时刻 舱内水量/t	t + Δt 时刻					
		惩罚函数法		乘子法		解方程组法	
		舱内水量/t	调水量/t	舱内水量/t	调水量/t	舱内水量/t	调水量/t
6	492.55	492.55	0.00	492.55	0.00	492.55	0.00
7	413.80	413.80	0.00	393.55	−20.25	413.80	0.00
8	58.80	58.80	0.00	58.80	0.00	58.80	0.00
9	52.60	52.60	0.00	52.60	0.00	52.60	0.00
10	20.70	20.70	0.00	20.70	0.00	20.70	0.00
11	395.80	287.75	−108.05	395.80	0.00	395.80	0.00
12	1479.20	1479.20	0.00	1451.32	−27.88	1479.20	0.00
13	50.40	50.40	0.00	50.40	0.00	50.40	0.00
14	245.42	245.42	0.00	245.42	0.00	123.69	−121.73
15	17.10	17.10	0.00	17.10	0.00	17.10	0.00
16	191.80	133.77	−58.03	82.20	−109.60	139.81	−51.99
17	43.60	43.60	0.00	43.60	0.00	43.60	0.00
18	480.12	480.12	0.00	480.14	0.00	480.14	0.00
调水量绝对值之和/t		166.08		170.21		173.72	

从表 6.8 中的配载计算结果可以看出，该情形下利用三种方法求解得到的配载方案有所差别，而待调节水舱数目都比较少，这便于实际配载操作；总的配载水量与新增的产品上驳重量(150t)也比较接近，说明调水方案都是合理的。

依据上述调节结果，各算法所得下水驳船的浮态如表 6.9 所示。从表可以看出，三种方法计算得到的调水方案基本满足驳船的浮态要求，说明了这三种方法的正确性。

表 6.9　配载下水后驳船的浮态

项目	惩罚函数法	乘子法	解方程组法
排水量 Δ/t	10369.1	10365.0	10361.7
重心距中 X_g/m	3.867	3.874	3.866
重心距基线高 Z_g/m	3.389	3.389	3.375
平均吃水 d/m	2.802	2.801	2.800
艏吃水 d_f/m	2.802	2.802	2.800
艉吃水 d_a/m	2.804	2.799	2.800

通过上述实例分析可知，若给定某时刻考虑潮水高度影响的驳船要求吃水和产品上驳部分的相关数据，可通过本章算法得出该时刻驳船各舱室的水量调节量，再配以某些调节手段即可进行浮船坞浮态的实时调节。

另外，本书从实际工程问题角度考虑了优化算法搜索起点 $X^{(0)}$ 的选取以及该问题多峰情况的处理。下水驳船各舱室水量调节总是相对于调节前而言的，调节时的自变量初值应全取为 0，即搜索起点 $X^{(0)}=0$。本书问题是一个多峰值问题，有时只需将边舱和中间舱调水进行互换就可得到一个最优解。从工程实际出发，一种最优的调节方案已经可以满足工程问题的需要，因此可以不考虑该问题的多峰值问题，也就是说，可认为程序得到的方案为最优的调水方案。

2) 计算分析二

本计算分析针对该船体分段向下水驳船移运的整个过程进行，通过计算结果对前述的算法及解法进行具体分析。

取上驳分段每上 5m 为一调水间隔，直至最终就位于下水驳船，这样共有 12 个待计算的调水过程。由于上坞分段载荷均布，所以每个阶段驳船上新增重量为 150t。显然，最终每阶段调水方案的总调水量与该阶段驳船上新增的重量越接近越好。需要注意的是，由于每阶段的调水计算都是以上一阶段的调水结果为基础的，所以模型中各舱室的初始水量 V_{0i} 是不断变化的，其数值应为上一阶段对各舱室进行调水后的水量。

下面分别采用模型(6.12)和(6.28)及其对应的解法对该问题进行配载计算，结果如图 6.29～图 6.32 所示。

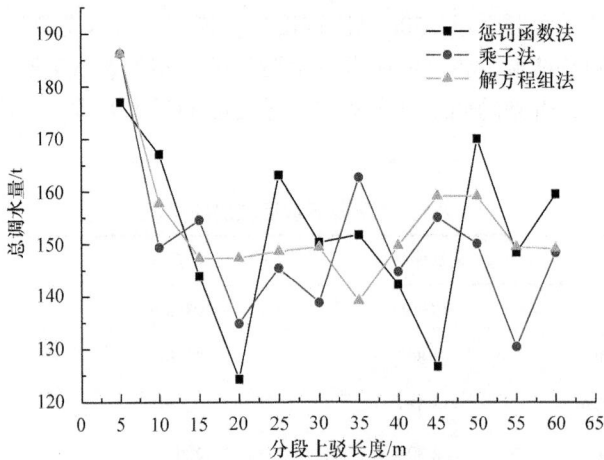

图 6.29　分段上驳各阶段总调水量

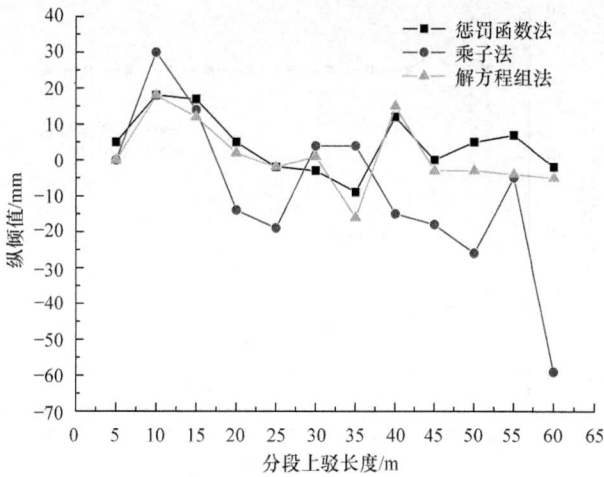

图 6.30　分段上驳各阶段纵倾值

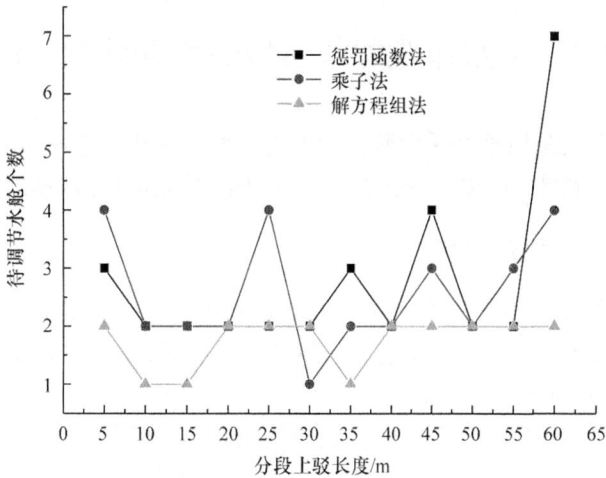

图 6.31　分段上驳各阶段待调节水舱个数

从图 6.29～图 6.31 可以看出，利用模型(6.12)和(6.28)所得的调水方案，驳船的纵倾值均较小，且总的待调节水量与产品上驳重量比较接近，因此对于该工程问题都是适用的。但是，二者及其求解方法间又有所差异。对于模型(6.28)，待调节舱室个数一般较多；惩罚函数法与乘子法所得计算结果有所不同，乘子法迭代次数少，总待调水量较小，但浮态结果比罚函数法略差，纵倾值较大。而模型(6.12)所得结果中，待调节舱室个数较少(小于等于 2 个)，总待调节水量较小，但浮态结果是最好的。

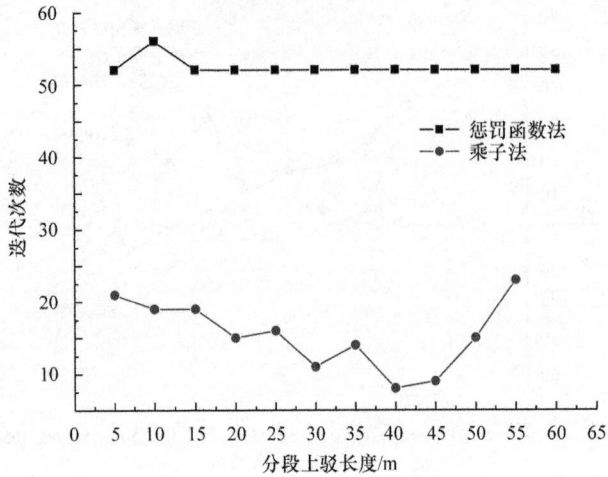

图 6.32　分段上驳各阶段计算迭代次数

6.3　下水作业配载模型的数据处理方法

下水作业配载是以现场采集数据为计算依据，给出作业配载方案。由于现场作业不允许出现差错，所以下水作业配载模型必须能准确、快速地给出配载方案。

6.3.1　下水作业配载潮位预测

下水作业配载给出的压载水调整方案是基于当前数据的一个预测方案(在此将其定义为"目标方案")，即理论上按照目标方案配载，当产品进入目标长度时，驳船滑道与码头滑道是平齐的。

由于产生目标方案的过程中需要进行数据预测，所以就会存在预测误差问题。其中，需要预测的数据有产品进入速度 V_p 和目标潮高 T_g。

一般产品进入速度 V_p 是人为控制的，不存在预测误差问题。因此，主要解决的是目标潮高 T_g 的预测误差问题。

根据前文所述，目标潮高是采用水文部门提供的潮汐表预报数据进行三次 B 样条插值获得的。实际上，现场作业的潮高和潮汐表的数据还是存在误差的，主要原因有水文监测站地理位置和下水作业位置不同，下水作业当天风浪等随机因素会使实际作业潮高和潮汐表提供的数据出现相位和高低潮的变化，甚至局部数据跳动。

根据实际数据采集分析，本节采用小范围等误差修正潮高预报法对目标潮高进行预报。

根据 6.1 节预配载仿真模型所述，两次配载方案计算间隔 Δt 一般为 5min，即下水作业配载目标潮高 T_g 是 5min 内的预测问题。相对于 24 小时潮位曲线，Δt 可认为是小变量，因此假设目标潮高 $T_g(t+\Delta t)$ 与潮汐表值 $T_b(t+\Delta t)$ 的差值近似等于当前时刻 t 的实际潮高 $T_r(t)$ 与潮汐表值 $T_b(t)$ 的差值。

图 6.33 为某日实际测量和潮汐表预测的潮位曲线图。

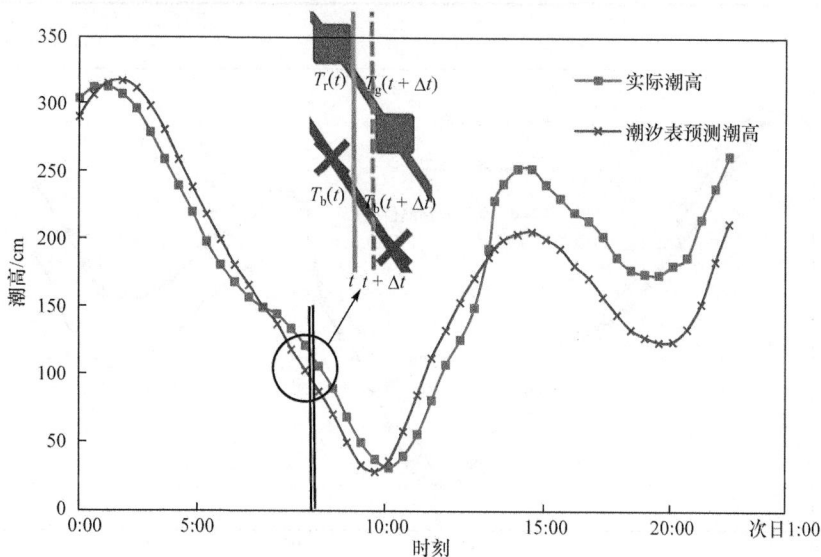

图 6.33　某日实际测量与潮汐表预测的潮位曲线图

关系的数学表达为

$$T_g(t+\Delta t) - T_b(t+\Delta t) \approx T_r(t) - T_b(t) \tag{6.82}$$

根据式(6.82)，目标潮高为

$$T_g(t+\Delta t) = T_b(t+\Delta t) + T_r(t) - T_b(t) \tag{6.83}$$

根据上述预报方法，将预测潮位曲线和实际潮位曲线作图比较，本书预测法与实际潮高的数值列表(整点)如表 6.10 所示，图 6.34 所示为 $\Delta t = 5\text{min}$ 时的结果。

表 6.10　误差表

时刻	0:00	1:00	2:00	3:00	4:00	5:00	6:00	7:00	8:00	9:00	10:00	11:00
预测潮高/m	3.05	3.17	2.98	2.60	2.19	1.82	1.57	1.43	1.23	0.88	0.53	0.34
实际潮高/m	3.06	3.15	2.97	2.60	2.20	1.82	1.58	1.45	1.23	0.88	0.51	0.31
误差	0.3%	0.6%	0.3%	0.0%	0.5%	0.0%	0.6%	1.4%	0.0%	0.0%	3.9%	9.7%

时刻	12:00	13:00	14:00	15:00	16:00	17:00	18:00	19:00	20:00	21:00	22:00	23:00
预测潮高/m	0.56	1.09	1.50	2.41	2.54	2.29	2.14	1.89	1.74	1.80	2.19	2.83
实际潮高/m	0.56	1.09	1.50	2.43	2.53	2.30	2.14	1.89	1.74	1.80	2.20	2.83
误差	0.0%	0.0%	0.0%	0.8%	0.4%	0.4%	0.0%	0.0%	0.0%	0.0%	0.5%	0.0%

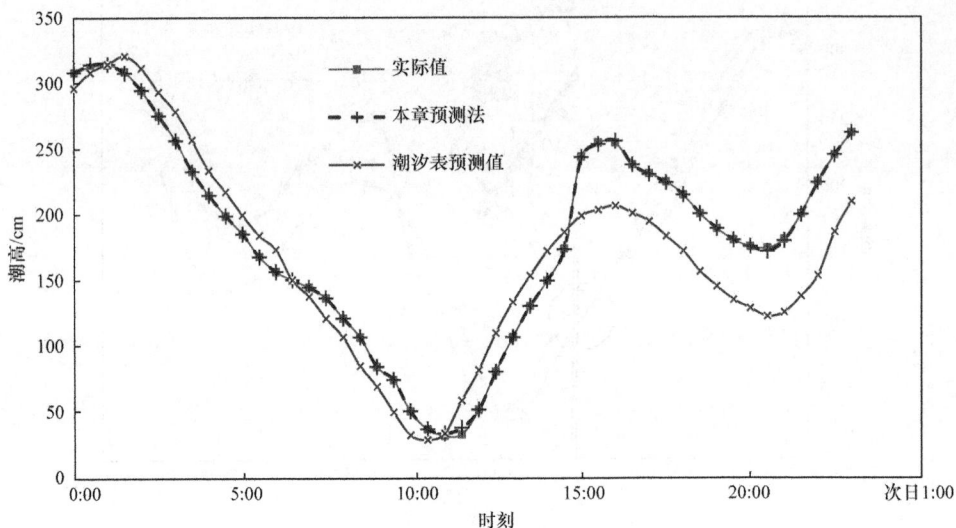

图 6.34　预测潮位曲线和实际潮位曲线比较图(Δt = 5min)

从表 6.10 可以发现，用本章的方法预测实际潮高还是相当准确的。实际上，根据本章方法的数学原理，当潮位曲线处于拐点附近时，误差才会比较大，如 7:00、10:00 和 11:00 等时刻。

图 6.34 显示了由 78 个点(18min 间隔)生成的潮位曲线。从图中可以发现，预测潮位曲线和实际潮位曲线基本重合，在曲线拐点处才存在较明显的误差。

实际上，下水作业一般选择在涨潮阶段，即图 6.34 中的 12:00～15:00，这段时间本章的预测方法是非常准确的。潮位曲线在涨潮或落潮段即使出现拐点，变化也很小，预报误差很小，只有在高潮和低潮拐点处，预报误差较大。

需要注意的是，如果预报时间 Δt 过大，那么小范围等误差修正潮高预报法的预报准确性会降低，图 6.35 是 Δt = 20min 时的预测潮位曲线和实际潮位曲线比较图。

从图 6.35 可知，当 Δt = 20min 时，在潮位曲线出现拐点的位置，预报精度较差，在 11:30 时相对误差高达 43%。

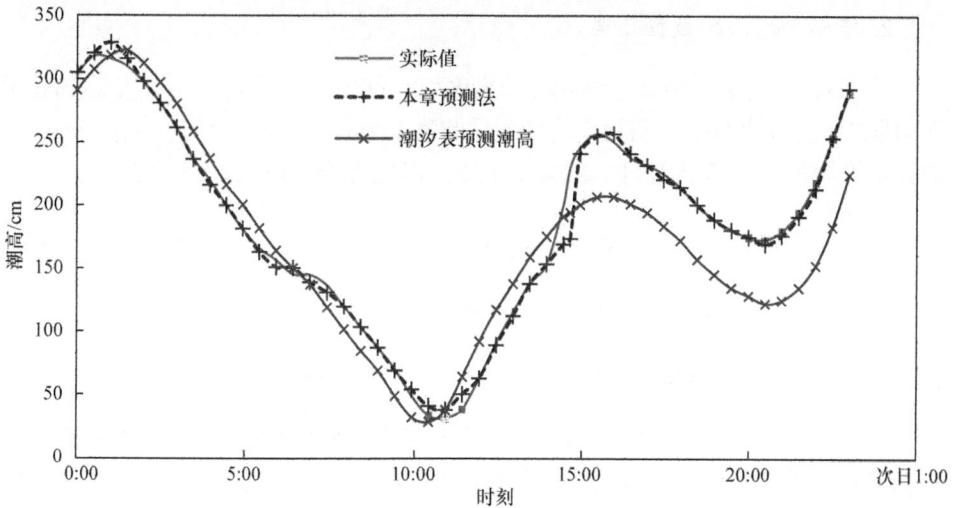

图 6.35　预测潮位曲线和实际潮位曲线比较图($\Delta t = 20\text{min}$)

但是，在下水作业配载时不会要求计算 20min 以后的配载方案，5min 左右计算一次下水作业配载方案比较符合工程要求。因此，本章提出的潮位预报方法足够满足工程需求。

6.3.2　滑动平均法

传感器动态采集的数据包含确定性和随机性两种成分，需要将其分开，通常采用函数或多项式对数据进行拟合来实现。但采集数据关系一般较复杂，难以用函数或多项式来表示确定成分。实际中只要消除动态采集数据中的随机波动，这种情况下，可采用平滑与滤波的数据处理方法，即滑动平均法，这是一种古典的数据处理方法，在实际采集数据处理中经常使用[114, 115]。

1. 滑动平均法的基本原理

传感器采集的数据 $s(t)$ 由确定性成分 $r(t)$ 和随机性成分 $e(t)$ 组成，$r(t)$ 为有效信号，$e(t)$ 为采集误差或噪声。动态采集数据离散化后：

$$s_i = r_i + e_i, \quad i = 1,2,\cdots,n \tag{6.84}$$

为了消除随机成分带来的误差影响，需要对动态采集的数据进行平滑和滤波处理，即在适当的采集时间范围内，近似认为数据 $\{s_i\}$ 是平稳的，在这个范围内对其局部作平均以减小 $\{e_i\}$ 造成的数据起伏。对整个采集空间的每一个这样的小范围逐一进行局部平均将得到较平滑的采集数据，而滤掉频繁起伏的数据误差。

2. 滑动平均法的数据处理

设 $s_1, s_2, \cdots, s_n, s_{n+1}, \cdots, s_k\,(k>n)$ 为采集序列，首先，计算 $s_1, s_2, \cdots, s_{n-1}, s_n$ 的算术平均数 S_1'，这个数即经过滑道平均处理后的第 1 个数。然后，计算 $s_2, s_3, \cdots, s_n, s_{n+1}$ 的算术平均数 S_2'，作为处理后的第 2 个数。以此类推。由式(6.85)计算：

$$S_i' = \frac{1}{n}\sum_{i=j}^{j+n-1} s_j, \quad j=1,2,\cdots \tag{6.85}$$

得到新的数据 $\{S_i'\}$ 为滑动平均处理后的数据。

6.3.3　下水作业配载数学模型

下水作业配载依赖的数据都必须是下水现场工况对应的数据。根据第 5 章所述，驳船的重量数据直接影响配载力的大小，而下水作业配载时，由于驳船上临时重量的变动，驳船重量会与理论提供的数据存在误差。这些误差会传递给配载力，最终使配载方案不准确。

本节提出一种避免驳船重量数据误差的配载力计算方法，即浮差法。

设 t 时刻驳船的力平衡方程为

$$B(t) = \sum_{i=1}^{N_{tank}} \text{tank}W(t)_i + W_s + W_p(t) \tag{6.86}$$

力矩平衡方程为

$$B(t)X_B(t) = W_p(t)X_p(t) + \sum_{i=1}^{N_{tank}} \text{tank}W(t)_i X_i(t) + W_s X_s \tag{6.87}$$

$$B(t)Y_B(t) = W_p(t)Y_p(t) + \sum_{i=1}^{N_{tank}} \text{tank}W(t)_i Y_i(t) + W_s Y_s \tag{6.88}$$

设 $t+\Delta t$ 时刻驳船的力平衡方程为

$$B(t+\Delta t) = \sum_{i=1}^{N_{tank}} (\text{tank}W(t)_i + W_i) + W_s + W_p(t+\Delta t) \tag{6.89}$$

力矩平衡方程为

$$B(t+\Delta t)X_B(t+\Delta t) = W_p(t+\Delta t)X_p(t+\Delta t) + \sum_{i=1}^{N_{tank}} (\text{tank}W(t)_i + W_i)X_i(t+\Delta t) + W_s X_s$$

$$\tag{6.90}$$

$$B(t+\Delta t)Y_B(t+\Delta t) = W_p(t+\Delta t)Y_p(t+\Delta t) + \sum_{i=1}^{N_{tank}} (\text{tank}W(t)_i + W_i)Y_i(t+\Delta t) + W_s Y_s$$

$$\tag{6.91}$$

由式(6.86)和式(6.89)，可得配载力 W_t 为

$$W_t = -\sum_{i=1}^{N_{\text{tank}}} W_i = (W_p(t+\Delta t) - W_p(t)) - (B(t+\Delta t) - B(t)) \tag{6.92}$$

根据第 5 章所述：

$$X_i(t+\Delta t) \approx X_i(t), \quad Y_i(t+\Delta t) \approx Y_i(t) \tag{6.93}$$

由式(6.90)～式(6.93)，可得配载力 W_t 的纵坐标和横坐标为

$$X_t = \frac{(W_p(t+\Delta t)X_p(t+\Delta t) - W_p(t)X_p(t)) - (B(t+\Delta t)X_B(t+\Delta t) - B(t)X_B(t))}{W_t} \tag{6.94}$$

$$Y_t = \frac{(W_p(t+\Delta t)Y_p(t+\Delta t) - W_p(t)Y_p(t)) - (B(t+\Delta t)Y_B(t+\Delta t) - B(t)Y_B(t))}{W_t} \tag{6.95}$$

从式(6.92)、式(6.94)和式(6.95)可知，采用该方法可消除驳船重量数据误差带来的影响。

知道配载力 W_t 后，便可采用第 5 章论述的方法进行配载计算。

第 7 章　不同移运方式下驳船承受产品载荷计算方法

在产品移运上驳过程中，往往要求将产品在码头岸边断面处的剪力和弯矩控制在一定的范围内，越接近零越好，以免产品结构发生破坏。若产品已上驳部分的重量载荷完全由驳船承担，且驳船支承产品的合力作用点与该部分重量载荷的重心在同一垂线上，很明显，该断面处剪力为零，弯矩也为零，即满足"双零原则"。因此，产品对驳船施加的压力载荷的实时计算也是实时配载的一个关键问题，其准确与否直接影响配载算法方案的好坏。而该载荷的计算又与产品移运上驳的方式密切相关。

常见的下水驳船移运产品上驳有两种方式：滑道移运方式和气囊移运方式。滑道移运方式指在驳船和岸边都预先布置滑道，利用绞车拖滑产品实现上驳。气囊移运方式指在驳船甲板上按一定位置预先排好气囊，岸上产品也由数排气囊支承，再依靠绞车将产品滚移到驳船上。本章介绍在两种不同移运方式下上驳产品对驳船施加的压力载荷及位置的实时计算方法。

7.1　滑道移运方式下驳船承受产品载荷计算方法

若下水产品采用滑道方式移运上驳，则需要准确计算出产品进入某长度时对驳船施加的合力及力矩。通常，上滑道长度不可能恰好等于产品总长。当上滑道长度大于产品总长或与产品总长较为接近时，可采用一些简单的处理方式进行计算，计算方便且迅速，精度一般也满足工程要求；而当上滑道长度较短时，产品相对滑道就会存在悬臂端，此时采用产品已上驳部分载荷积分得到的压力和压力矩与实际情况将存在一定差距，因而对调水方案计算结果的合理性产生影响。为了较为准确地得到上滑道对产品的支持力分布曲线，本节分别采用有限元法和船体梁的弯曲理论对该情形进行分析。

7.1.1　通常处理方法

如图 7.1 所示，滑道移运方式下驳船承受产品载荷的计算通常可采用较为简单的方法(后述均简称"分段积分法")，如式(7.1)所示，依据产品已经上驳部分的重量载荷曲线进行积分，得到该部分的重量和重心，再经适当坐标变换即可认为是驳船承受的产品载荷。但该方法仅适用于支承上驳产品的滑道覆盖整个产品上驳长度方向范围时，即可近似认为产品在上驳长度方向不存在悬臂状态。

$$\begin{cases} W_s = \int_0^{L_{in}} q(x)\mathrm{d}x \\ X_s = \int_0^{L_{in}} xq(x)\mathrm{d}x \end{cases} \tag{7.1}$$

式中，W_s 和 X_s 分别表示以驳船近岸端为坐标原点、上驳方向为 x 轴正方向时，产品已上驳部分对驳船施加的载荷及载荷横心坐标。

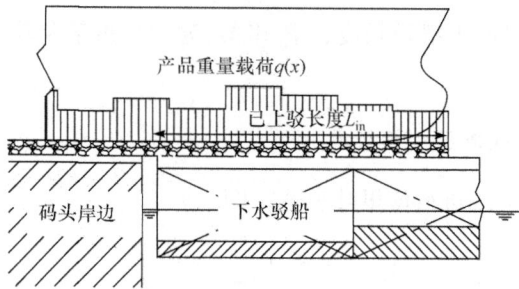

图 7.1　滑道移运方式移运产品上驳示意图

7.1.2　基于弹性基础梁理论的处理方法

对于产品在上驳长度方向存在悬臂状态的情形，本节参考船舶进坞时坞墩反力的计算方法[116-118]，将支承产品的滑道当成弹性基础，通过建立挠曲线方程，结合力学模型的边界条件和适当假设，得到滑道的支承反力分布规律。

由上滑道支承的下水产品可看成一根置于变刚度弹性基础上的变剖面梁。作用在梁上的载荷是由分布载荷和端部集中力组成的，此集中力是由于梁的艏艉两端伸出上滑道外而产生的剪力和弯矩。

依照梁的弯曲理论[119]，认为该情形满足"平断面假定"，则该梁的弯曲微分方程为

$$E\frac{\partial^2}{\partial x^2}\left(I_x\frac{\partial^2 y}{\partial x^2}\right) = q_x - k_x y \tag{7.2}$$

式中，q_x 为位于滑道长度范围内的部分产品的重量分布载荷；E 为弹性模量；I_x 为沿长度变化的产品剖面惯性矩；k_x 为沿长度变化的滑道刚性系数；y 为沿长度变化的产品挠度。

该梁的边界条件为

$$\begin{cases} S_x = S_1 \\ M_x = m_1 \end{cases}, \quad x = 0$$

$$\begin{cases} S_x = S_2 \\ M_x = m_2 \end{cases}, \quad x = l \tag{7.3}$$

此外，该梁还应满足力的平衡原理，即

$$\begin{cases} \displaystyle\int_0^l k_x y \mathrm{d}x = \int_0^l q_x \mathrm{d}x + S_1 + S_2 = P_0 \\ \displaystyle\int_0^l k_x yx \mathrm{d}x = \int_0^l q_x x \mathrm{d}x + S_2 l + m_2 - m_1 = M_0 \end{cases} \tag{7.4}$$

式中，l 为支持产品的上滑道长度；P_0 和 M_0 为产品重量及其对图示坐标原点的力矩。

1. 产品弯曲曲线傅里叶级数表达[120]

对产品的弯曲曲线进行傅里叶表达，即

$$y = \alpha + \beta x + \sum_{i=1}^n A_i \sin \frac{i\pi x}{l} \tag{7.5}$$

式中，等号右边前两项用来确定产品梁弯曲曲线相对滑道弹性基础的位置；第三项用来确定曲线的形状。

结合式(7.3)～式(7.5)可采用逐步近似法或近似数值积分法进行求解，但实际计算起来不方便。因此，通常采用能量法来确定弹性基础的支持力分布规律。为了达到实际要求的精度，需要在级数中采用适当多的展开项，通常可选取 4～6 项。

为便于整理及表达，引入下述符号：

$$f_1 = \int_0^l k_x \mathrm{d}x, \quad f_2 = \int_0^l x k_x \mathrm{d}x, \quad f_3 = \int_0^l x^2 k_x \mathrm{d}x$$

$$f_{4n} = \int_0^l k_x \sin \frac{n\pi x}{l} \mathrm{d}x, \quad n = 1, 2, \cdots$$

$$f_{5n} = \int_0^l x k_x \sin \frac{n\pi x}{l} \mathrm{d}x, \quad n = 1, 2, \cdots$$

$$f_{6n} = \int_0^l q_x \sin \frac{n\pi x}{l} \mathrm{d}x + \frac{n\pi}{l} \left[m_2 (-1)^n - m_1 \right], \quad n = 1, 2, \cdots$$

$$f_{7n} = E \left(\frac{\pi n}{l} \right)^4 \int_0^l I_x \sin^2 \frac{n\pi x}{l} \mathrm{d}x + \int_0^l k_x \sin^2 \frac{n\pi x}{l} \mathrm{d}x, \quad n = 1, 2, \cdots$$

将上述部分符号代入式(7.4)和式(7.5)，整理可得相对于 α 和 β 的下述方程组：

$$\begin{cases} f_1\alpha + f_2\beta + \sum_{i=1}^{n} A_i f_{4i} = P_0 \\ f_2\alpha + f_3\beta + \sum_{i=1}^{n} A_i f_{5i} = M_0 \end{cases} \qquad (7.6)$$

系数 A_i 可通过能量法原理，从下述方程组中求出：

$$\frac{\partial (V_1 + V_2 - U)}{\partial A_i} = 0 \qquad (7.7)$$

式中，V_1 表示产品的弯曲位能：

$$V_1 = \frac{1}{2} E \int_0^l I_x (y'')^2 \, \mathrm{d}x \qquad (7.8)$$

V_2 表示弹性基础的压缩位能：

$$V_2 = \frac{1}{2} \int_0^l k_x y^2 \mathrm{d}x \qquad (7.9)$$

U 表示外力做的功：

$$U = \int_0^l y q_x \mathrm{d}x + S_1 y_0 + S_2 y_l - m_1 y_0' + m_2 y_l' \qquad (7.10)$$

若数值 I_x 和 k_x 沿产品长度变化较小，则在满足计算要求精度的情况下，可设

$$\begin{cases} \int_0^l I_x \sin \dfrac{n\pi x}{l} \sin \dfrac{m\pi x}{l} \mathrm{d}x = 0 \\ \int_0^l k_x \sin \dfrac{n\pi x}{l} \sin \dfrac{m\pi x}{l} \mathrm{d}x = 0 \end{cases}, \quad n \neq m \qquad (7.11)$$

按式(7.7)可确定系数 A_i：

$$A_i = \frac{1}{f_{7i}} (f_{6i} - f_{4i}\alpha - f_{5i}\beta), \quad i = 1, 2, \cdots, n \qquad (7.12)$$

将式(7.12)代入式(7.6)，整理可得

$$\begin{cases} \left(f_{1i} - \sum_{i=1}^{n} \dfrac{f_{4i}^2}{f_{7i}} \right)\alpha + \left(f_{2i} - \sum_{i=1}^{n} \dfrac{f_{4i}f_{5i}}{f_{7i}} \right)\beta = P_0 - \sum_{i=1}^{n} \dfrac{f_{4i}f_{6i}}{f_{7i}} \\ \left(f_{2i} - \sum_{i=1}^{n} \dfrac{f_{4i}f_{5i}}{f_{7i}} \right)\alpha + \left(f_{3i} - \sum_{i=1}^{n} \dfrac{f_{5i}^2}{f_{7i}} \right)\beta = M_0 - \sum_{i=1}^{n} \dfrac{f_{5i}f_{6i}}{f_{7i}} \end{cases} \qquad (7.13)$$

求解此方程组，确定系数 α 和 β 的数值，代入式(7.12)可求出系数 A_i。

综上，上驳产品的挠曲线方程得以确定，若乘以滑道的刚性系数 k_x，即可较为准确地确定整个滑道对上驳产品的支持力载荷曲线。

2. 用坎托罗维奇函数表达集中力引起的产品弯曲曲线[120]

当滑道两端产品具有较长的外伸部分时，若采用式(7.5)来确定产品的弯曲曲线，则此表达式内的级数项需包含足够多的项才能满足计算精度。在此情况下，可考虑分别分析由作用于滑道端部的集中力 S_1、S_2、m_1 和 m_2 以及载荷 q_x 引起的产品弯曲，并利用叠加法确定弹性基础(滑道)的支持力分布规律。对于载荷 q_x 引起的产品弯曲，可利用式(7.5)及前述求解方法确定，但其中的集中力 S_1、S_2、m_1 和 m_2 的数值等于零。对于由集中力 S_1、S_2、m_1 和 m_2 引起的产品弯曲曲线，可采用坎托罗维奇函数进行分别表达及求解。

由梁左端集中力 S_1 引起的弯曲曲线为

$$y_1 = w_1 + A_1 e^{-\alpha_1 x} \cos(\alpha_1 x) \tag{7.14}$$

由梁左端集中力矩 m_1 引起的弯曲曲线为

$$y_2 = w_2 + B_1 e^{-\alpha_1 x} [\cos(\alpha_1 x) - \sin(\alpha_1 x)] \tag{7.15}$$

由梁右端集中力 S_2 引起的弯曲曲线为

$$y_3 = w_3 + A_2 e^{-\alpha_2 x} \cos(\alpha_2 x) \tag{7.16}$$

由梁右端集中力 m_2 引起的弯曲曲线为

$$y_4 = w_4 + B_2 e^{-\alpha_2 x} [\cos(\alpha_2 x) - \sin(\alpha_2 x)] \tag{7.17}$$

式(7.14)～式(7.17)中，$w_i(i=1, 2, 3, 4)$、A_1、A_2、B_1 和 B_2 是未知参数，可用静平衡条件确定，详见后述分析；$\alpha_j (j = 1, 2)$ 是产品和滑道刚度的系数：

$$\alpha_i = \sqrt[4]{\frac{k_x}{4EI_x}} \tag{7.18}$$

通常情况下，此系数是变值，因为产品一般不是等直梁，而滑道的刚性系数也可能沿长度方向有所变化。但实践证明，将 α_j 作为常数是可以满足工程需要的，考虑到梁的左右部分是不同的，可对左端和右端进行算术平均，并迭代确定。

引入下述符号：

$$C_1 = \int_0^l k_x e^{-\alpha_1 x} \cos(\alpha_1 x) dx, \quad D_1 = \int_0^l k_x x e^{-\alpha_1 x} \cos(\alpha_1 x) dx$$

$$C_2 = \int_0^l k_x e^{-\alpha_1 x} [\cos(\alpha_1 x) - \sin(\alpha_1 x)] dx$$

$$D_2 = \int_0^l k_x x e^{-\alpha_1 x} [\cos(\alpha_1 x) - \sin(\alpha_1 x)] dx$$

$$C_3 = \int_0^l k_x e^{-\alpha_2 (l-x)} \cos[\alpha_2 (l-x)] dx, \quad D_3 = \int_0^l k_x x e^{-\alpha_2 (l-x)} \cos[\alpha_2 (l-x)] dx$$

$$C_4 = \int_0^l k_x e^{-\alpha_2 (l-x)} \{\cos[\alpha_2 (l-x)] - \sin[\alpha_2 (l-x)]\} dx$$

$$D_4 = \int_0^l k_x x e^{-\alpha_2(l-x)} \left\{ \cos[\alpha_2(l-x)] - \sin[\alpha_2(l-x)] \right\} dx$$

当梁的一端受力 S_1 作用时，其静力平衡条件可写成下述形式：

$$\begin{cases} \int_0^l k_x \left[w_1 + A_1 e^{-\alpha_1 x} \cos(\alpha_1 x) \right] dx = S_1 \\ \int_0^l k_x x \left[w_1 + A_1 e^{-\alpha_1 x} \cos(\alpha_1 x) \right] dx = 0 \end{cases} \tag{7.19}$$

由此可得

$$A_1 = \frac{S_1 f_2}{G_1} \tag{7.20}$$

$$w_1 = -\frac{A_1 D_1}{f_2} \tag{7.21}$$

式中，$G_1 = f_2 C_1 - f_1 D_1$，$f_1 = \int_0^l k_x dx$，$f_2 = \int_0^l k_x x dx$。

同理，可得到 S_2、m_1 和 m_2 作用的情况如下。

对于力矩 m_1，有

$$B_1 = \frac{m_1 f_1}{G_2} \tag{7.22}$$

$$w_2 = -\frac{B_1 C_2}{f_1} \tag{7.23}$$

式中，$G_2 = f_2 C_2 - f_1 D_2$。

对于力 S_2，有

$$A_2 = \frac{S_2 f_2}{G_3} \tag{7.24}$$

$$w_3 = -\frac{A_2 D_3}{f_2} \tag{7.25}$$

式中，$G_3 = f_2 C_3 - f_1 D_3$。

对于力矩 m_2，有

$$B_2 = -\frac{m_2 f_1}{G_4} \tag{7.26}$$

$$w_4 = -\frac{B_2 C_4}{f_1} \tag{7.27}$$

综上，可得在集中力 S_1、S_2、m_1 和 m_2 作用下的产品弯曲曲线方程：

$$\begin{aligned} y = {} & w_1 + A_1 e^{-\alpha_1 x} \cos(\alpha_1 x) + w_2 + B_1 e^{-\alpha_1 x} \left[\cos(\alpha_1 x) - \sin(\alpha_1 x) \right] \\ & + w_3 + A_2 e^{-\alpha_2 x} \cos(\alpha_2 x) + w_4 + B_2 e^{-\alpha_2 x} \left[\cos(\alpha_2 x) - \sin(\alpha_2 x) \right] \end{aligned} \tag{7.28}$$

7.1.3　基于弹性支座的有限元法

通常可将上驳产品看成一空心薄壁梁，将上滑道看成一系列足够密的弹簧单元，弹性系数由滑道的刚性系数来确定[121,122]。为了便于建模和求解，假定该梁为等直梁，滑道刚性系数沿长度方向也不变化。结合 ANSYS 有限元分析软件，梁单元类型采用 BEAM188，单元大小为 0.1m；弹簧单元用 COMBIN14 单元模拟。产品悬伸重量和重力矩分别转化为集中力施加于滑道端面处，如图 7.2 所示。

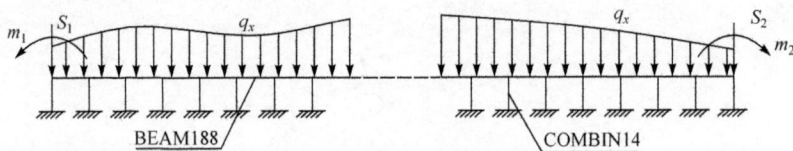

图 7.2　有限元模型示意图

7.1.4　实例分析

如图 7.3 所示，某船舶产品通过滑道支持，上驳产品剖面惯性矩 I 和滑道刚性系数 k 均为固定值。船舶产品的重量载荷曲线如图 7.4 所示。

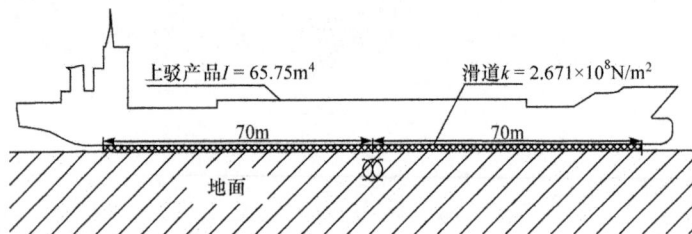

图 7.3　滑道支持某船舶产品示意图

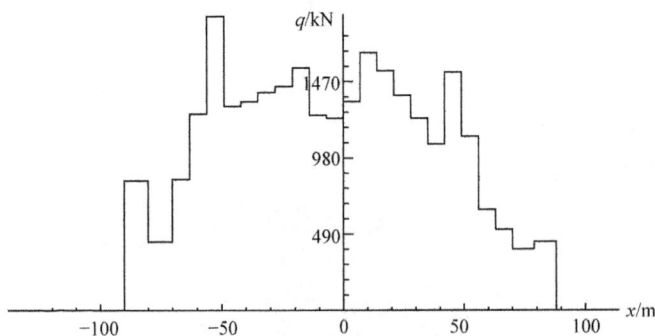

图 7.4　某船舶产品重量载荷曲线

本实例分析计算了仅考虑悬伸部分、无悬伸部分和整体三种情形下的滑道支持力分布规律。

对于仅考虑悬伸部分的载荷,相当于在滑道前后两端分别施加集中力和力矩,其大小可依据产品重量载荷曲线积分得到:

$$S_1 = 1.274 \times 10^4 \, \text{kN}, \quad m_1 = 1.47 \times 10^5 \, \text{kN} \cdot \text{m}$$

$$S_2 = 7.448 \times 10^3 \, \text{kN}, \quad m_2 = 6.86 \times 10^4 \, \text{kN} \cdot \text{m}$$

下面分别采用有限元法、坎托罗维奇法和傅里叶级数进行分析计算,结果如图 7.5 所示。

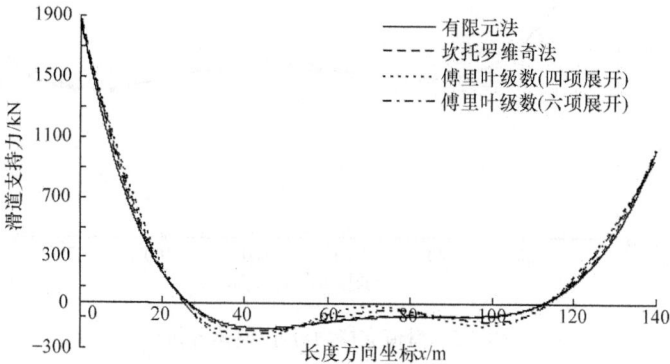

图 7.5　滑道支持力分布(仅考虑悬伸部分)

对于仅考虑无悬伸部分的载荷,分别采用有限元法和傅里叶级数(六项展开)进行计算,结果如图 7.6 所示。

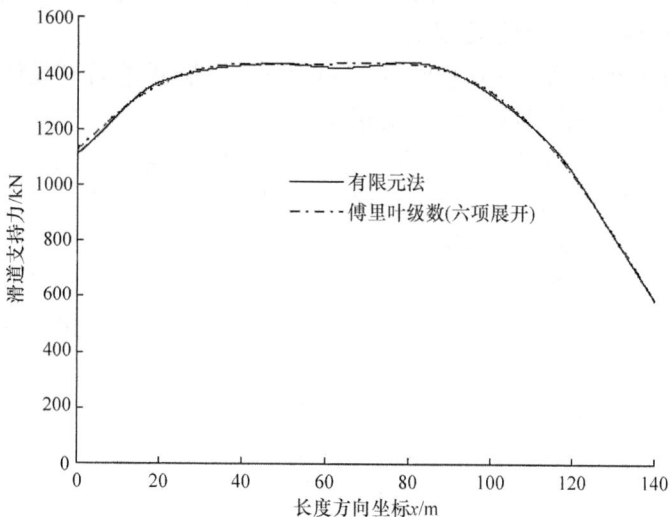

图 7.6　滑道支持力分布(不考虑悬伸部分)

　　对于整体分析，采用有限元法、傅里叶级数和坎托罗维奇结合傅里叶级数三种方法进行计算，结果如图 7.7 所示。

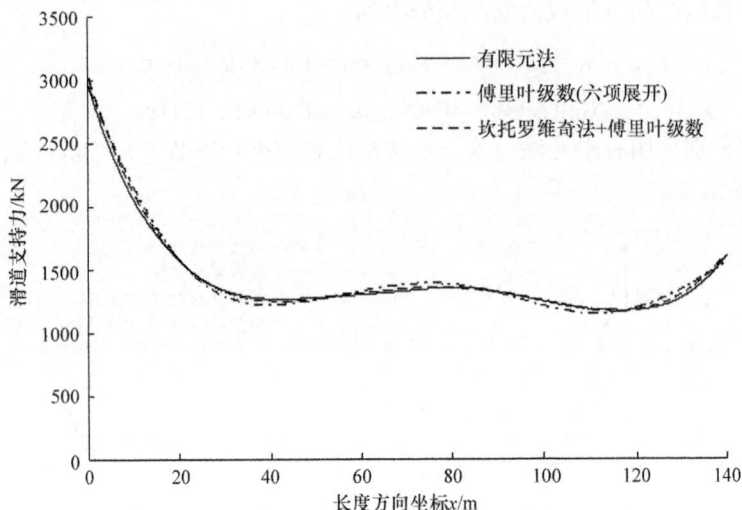

图 7.7　滑道支持力分布(整体分析)

　　从图 7.5～图 7.7 可以看出：

　　(1) 有限元法、傅里叶级数和坎托罗维奇法都可以较好地计算滑道(弹性基础)支持上驳产品时的反力分布规律。

　　(2) 傅里叶级数法计算结果的精度与所采用的级数项多少直接相关，一般认为展开六项即可符合工程精度要求。

　　(3) 坎托罗维奇法相比傅里叶级数法(六项以下展开)在计算悬伸部分载荷引起的滑道反力分布规律时具有更好的精度。

　　针对该实例，还计算了滑道在不同上驳长度下已上驳部分对驳船的压力变化曲线，并与分段积分法所得结果进行比较，结果如图 7.8 和图 7.9 所示。

　　从图 7.8 和图 7.9 可以看出：

　　(1) 有限元法等通过计算滑道反力规律确定的已上驳部分滑道对驳船的压力与直接采用产品重量载荷曲线积分得到的已上驳滑道压力变化曲线趋势基本相同，仅在滑道端部附近存在明显区别。

　　(2) 两种不同计算已上驳部分滑道压力的方法间差值较大，达到数百吨。很明显，通过计算滑道反力规律的方法更符合实际情况，在进行驳船配载计算时，采用本章所述方法能较为准确地计算出已上驳滑道压力。

　　通过对滑道移运方式下驳船承受产品载荷计算方法的讨论和实例分析，可以得到如下结论。

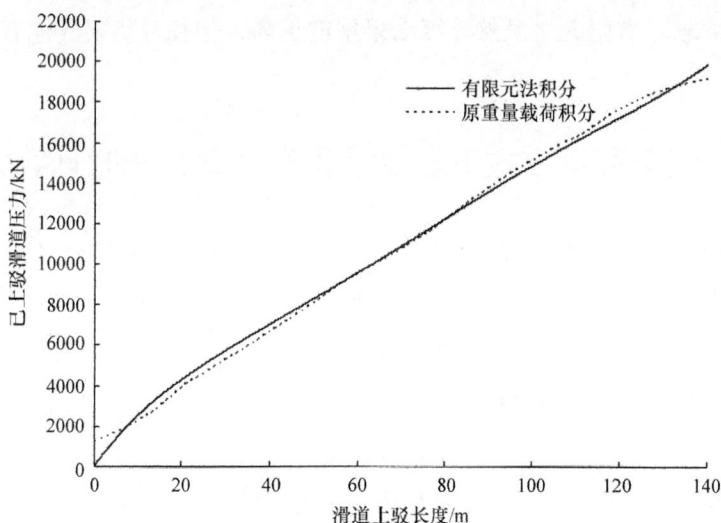

图 7.8　已上驳滑道压力变化曲线对比

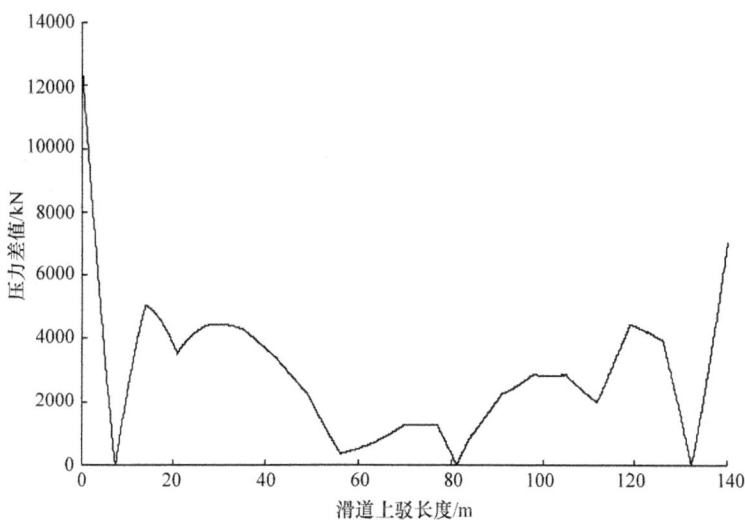

图 7.9　两种方法(图 7.8 中)间压力差值曲线

(1) 当支承产品的上滑道长度大于产品总长或与之较为接近时,可采用"分段积分法"进行近似计算,易于编程且计算快速,精度一般也能满足工程要求,符合驳船配载实时性的要求。

(2) 当产品相对于上滑道存在较大的悬臂状态时,"分段积分法"误差较大,不满足工程要求,此时可采用"傅里叶展开+坎托罗维奇"的方法进行计算,虽然公式复杂,但易于编程,计算速度快,结果与实际符合较好,能满足驳船配载

的实时性要求；有限元法虽然计算结果精度更高，但往往需要其他有限元软件
的参与。

7.2　气囊移运方式下驳船承受产品载荷实时计算方法

当采用气囊方式移运产品上驳时，驳船所承受的已上驳部分产品实时载荷是
由在驳船上支承产品的气囊实时压力及压力位置决定的。本节主要针对气囊压力
及气囊位置的实时计算方法进行介绍。

7.2.1　气囊承受压力实时计算

气囊的承受压力计算是一个关键又较难处理的问题。因为气囊只能承受压力，
不能提供拉力，所以不可以将其简化为铰支支座再用相关有限元软件或三弯矩、
五弯矩方程[119]求解，否则会产生负的支持力，这显然与实际不符。

气囊工作压力与工作高度的关系如图 7.10 所示。从中可以看出，单根气囊承
载力与气囊工作高度有关，且基本呈线性关系。

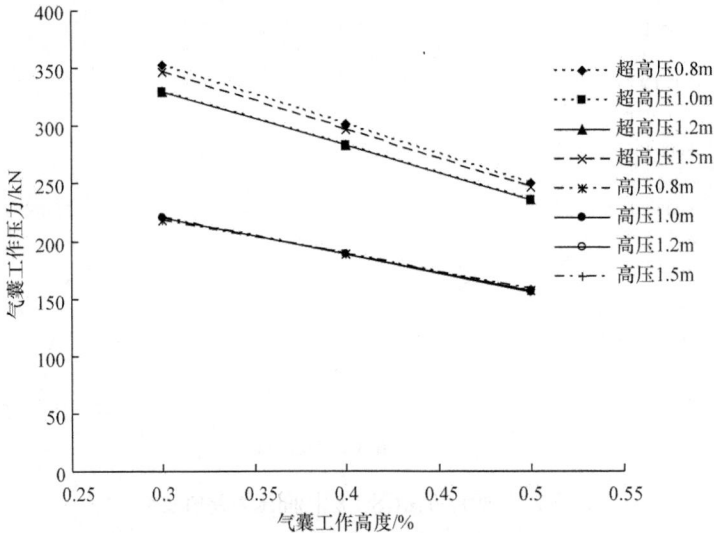

图 7.10　气囊工作压力与工作高度的关系

针对气囊压力的特点，结合气囊工作的实际情况及表 7.1 中的气囊技术参
数[54]，在求解气囊压力时做了一定假设，进行近似处理：①假设与气囊相接触的
产品下表面及驳船甲板表面整体变形与气囊自身变形相比可以忽略不计，即认为
两表面仍保持为平面；②假设气囊提供的支持力与其工作高度呈线性关系[123]。

表 7.1　气囊技术参数

类别	气囊直径/m	气囊工作(允许)压强/MPa	气囊实验(允许)压强/MPa	每米气囊体承载力/(kN/m)		
				工作高度为直径的50%	工作高度为直径的40%	工作高度为直径的30%
超高压气囊	0.8	0.40	0.52	251	302	352
	1.0	0.30	0.39	236	283	330
	1.2	0.25	0.33	236	283	330
	1.5	0.21	0.27	247	297	346
高压气囊	0.8	0.25	0.30	157	188	218
	1.0	0.20	0.24	157	188	220
	1.2	0.17	0.20	156	188	220
	1.5	0.13	0.16	158	189	220

　　图 7.11 为气囊压力求解示意图。气囊排数为 n，所产生支持力为 $F_1, F_2, \cdots, F_n$，其位置坐标分别记为 $x_1, x_2, \cdots, x_n$。依据上驳产品的载荷分布曲线可求得产品总重量，记为 W_{p0}，重心坐标为 X_{p0}。依据假设可知各气囊的支持力间存在如下关系：

$$F_i = \frac{F_n - F_1}{x_n - x_1}(x_i - x_1) + F_1 \tag{7.29}$$

　　依据力和力矩平衡原理可建立如下方程组：

$$\begin{cases} \sum_{i=1}^{n} F_i = W_{p0} \\ \sum_{i=1}^{n} F_i x_i = W_{p0} X_{p0} \end{cases} \tag{7.30}$$

　　结合式(7.29)和式(7.30)即可解得各气囊的支持力。

　　容易看出，上述方法避免了与实际不符的负支持力现象。

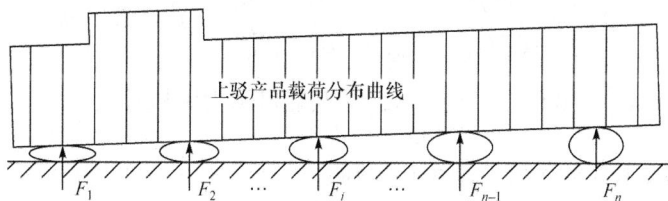

图 7.11　气囊压力求解示意图

7.2.2　支承产品气囊位置实时确定

　　支承产品气囊位置的实时确定与产品下支承气囊初始位置、产品已上驳长度以及驳船上接应气囊初始位置有密切联系。

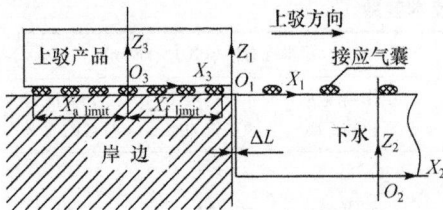

图 7.12　气囊方式移运产品上驳示意图

气囊方式移运产品上驳示意如图 7.12 所示，坐标系 $X_1O_1Z_1$、$X_2O_2Z_2$ 和 $X_3O_3Z_3$ 分别代表岸边坐标系、驳船坐标系和产品坐标系，而第 i 根气囊在各坐标系下的 X 坐标分别用上标 1、2、3 表示，即 $X_i^{(1)}$、$X_i^{(2)}$、$X_i^{(3)}$。ΔL 表示驳船靠岸端与岸边间的固定间隔。

假设产品下支承气囊初始位置(岸边坐标系)为 $X_{p0_1}^{(1)}, X_{p0_2}^{(1)}, \cdots, X_{p0_n}^{(1)}$；驳船上接应气囊初始位置(驳船坐标系)为 $X_{b0_1}^{(2)}, X_{b0_2}^{(2)}, \cdots, X_{b0_m}^{(2)}$；产品下气囊前后端允许放置位置距产品坐标系原点距离分别为 X_{f_limit} 和 X_{a_limit}，即产品下气囊允许分布区域；产品上驳长度为 L_{in}，表示产品前端 X_{f_limit} 处距岸边坐标系原点的距离。

如上所述，产品下气囊的实时位置主要由两部分确定：初始位置产品下气囊实时坐标和驳船接应气囊实时坐标。

1. 初始位置产品下气囊及驳船上接应气囊实时坐标

由运动学原理[124]可知，上驳产品移动速度是其下气囊速度的 2 倍，因此产品移动距离是气囊平移距离的 2 倍。

对于某时刻，产品进入长度为 L_{in} 时，初始位置产品下气囊坐标(岸边坐标系下)计算较为简单：

$$X_{p_i}^{(1)} = X_{p0_i}^{(1)} + 0.5L_{in}, \quad i = 1, 2, \cdots, n \tag{7.31}$$

驳船上接应气囊实时坐标计算则需考虑该气囊是否已进入产品下支承产品，从而判断该气囊的运动时间，计算中还需进行适当的坐标转换：

$$X_{b_j}^{(1)} = \begin{cases} X_{b0_j}^{(1)}, & L_{in} < X_{b0_j}^{(1)} \\ 0.5(L_{in} + X_{b0_j}^{(1)}), & L_{in} \geqslant X_{b0_j}^{(1)} \end{cases}, \quad j = 1, 2, \cdots, m \tag{7.32}$$

式中，$X_{b0_j}^{(1)} = X_{b0_j}^{(2)} + 0.5L_{bp} + \Delta L$，$L_{bp}$ 为驳船可承力甲板总长。

2. 实时支承产品气囊的根数及坐标

依上所述，实时支承产品下气囊的根数及坐标可由以下列方式进行判断和计算。

1) 对于初始位置产品下气囊的判断

若 $X_{p_i}^{(1)} < L_{in} - X_{a\_limit} - X_{f\_limit}$，则说明该气囊已从产品舯部滚出，不能再支承

上驳产品；若 $X_{\mathrm{p}_i}^{(1)} \geqslant L_{\mathrm{in}} - X_{\mathrm{a\_limit}} - X_{\mathrm{f\_limit}}$，则说明该气囊仍位于产品下支承产品。

2) 对于驳船上接应气囊的判断

若 $X_{\mathrm{b}_j}^{(1)} < L_{\mathrm{in}} - X_{\mathrm{a\_limit}} - X_{\mathrm{f\_limit}}$，则说明该接应气囊已从产品艉部滚出，不再支承上驳产品；若 $L_{\mathrm{in}} - X_{\mathrm{a\_limit}} - X_{\mathrm{f\_limit}} \leqslant X_{\mathrm{b}_j}^{(1)} \leqslant L_{\mathrm{in}}$，则说明该接应气囊已进入产品下并仍支承产品；若 $X_{\mathrm{b}_j}^{(1)} > L_{\mathrm{in}}$，则说明该接应气囊尚未进入产品下支承产品。

通过上述方法可实时判断出两类气囊中位于产品下的气囊根数 N 及对应坐标 $X_{\mathrm{p}1_k}^{(1)}$ (岸边坐标系)。再经过坐标转换，可转换至产品坐标系下，为气囊压力计算提供数据，转换公式如下：

$$X_{\mathrm{p}1_k}^{(3)} = X_{\mathrm{p}1_k}^{(1)} + X_{\mathrm{f\_limit}} - L_{\mathrm{in}}, \quad k = 1, 2, \cdots, N \tag{7.33}$$

7.2.3 驳船承受已上驳部分产品载荷的计算

在得到产品下气囊的实时根数和坐标后，利用前述气囊压力计算方法可以得到各气囊相应压力 $F_1, F_2, \cdots, F_N$ 和气囊相对于驳船的位置坐标 $x_1, x_2, \cdots, x_N$。

要求解驳船承受载荷，仅需判断这些气囊中哪几根位于驳船上。判断气囊是否位于驳船上的方法较为简单：将实时产品下气囊坐标 $X_{\mathrm{p}1_k}^{(3)}$ 转换到驳船坐标系：$X_{\mathrm{p}1_k}^{(2)} = X_{\mathrm{p}1_k}^{(3)} - (X_{\mathrm{f\_limit}} + 0.5L_{\mathrm{bp}} + \Delta L - L_{\mathrm{in}})$。若 $X_{\mathrm{p}1_k}^{(2)} < -0.5L_{\mathrm{bp}}$，则说明该气囊未上到驳船上；若 $-0.5L_{\mathrm{bp}} \leqslant X_{\mathrm{p}1_k}^{(2)} \leqslant 0.5L_{\mathrm{bp}}$，则说明该气囊位于驳船上并对驳船产生压力；若 $X_{\mathrm{p}1_k}^{(2)} > 0.5L_{\mathrm{bp}}$，则说明该气囊已经滚出了驳船范围，不能对驳船产生压力。

通过对位于驳船上对驳船产生压力的这几根气囊进行压力求和可得到驳船承受的气囊合力 W_{p}，对这些气囊的支持力与位置坐标(驳船坐标系)乘积求和可得到驳船承受的气囊力矩 M_{p}。

7.2.4 实例分析

在此以一重量载荷均布的长方体船舶产品为例，计算气囊方式上驳过程中驳船承受的气囊压力。

已知数据如下。

上驳产品信息：重量均布载荷 $q = 60\mathrm{t/m}$，产品总长 $L_{\mathrm{s}} = 80\mathrm{m}$，总重为 4800t，重心 $X_{\mathrm{g}} = 0.0\mathrm{m}$，$X_{\mathrm{f\_limit}} = 39.0\mathrm{m}$，$X_{\mathrm{a\_limit}} = 39.0\mathrm{m}$。

驳船信息：$L_{\mathrm{bp}} = 63.0\mathrm{m}$，$\Delta L = 0.2\mathrm{m}$。

气囊初始布置信息：与图 7.12 类似，产品下共有 13 对支承气囊，驳船上有 4

对接应气囊，每对气囊的 X 坐标始终一致，具体数据如表 7.2 所示。

表 7.2　气囊数据信息(L_{in}= 0m，初始位置)

气囊编号	坐标/m			气囊压力/tf	气囊压力矩(产品坐标系)/(tf·m)
	岸边坐标系	驳船坐标系	产品坐标系		
1	−78.0	−109.7	−39.0	369.23	−14399.97
2	−71.5	−103.2	−32.5	369.23	−11999.98
3	−65.0	−96.7	−26.0	369.23	−9599.98
4	−58.5	−90.2	−19.5	369.23	−7199.99
5	−52.0	−83.7	−13.0	369.23	−4799.99
6	−45.5	−77.2	−6.5	369.23	−2400.00
7	−39.0	−70.7	0.0	369.23	0.00
8	−32.5	−64.2	6.5	369.23	2400.00
9	−26.0	−57.7	13.0	369.23	4799.99
10	−19.5	−51.2	19.5	369.23	7199.99
11	−13.0	−44.7	26.0	369.23	9599.98
12	−6.5	−38.2	32.5	369.23	11999.98
13	0	−31.7	39.0	369.23	14399.97
14	13.0	−18.7	58.0	0.00	0.00
15	26.0	−5.7	65.0	0.00	0.00
16	39.0	7.3	78.0	0.00	0.00
17	52.0	20.3	91.0	0.00	0.00
	求和			4800.0	0.00

从表 7.2 和表 7.3 的对比可以看出，初始位置产品由 1～13 号气囊支承，各气囊压力相等；当进入长度为 20m 时，产品由 3～14 号气囊支承，各气囊压力略有不同，第 14 号接应气囊已经进入产品下，12、13 和 14 号气囊都已位于驳船上；气囊压力及压力矩之和与上驳产品重量信息基本相符，这说明了气囊压力算法的正确性。

表 7.3　气囊数据信息(L_{in} = 20m)

气囊编号	坐标/m			气囊压力/tf	气囊压力矩(产品坐标系)/(tf·m)
	岸边坐标系	驳船坐标系	产品坐标系		
1	−68.00	−99.70	−49.00	0.00	0.00
2	−61.50	−93.20	−42.50	0.00	0.00
3	−55.00	−86.70	−36.00	392.90	−14144.40
4	−48.50	−80.20	−29.50	394.19	−11628.61

气囊编号	坐标/m			气囊压力/tf	气囊压力矩(产品坐标系)/(tf·m)
	岸边坐标系	驳船坐标系	产品坐标系		
5	−42.00	−73.70	−23.00	395.48	−9096.04
6	−35.50	−67.20	−16.50	396.77	−6546.71
7	−29.00	−60.70	−10.00	398.06	−3980.60
8	−22.50	−54.20	−3.50	399.35	−1397.73
9	−16.00	−47.70	3.00	400.65	1201.95
10	−9.50	−41.20	9.50	401.94	3818.43
11	−3.00	−34.70	16.00	403.23	6451.68
12	3.50	−28.20	22.50	404.52	9101.70
13	10.00	−21.70	29.00	405.81	11768.49
14	16.50	−15.20	35.50	407.10	14452.05
15	26.00	−5.70	45.00	0.00	0.00
16	39.00	7.30	58.00	0.00	0.00
17	52.00	20.30	71.00	0.00	0.00
求和				4800.0	0.23

以第 13 号气囊为例，计算得到该对气囊随着产品上驳长度的压力变化曲线，如图 7.13 所示。从图中可以看出气囊压力改变具有一定的突发性和周期性，压力

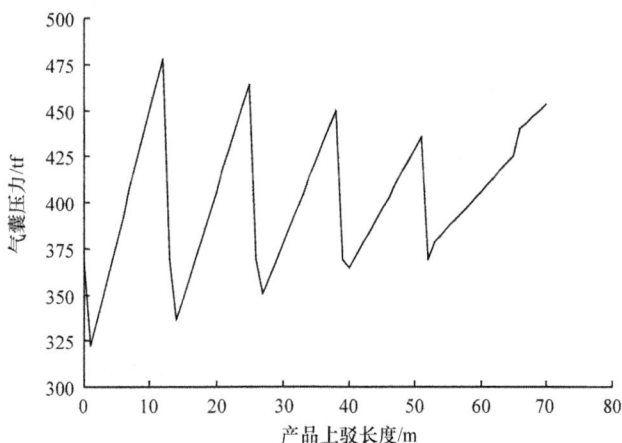

图 7.13　第 13 号气囊压力变化曲线

平均大小约为 400tf, 最大浮动值为±75tf, 约为均值的 18.75%, 很明显这种突发性和周期性是由产品下支承气囊排数的周期性变化造成的。

图 7.14~图 7.17 表达的是在两种上驳方式下驳船承受的气囊压力及压力矩差异。从图中可以看出, 气囊移运方式下驳船承受的压力及压力矩始终围绕滑道移运方式下的数值上下波动, 二者间的差值变化具有一定的突发性和周期性, 压力差值范围为–300~300tf, 压力矩差值范围为–8000~8000tf·m, 这种差值变化的突发性和周期性是由支承产品气囊位于驳船上的排数周期性变化造成的。可见, 对于气囊方式移运产品, 不宜采用滑道方式计算此时产品对驳船施加的载荷。

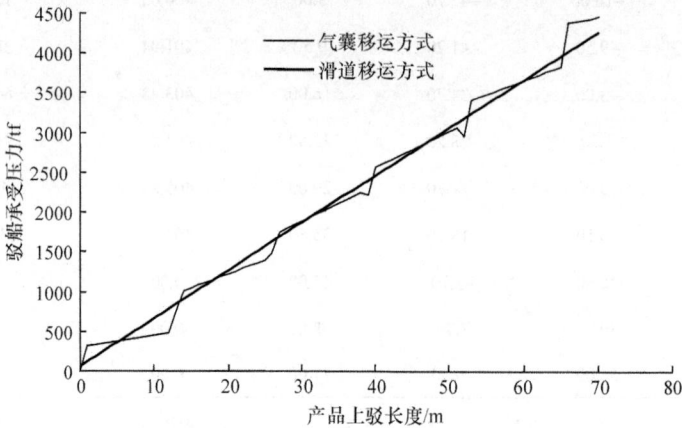

图 7.14　两种上驳方式驳船承受压力曲线

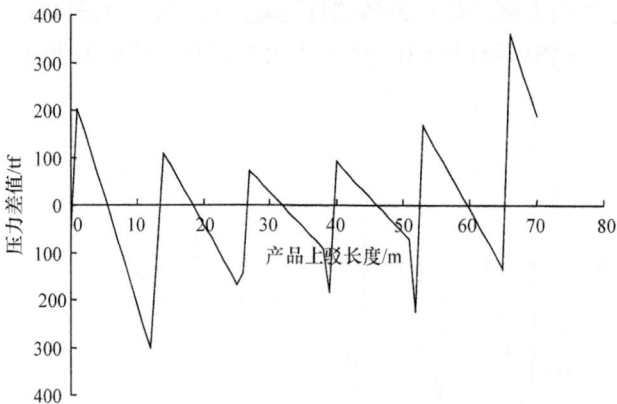

图 7.15　两种上驳方式驳船承受压力差值曲线

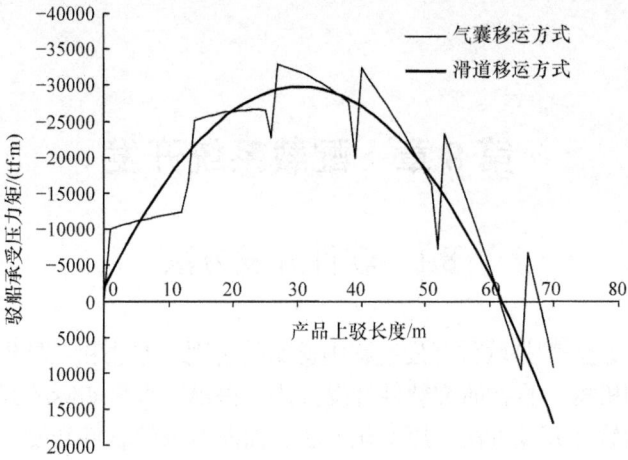

图 7.16　两种上驳方式驳船承受压力矩曲线

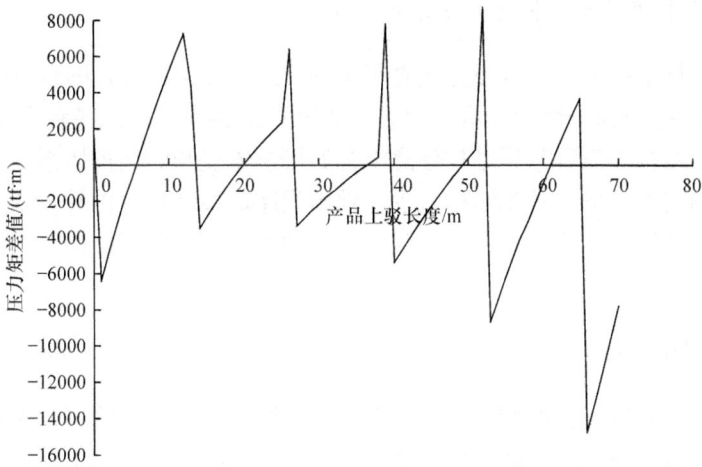

图 7.17　两种上驳方式驳船承受压力矩差值曲线

第 8 章　配载系统开发

8.1　软件开发方法

软件开发方法[80]是软件开发过程中遵循的规则、方法和工具集合。国内外许多软件公司和机构一直在研究软件开发方法，提出了很多实际的开发方法，如面向数据结构的软件开发方法、原型化方法、面向对象的软件开发方法等。下面介绍几种主要的软件开发方法。

1. 面向数据结构的软件开发方法

面向数据结构的软件开发方法有很多种，其中 Jackson 方法是最典型的一种。Jackson 方法把问题分解为可由三种基本结构形式(即顺序、选择和重复)表示的各部分的层次结构。三种数据结构任意组合后可形成复杂的结构体系。这一方法从目标系统的输入、输出数据结构入手，导出程序框架结构，再补充其他细节，就可得到完整的程序结构图。因此，该方法对输入、输出数据结构明确的中小型系统特别有效。

2. 原型化方法

随着系统开发经验的增多，人们发现并非所有的需求都能够预先定义，而反复修改是不可避免的，因此产生了原型化方法。原型化方法的出现得益于开发工具的快速发展，如 Visual Basic(VB)、Delphi 等工具可以迅速开发出一个"可见即所得"的系统框架，即使是对计算机不熟悉的用户也可以根据样板开发系统。

开发原型化系统一般包括以下几个阶段：

(1) 确定用户需求。

(2) 开发原始模型。

(3) 征求用户对初始原型的改进意见。

(4) 修改原型。

原型化方法较适合于用户需求不清、业务理论不确定、需求经常变化的情况。当系统规模不是很大也不太复杂时，采用该方法比较好。

3. 面向对象的软件开发方法

面向对象的软件开发方法是一种自底向上和自顶向下相结合的方法，它以对象建模为基础，不仅考虑了输入、输出数据结构，也包含了所有对象的数据结构。该方法通过对象模型的建立，能够真正建立基于用户的需求，大大改善系统的可维护性。

4. 可视化开发方法

可视化开发确切地说是一种辅助工具，并不能单独作为一种开发方法。用VB、Delphi 和 C++ Builder 等开发软件，实际上就是在使用可视化方法开发软件。

可视化开发使人们把注意力集中在业务逻辑和业务流程上，用户界面可以用可视化工具方便地构成。通过操作界面元素，如菜单、按钮、对话框、编辑框、单选按钮、复选框、列表框和滚动条等，由可视开发工具自动生成应用软件。

8.2 配载系统需求分析

8.2.1 用户需求

配载系统的用户需求如下。

(1) 配载系统应参照国际船级社协会统一要求级别 5(International Association of Classification Societies Unified Requirement Level 5, IACS UR L5) "用于稳性计算的船上计算机" 的相关适用要求及中国船级社对船舶装载仪的相关适用要求，并结合驳船的使用特点和要求加以配置。

(2) 配载系统可通过传感器直接输入或手工干预输入驳船的吃水、各压载舱水位数据、产品进入长度，计算需要的其他相关参数，如产品重量分布、产品进入速度、潮位变化等。

(3) 配载系统应能确保普通用户无法修改已输入的驳船几何特征、驳船重量分布及重心、舱容表、许用值曲线等实船数据。

(4) 配载系统应尽可能减少明显的或不合逻辑的输入错误，当输入值超过压载舱允许舱容或低于剩余水舱容，以及舱容为负值时，软件应能提醒用户。

(5) 配载系统应能清楚地判断配载方案是否满足要求，即对压载舱配载工况进行相关计算，当计算结果超过许用值时，应能以明显方式，如突出显示、特殊标识等，在屏幕上显示，也可打印出来提示用户。

(6) 配载系统应设有口令，当输入非法口令时，计算机应拒绝工作，并报警提示用户。

(7) 配载系统输出、输入数据及计算结果应使用一致的计量单位，以避免可能产生的混乱和误解，每页上均应能以明显方式显示软件标识和版本号。保存的计算结果应有计算的日期和时间。

(8) 软件界面应对用户充分友好，用户操作失误应报警提示用户，并尽可能避免因用户操作失误引起的数据丢失或死机。

8.2.2　系统需求

根据用户的特点和对配载软件的要求，使用 VB 6.0 开发该软件系统，软件运行的操作系统为 Microsoft Windows XP。

8.3　配载系统设计

本书作者开发了名为"BALANCE"的配载系统，BALANCE 是 Barge/Bock Automatic Loading and Controlling Equipment 的缩写，即驳船/浮船坞自动配载与控制系统。目前已先后开发了 BALANCE DL、BALANCE NT 和 BALANCE GZ 三套用于驳船接载任务的配载系统[125-127]。

BALANCE 系统由硬件和软件两大系统组成，用于船舶与海洋结构等产品的滑道拖拉滑移下水作业。根据输入的有关参数，BALANCE 系统可以计算驳船对上驳产品(进入驳船部分)的托举力，计算产品在岸码头前沿和驳船端部剖面所承受的剪力和弯矩，同时，计算驳船在当前状态的剪力、弯矩、稳性和浮态，对作业是否正常给出判断，并给出确保作业的下一步配载方案。

在作业前 BALANCE 系统可对压载水的配载方案进行预先配载计算，模拟产品的上驳过程，用以判断产品是否能在设定的日期完全上驳，同时分析作业中可能出现的问题。

BALANCE 系统也可用于靠岸上浮状态下对驳船的压载水配载作业，根据潮位等实时给出配载方案，同时对驳船的剪力、弯矩、稳性和浮态进行计算和监控。

BALANCE 软件系统主要包括七个子系统，即工程管理子系统、信息查询显示子系统、预配载仿真子系统、下水作业子系统、传感器数据传输子系统、超限报警子系统和预配载方案显示保存子系统，如图 8.1 所示。

用户通过工程管理子系统可以新建、修改和保存工程文件。载入保存的工程文件后，便可以查看产品的数据信息、驳船的数据信息和潮位信息；可以进行作业模拟预配载计算，查看并保存配载方案文件；如果连接传感器数据传输子系统，则可以进行实际产品的上驳操作。

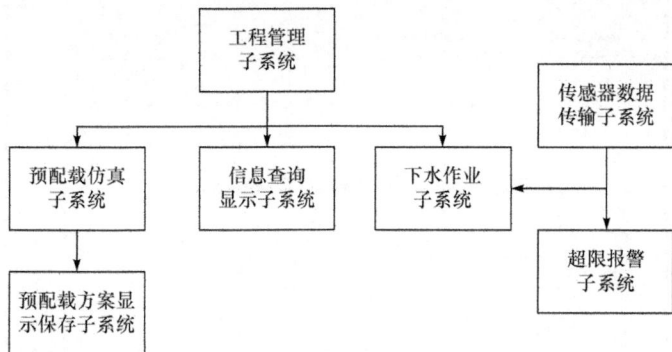

图 8.1　BALANCE 软件系统结构

8.3.1　工程管理子系统

工程管理子系统主要管理产品上驳的依赖数据文件(.bal)，用户可以新建、打开、修改、保存和载入工程文件，如图 8.2 所示。

工程文件包括如下内容：

(1) 产品的主尺度、重量分布及重心位置等数据。

(2) 压载泵数据。

(3) 滑道相关数据。

(4) 上驳作业前后三天的 24 小时潮汐表数据。

(5) 作业初始数据。

保存创建好的工程文件。载入需要计算的工程，BALANCE 功能菜单即可使用。

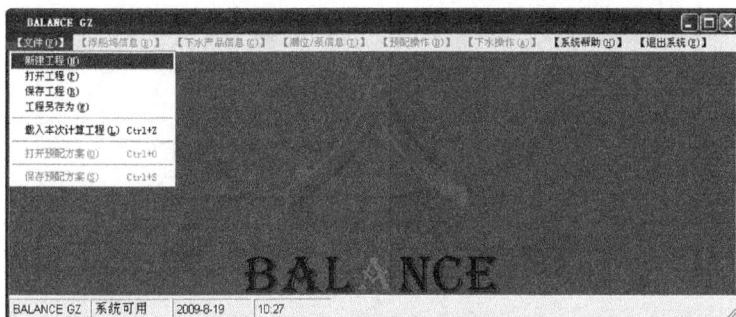

(a)

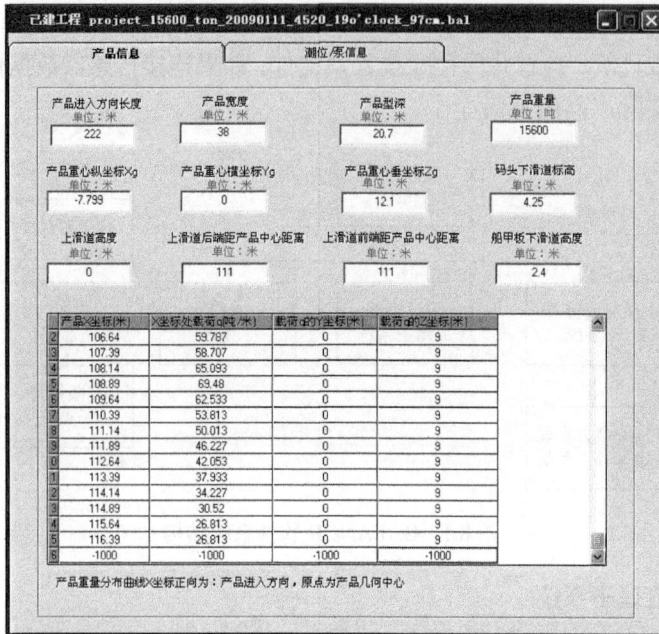

(b)

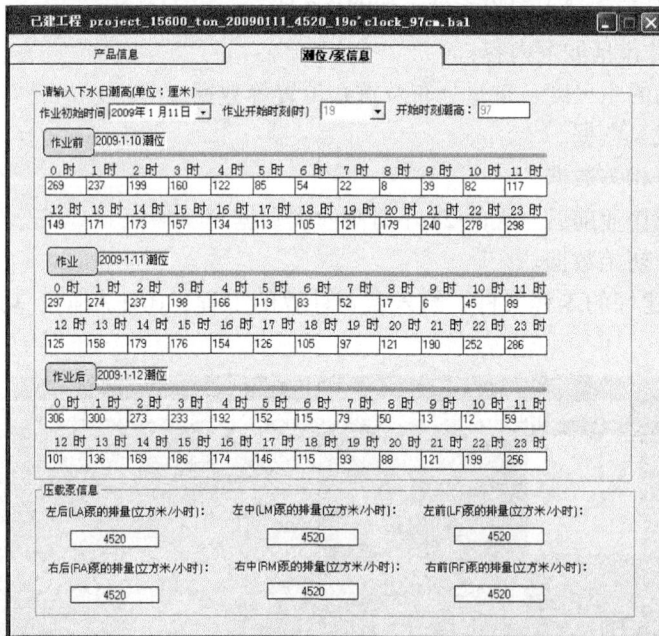

(c)

图 8.2　工程管理子系统和工程创建界面

8.3.2　信息查询显示子系统

信息查询显示子系统主要方便用户随时查看驳船的主尺度、重量重心和压载舱布置等信息，产品的主尺度、重量重心和分布曲线等，以及作业当日 24 小时潮汐表数据、潮位曲线和泵等信息。图 8.3 是驳船数据界面。图 8.4 是下水产品数据界面。图 8.5 是潮位和泵数据界面。

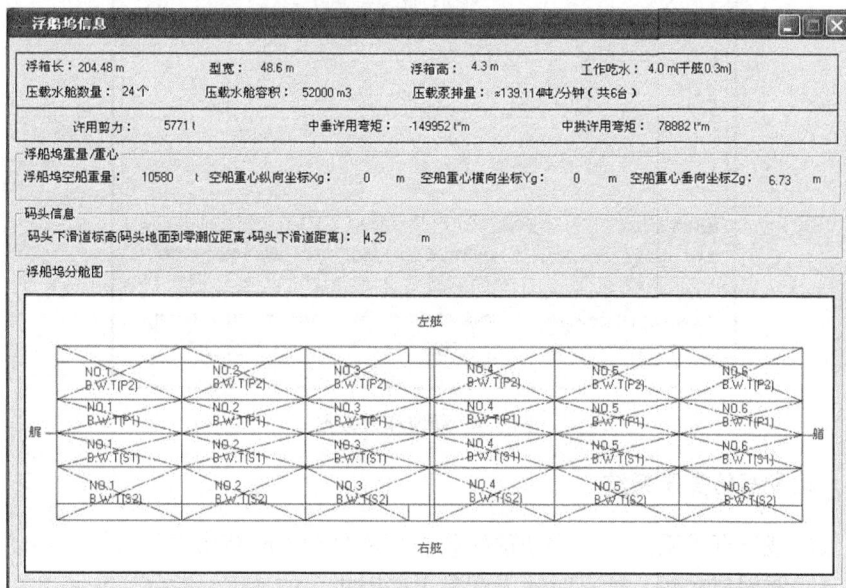

图 8.3　驳船数据

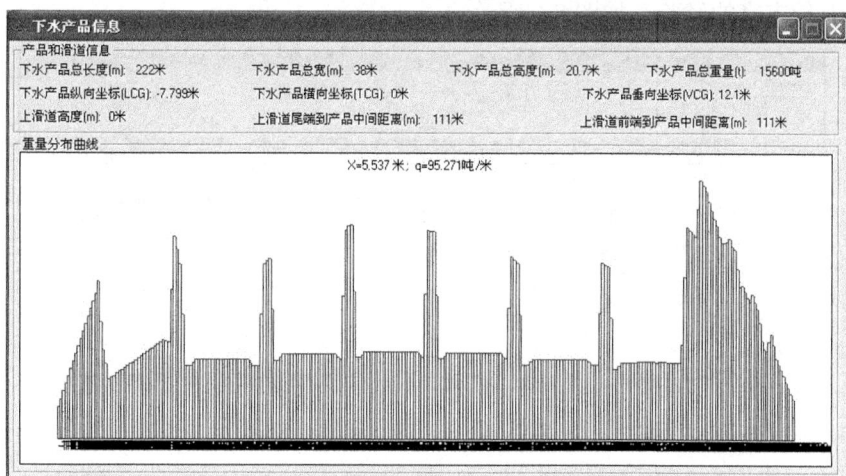

图 8.4　下水产品数据

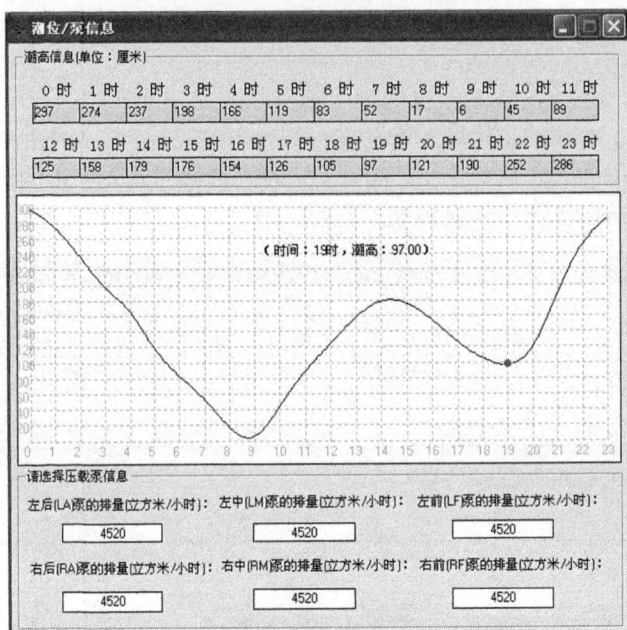

图 8.5　潮位和泵数据

8.3.3　预配载仿真子系统

预配载仿真子系统包含手动预配载仿真和自动预配载仿真子系统。手动预配载仿真需要用户在每步计算时输入产品上驳时进入的速度、时间、步长和总进入长度，用户可以根据自己的经验修改时间和步长产生每一步的配载方案，这需要用户有较丰富的经验，如图 8.6 所示。

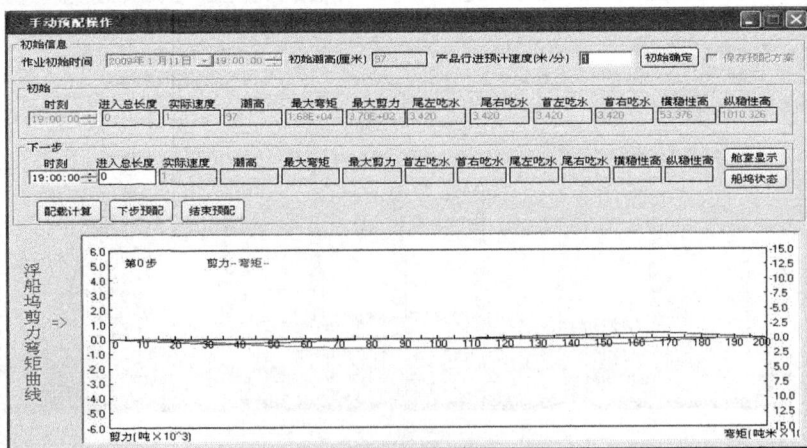

图 8.6　手动预配载仿真

自动预配载仿真需要初始提供进入速度、步长和总进入长度，系统便可根据泵和驳船配载能力给出最佳的每步产品进入配载方案，如图 8.7 所示。

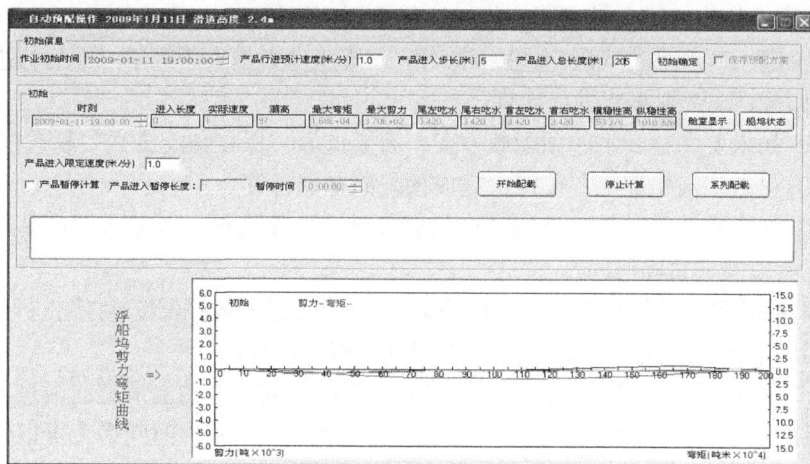

图 8.7　自动预配载仿真

1. 手动预配载仿真操作步骤

手动预配载仿真的具体操作步骤如下。
(1) 输入"产品行进预计速度(米/分)"。
(2) 如果要保存产生的预配载方案，需要选取"保存预配方案"复选框。
(3) 单击"初始确定"按钮，完成预配载初始计算。
(4) 输入"下一步时刻"。
(5) 输入"下一步进入总长度"。
(6) 单击"配载计算"按钮，进行配载计算。

每次计算完成后，程序都会给出提示，返回本步配载实际流量与泵可提供流量的关系。根据这个关系，可以对"下一步"的"时刻"和"进入总长度"进行调整。

(7) 单击"下步预配"按钮，结束本步计算。
(8) 如果完成预配载操作，单击"结束预配"按钮。

2. 自动预配载仿真操作步骤

自动预配载仿真的具体操作步骤如下。
(1) 输入"产品行进预计速度(米/分)"，一般为 1.0～1.5，与绞车、泵的能力有关。
(2) 输入"产品进入步长(米)"，一般为 2～10，计算步长不宜太大，也不宜太小。

(3) 输入"产品进入总长度(米)"，这里的进入长度指与产品一起运动的上滑道前端进入长度，进入长度不宜超过浮船坞甲板滑道。

(4) 输入"产品进入限定速度(米/分)"，该速度必须大于等于"产品行进预计速度(米/分)"，否则不能进行计算。

(5) 如果要保存产生的预配载方案，需要选取"保存预配方案"复选框。

(6) 单击"初始确定"按钮，完成预配载初始计算。

(7) 如果要暂停计算，选取"产品暂停计算"复选框，并输入"产品进入暂停长度"以及"暂停时间"。

"产品暂停计算"是指产品行进到某一个长度(进入暂停长度)时停止行进，维持浮船坞平衡状态使产品保持安全的一种配载计算情况。

"产品进入暂停长度"是指产品暂停时与产品一同行进的上滑道前端进入浮船坞甲板的长度；"暂停时间"是指产品静止不动的时间，暂停时间最大可以保持到当晚 23 点。

(8) 单击"开始配载"按钮，进行预配载仿真计算。

(9) 若想要进行一系列配载计算，单击"系列配载"按钮。

"系列配载"是指以当前初始时刻为起始时刻，每隔一个固定时间间隔计算一系列配载方案的配载计算情况。

"系列配载"需要输入"时间间隔"和"终止时刻"。"时间间隔"一般为 60~120min，太小，计算时间花费巨大，而且没有多大意义；太大，则计算方案过少，失去系列计算的意义。"终止时刻"最大不能超过 23h。

(10) 若中止计算，需要单击"停止计算"按钮。

8.3.4 下水作业子系统

下水作业子系统是配载仪的核心系统，在传感器数据传送子系统和超限报警子系统的支持下，可以从遥测传感器直接读取驳船的吃水、各个压载舱的液位和潮位，通过人工配合同步输入下水产品的进入长度，该子系统即可调用核心算法程序，实时监测作业过程中任意时刻产品进入的重量及重心位置、驳船对进入产品的托举力、驳体静水弯矩和剪力。当下水产品在码头前沿剖面产生的剪力和弯矩值超过允许范围，或驳船浮态发生变化而影响正常作业时，系统会给出报警提示，同时提出消除报警的配载方案。

该系统可以根据当前产品进入的长度和驳船所在位置的潮高，在输入当前进入长度后，给出下一步产品进入的可操作压载舱配载方案，辅助工作人员在产品平移上驳作业中参照使用，如图 8.8 所示。

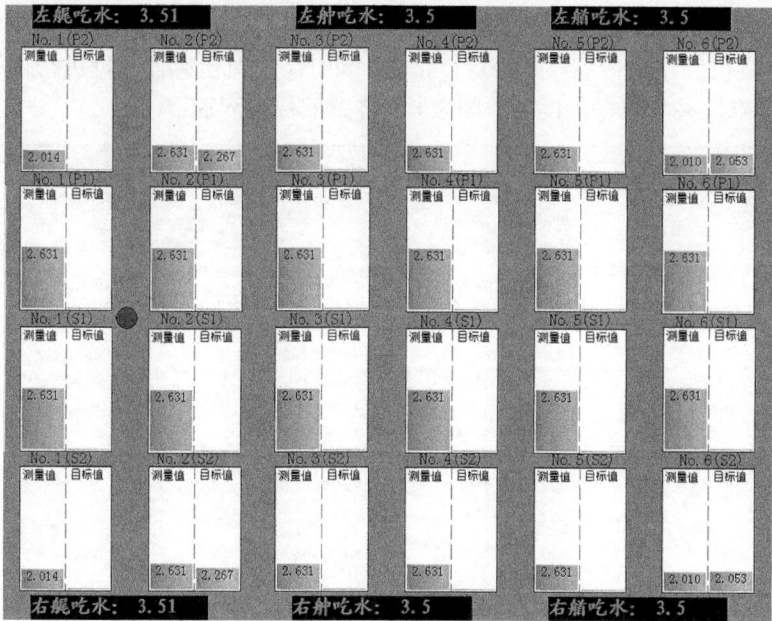

(a)

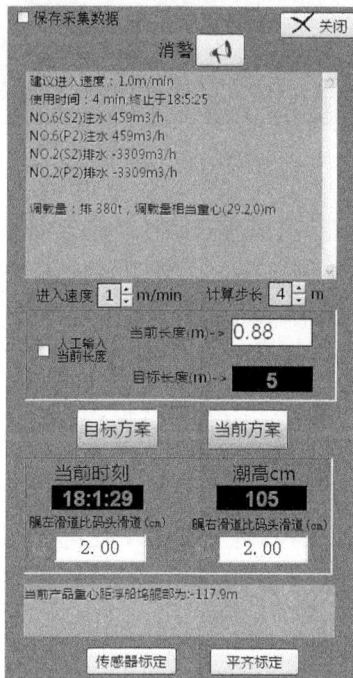

(b)

图 8.8　下水作业图

在产品下水之前，需要检查各个压载舱的测量液位、各个测点的吃水值、进入长度、潮位和高差传感器是否运行正常，同时需要对传感器数据进行初始标定，最大限度降低采集数据的误差。图 8.9 为传感器标定界面。

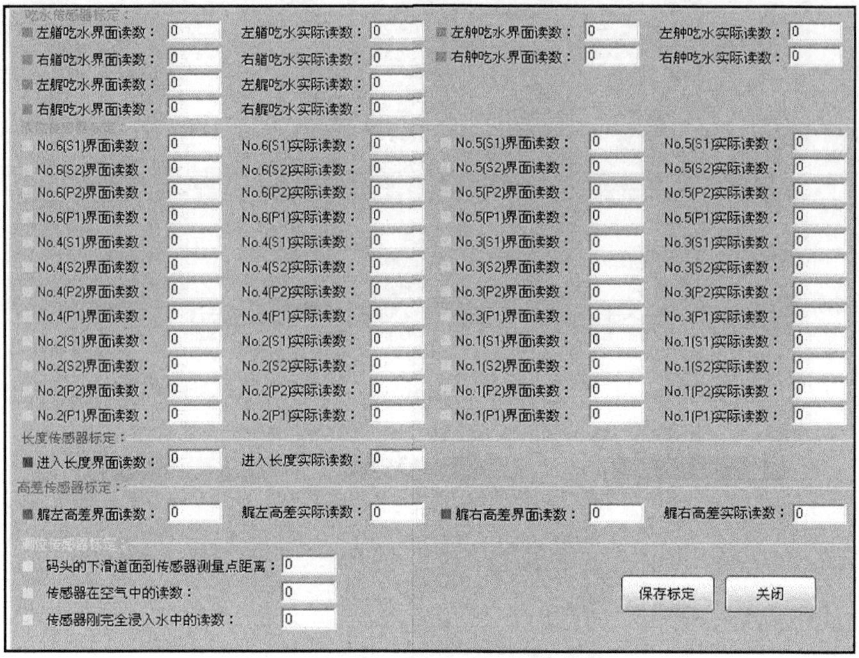

图 8.9　传感器标定界面

对于吃水、潮位、进入长度和高差传感器的标定，只需输入标定时界面读数和实际数值即可。对于潮位传感器，需要根据其安装的位置，量出传感器头到码头下滑道的距离，以及传感器在当地空气中的读数和刚好完全浸入水中的读数。如果选择"保存采集数据"复选框，BALANCE 系统会记录作业过程中的数据。

BALANCE 系统允许修改进入速度和计算步长。进入速度与绞车系统有关。计算步长与产品的重量分布和压载泵的能力有关，一般计算步长越大，每次配载量就越大，压载泵和压载舱舱容就有可能因无法与之匹配而出现没有配载方案的结果。因此，计算步长不宜过大。根据船舶与海洋结构物的特点，程序可允许的计算步长调节范围是 2～10m。

在产品进入的过程中，当即将达到"目标长度"时，只需单击"目标方案"按钮，程序就将产生一个目标方案，按照目标方案对相应压载舱排注水，产品不需要停下，可连续进入，直到就位位置。

如果配载速度和产品进入速度不能完全协调，如泵排注水过大、过快，或者产品进入速度过快，则很容易引起驳船滑道与码头滑道高差超限，当高差不断变大时，需要根据变化即时调整泵的排注速度或产品进入速度。

如果出现报警，需要停下产品，单击"当前方案"按钮，产生消除报警的配载方案。

8.4　下水驳船压载水调节系统

平地造船的下水通常采用甲板驳、浮船坞、半潜驳或下水工作船等浮体接载，这些接载浮体统称下水驳船。在码头面和接载浮体甲板面上铺设轨道、滑道或气囊，并在码头与接载浮体对接处[128, 129]设置辅助过桥梁结构。采用绞车和动滑轮系统、液压顶推系统[130-132]和电动小车牵引系统作为牵引动力[133]，使下水产品从陆地码头平移接载到下水驳船上。如图 8.10 所示，这个过程称为驳接运输，主要由码头、下水驳船、下水产品，以及保障驳接运输过程的下水驳船压载水调节系统组成，是下水工艺的重要关注环节[134]。

图 8.10　驳接运输

如图 8.11 所示，下水驳船压载水调节系统是保障下水产品驳接运输过程安全的重要配置，是制定下水产品下水工艺和应急预案，以及实际下水过程中自动控制下水驳船压载水调节的主要设备[135]。

下水驳船压载水调节系统的逻辑结构如图 8.12 所示，具有如下功能。

自动配载系统：

适用载体：
- ☐ 甲板驳船
- ☐ 浮船坞
- ☐ 半潜驳
- ☐ 下水工作船

适用支撑：
- ☐ 轨道+小车
- ☐ 滑道+滑箱
- ☐ 气囊
- ☐ 纵向、横向过驳

适用动力：
- ☐ 小车牵引(含平板)
- ☐ 液压顶推
- ☐ 绞车

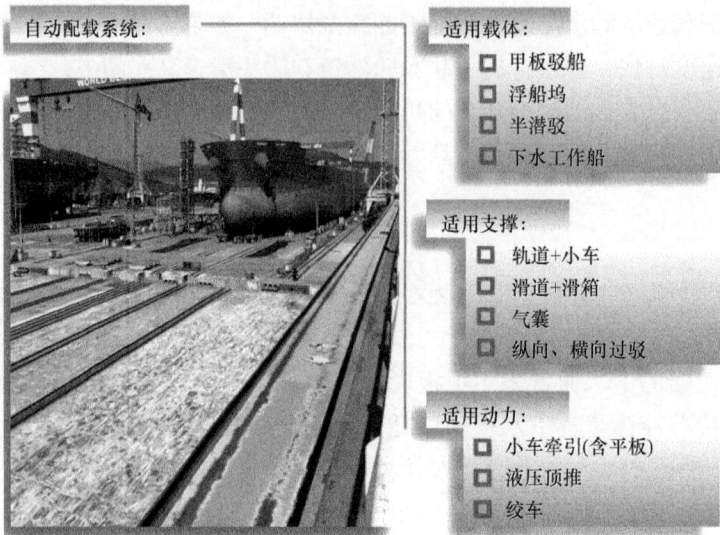

图 8.11　自动配载系统适用工况

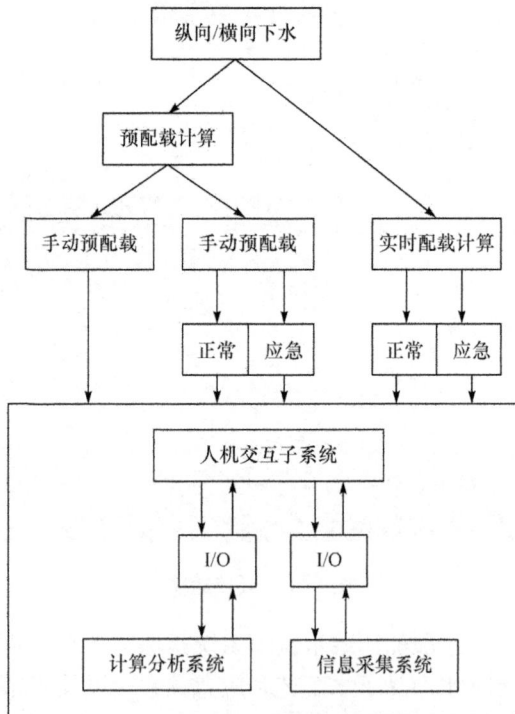

图 8.12　系统逻辑结构

(1) 预配载计算模块。

(2) 实时配载计算模块。

① 信息采集模块(压载舱液位、潮位、浮态与挠度、上驳位移、滑道高差采集及其监测模块)。

② 计算模块(稳性、剪力与弯矩)。

③ 浮态(阀门)自动控制模块。

④ 应急响应模块。

在预配载计算中,只需要设置作业海区的潮位高曲线、下水产品位移坐标,配载软件就会计算给出每个时间步长(或进程步长),下水驳船满足浮态、稳性和船体结构强度要求下的压载舱水调节方案。在实时配载计算中,软件通过数据信号接口实时采集下水驳船的浮态、吃水、挠度和压载舱水位高度等信息,这些接口通常都是下水驳船的标准配置,只需要软件设置通信协议就能够采集到这些数据信息。但若以这些信息进行实际在线过驳,配载是不够精准的,原因是下水驳船的浮态、吃水、挠度、压载舱水位高度的实测数据精度不够高,影响了软件对整个过驳系统载荷的判断,从而造成实时配载方案的偏差。因此,需要增加 3 种数据输入模块,分别采集下水产品行进位移、码头面与驳船甲板面的相对高度差,以及当前时刻的实际海潮标高。

下水驳船压载水调节系统的硬件除了驳船上标配的配载计算机外(图 8.13),还需要配置位移测距、高差测量、潮差测量和信号集成等辅助装置,如图 8.14 所示。位移测量装置采用激光方式,精度达到每百米误差小于 1mm;高差测量装置也采用激光方式,每百米误差小于 0.01mm;潮差测量装置采用电压式,可以过滤波浪、风和船体晃荡所产生的扰动噪声,每百米误差小于 1mm。

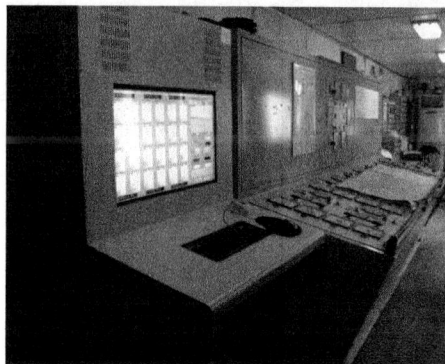

图 8.13　配载计算机

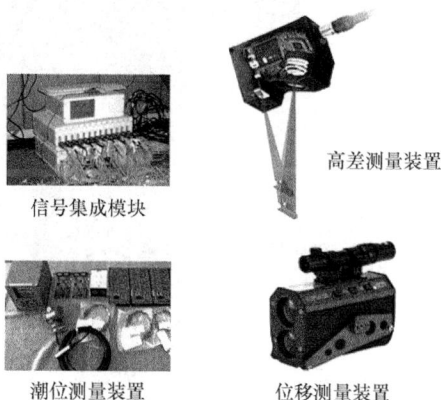

信号集成模块

高差测量装置

潮位测量装置

位移测量装置

图 8.14　辅助测量装置

位移测量、高差测量和潮位测量装置的布置方案如图 8.15(a)所示，辅助测量是便携式的，需要根据现场实际情况设计相应的安装机构以固定测量装置，下水作业前现场进行安装与调试。

位移测量装置 1 套，可以布置在驳船端部(图 8.15(a)中的 L 位置)，用于在驳船纵向接载时测量下水产品位移；也可以布置在驳船舯部(图 8.15(a)中的 T 位置)，用于在驳船横向接载时测量下水产品位移。

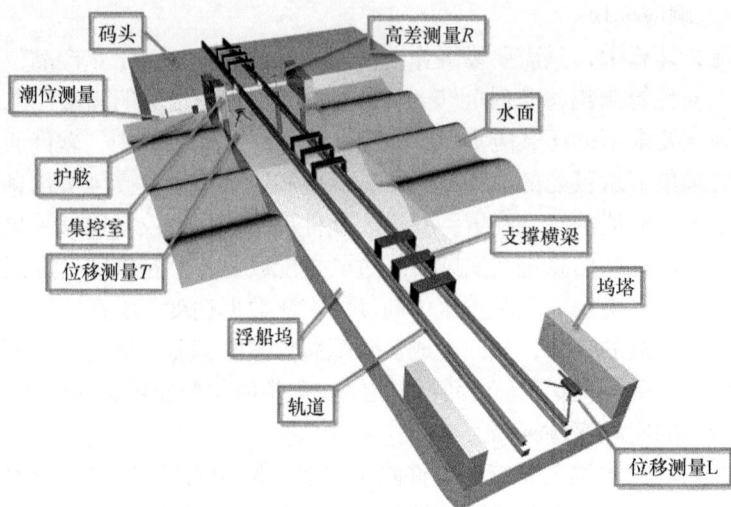

(a)

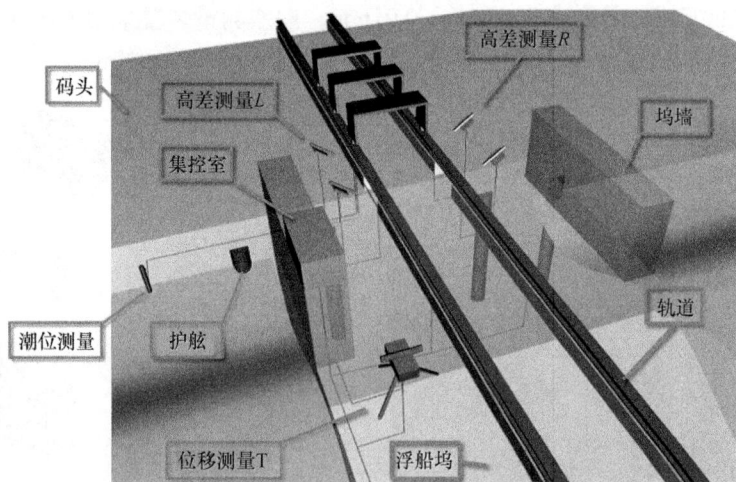

(b)

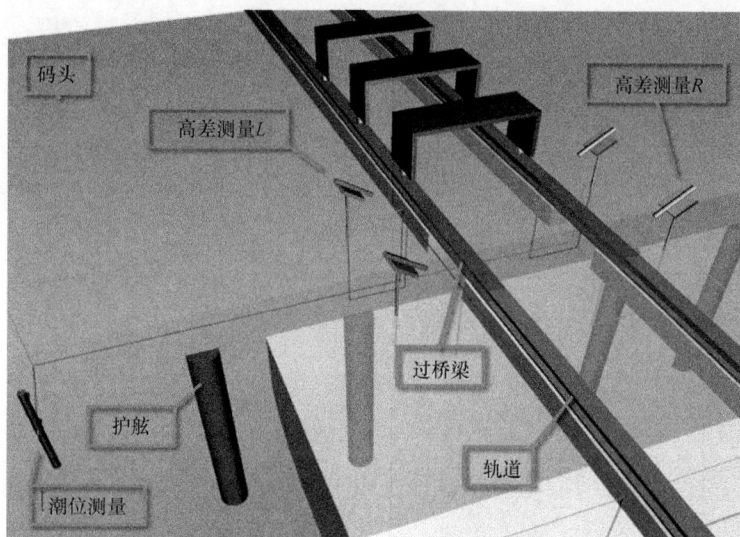

(c)

图 8.15　辅助测量装置布置

如图 8.15(b)和(c)所示，高差测量装置 2 套，布置在码头与驳船接触端位置附近(或过桥梁附近)，可以布置在码头面上或驳船甲板面上。从方便布线角度考虑，建议把高差测量装置布置在驳船甲板面上。沿轨道中心线两边对称布置，分别测量左右舷轨道面的高度差。

如图 8.15(b)和(c)所示，潮差测量装置 1 套，布置在码头前沿，并与下水驳船相隔一定距离。

有线信号传输模块中，供电线路的外部供电电压为 220V 或 380V，辅助测量装置具有自动变压功能，并同时提供便携式供电电源接口。辅助测量装置在工作前需要重新标定，在过驳过程中，实时将测量数据信号传输到集控室里的配载计算机中。信号线布置原理如图 8.16 所示，对于新造下水驳船(浮船坞)，布线问题可以在船体设计时给予统筹考虑(建议与浮船坞两舷 14 点吃水测量数据信号布线统筹设计)，供货方提供辅助测量装置信号线布线设计原理图和初步设计图纸。

对于无线信号数据传输系统，需要增加 3 个无线数据信号发射装置和 1 个无线数据信号接收装置，传输原理如图 8.17 所示。无线数据信号接收装置放置在集控室，与配载计算机网卡连接；3 个无线数据信号发射装置分别与位移测量装置、轨道高差测量装置和潮位高度测量装置连接。无线数据信号通信是基于 WIFI 网络环境，通信协议由软件设定，可以对传输的数据进行加密和解密处理。可以利用厂区现有的 WIFI 网络，也可以建立系统独立的 WIFI 网络环境，并以 50m 网格间距搭建便携式的 WIFI 中继网络系统。WIFI 网络带宽设计取决于所需传输的数据量大小，如果除了传输实测数据外，还要传输视频和音频信号，就要增大WIFI 网络带宽。WIFI 网络可以连接互联网，以获得水文、气象环境信息，以及场外人员和专家决策等。

图 8.16　信号线布置原理

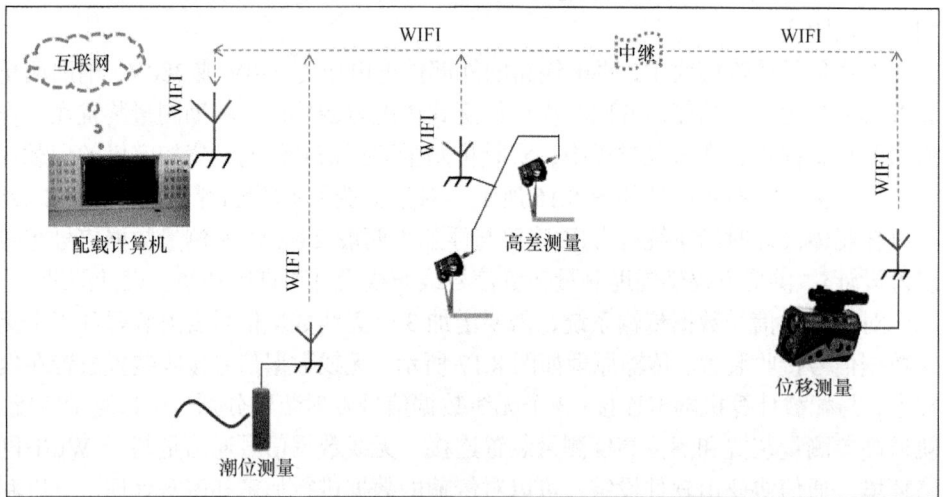

图 8.17　无线信号传输原理

　　辅助测量装置具备 2 路数据信号传输系统，分别是无线信号传输系统和有线信号传输系统，它们可以同时开通或单独开通。针对民品驳接下水，建议采用无线信号数据传输方式，也可以同时采用无线信号传输和有线信号传输方式，提高数据通信可靠性；对于涉密产品过驳作业，建议关闭无线信号传输功能(或人工临时拆除无线数据传输模块)，采用有线信号数据传输方式。

　　采用无线或有线信号传输，只是数据通信方式不同，辅助测量装置布置和架构变化不大。两套传输系统共存，方便下水工程应用。

第9章 工程应用实例

基于前面各章的介绍，本章给出三个工程应用实例。

9.1 9000t 矩形载荷分布产品配载计算

900t 矩形载荷分布产品(非实际产品)沿下水方向长为 100m，宽为 30m，高为 8m，重为 9000t，重心为(0.0m, 0.0m, 4.5m)。重量分布曲线沿前进方向矩形分布，如图 9.1 所示。

$X = 23.329m$, $q = 90t/m$

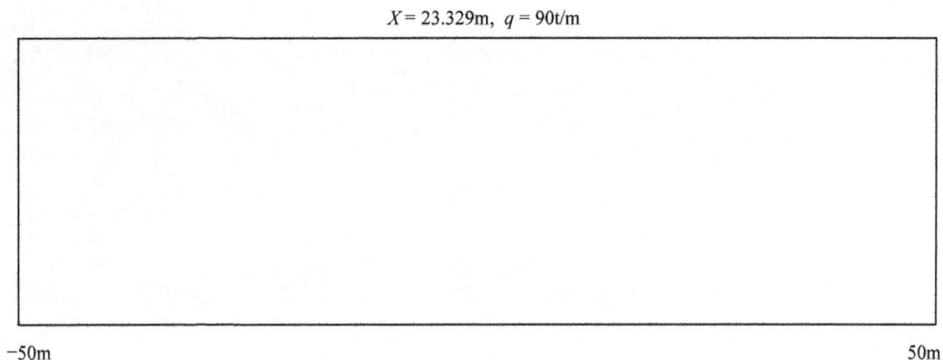

−50m   50m

图 9.1　产品重量分布曲线

根据本产品的长度，设定计算步长为 7m，产品进入长度为 112m，整个方案耗时 7s，得到的预配载方案如图 9.2 所示。

图 9.2 中，每步 24 个矩形表示相应压载舱的液位高度，1～4 号矩形表示 NO.1 压载舱从左舷到右舷分布的四个压载舱，5～8 号矩形表示 NO.2 压载舱从左舷到右舷分布的四个压载舱，其他以此类推。深灰色矩形表示排水，上方显示的负数表示相应的排水吨数；浅灰色矩形表示注水，上方显示的正数表示相应的注水吨数；黑色矩形表示不变的状态。

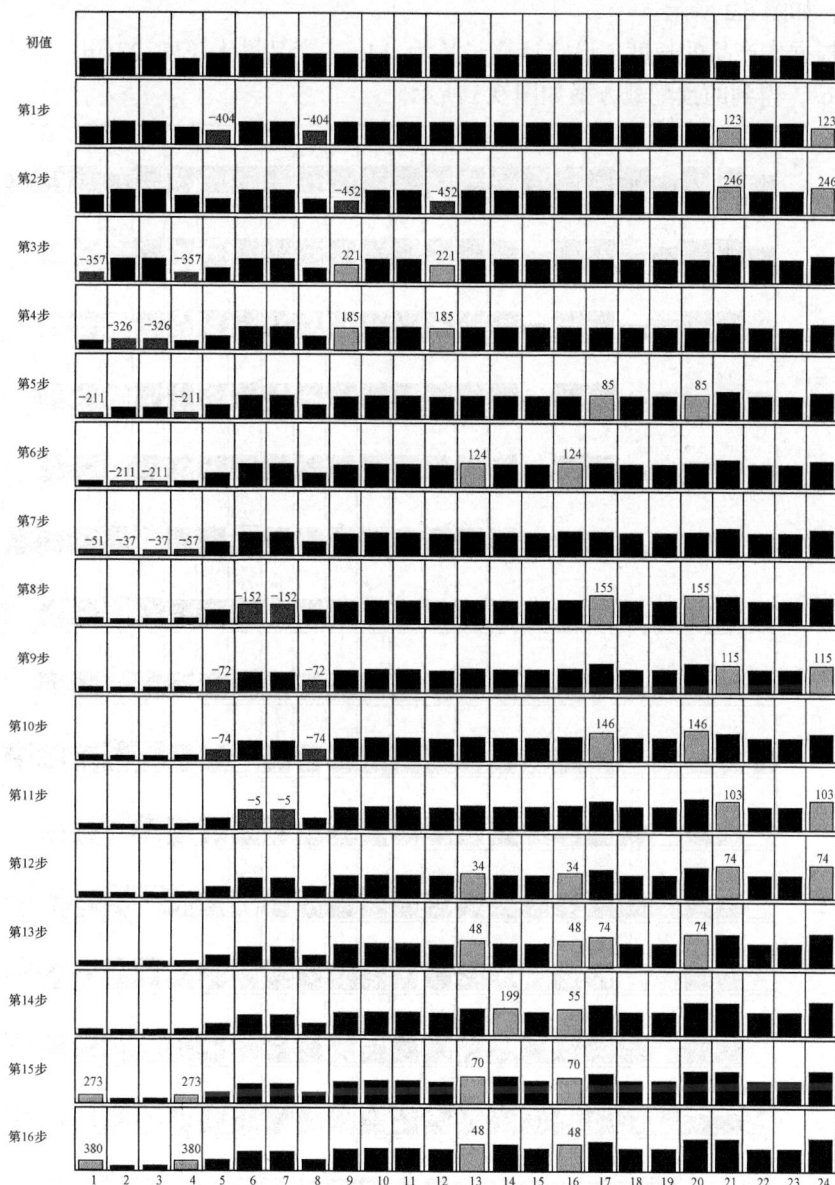

图 9.2　配载方案(9000t 矩形载荷分布产品)

9.2　浮船坞接载 92500 DWT 散货船配载计算

浮船坞接载 92500 DWT 散货船沿下水方向长为 222m，宽为 38m，高为 20.7m，重为 15600t，重心为(–7.799m, 0.0m, 12.1m)。重量分布曲线沿前进方向呈矩形阶梯分布,如图6.2所示。

　　根据本产品的长度,设定计算步长为14m,产品进入长度224m,整个方案耗时6s,得到的预配载方案如图9.3所示。

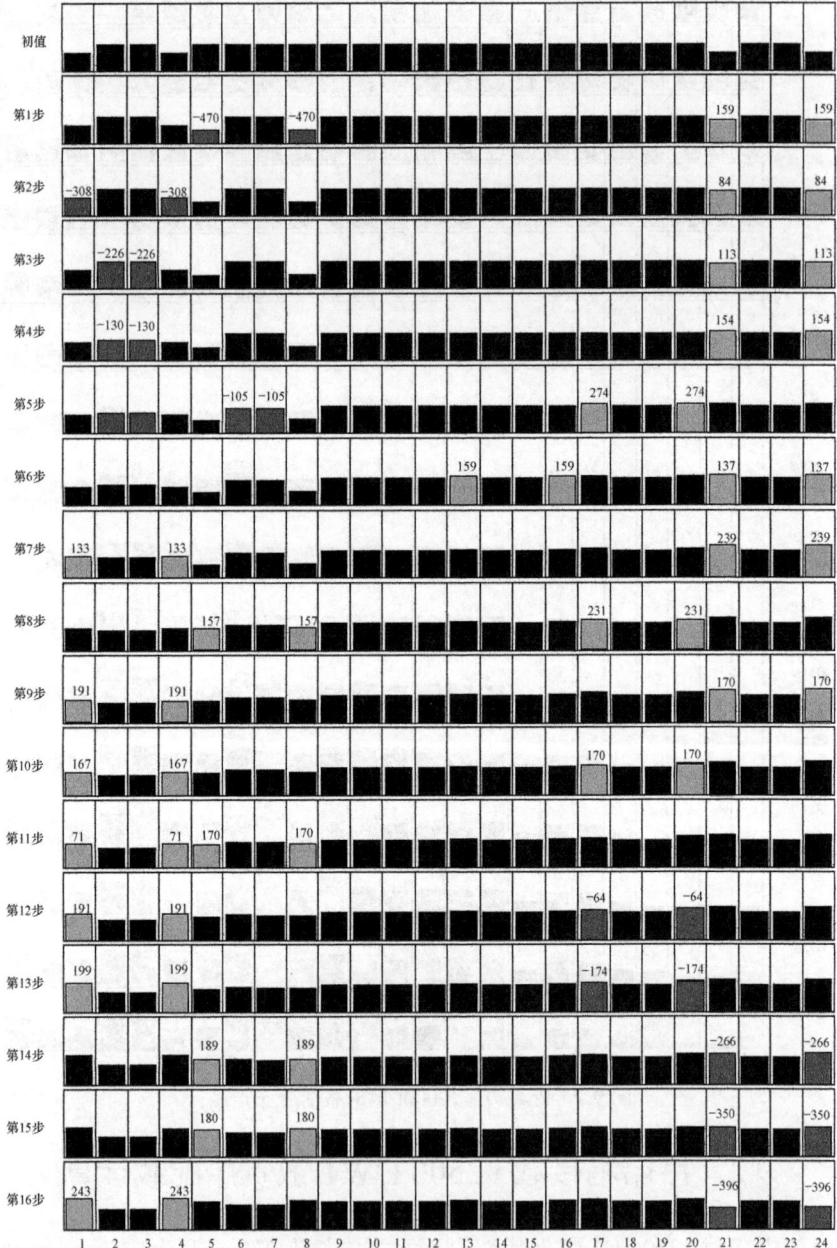

图9.3　配载方案(浮船坞接载92500 DWT 散货船)

9.3　半潜驳接载 SUPER M2 自升式海洋平台配载计算

半潜驳接载 SUPER M2 自升式海洋平台为三桩腿自升式钻井平台，该产品沿下水方向长为 73.232m，宽为 55.78m，高为 7.62m，重为 5000t，重心为(−4.961m, 0.035m, 13.345m)。重量分布曲线沿前进方向矩形分布，如图 9.4 所示。

$X = -2.796\text{m}, q = 59.58\text{t/m}$

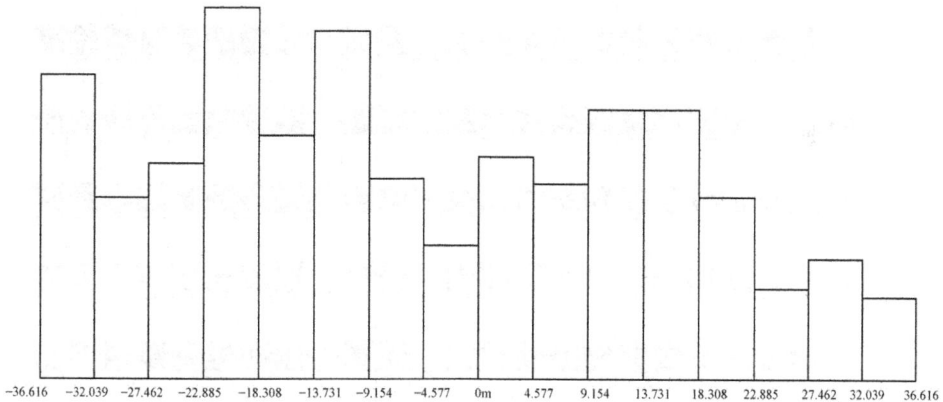

图 9.4　产品重量分布曲线(单位：m)

根据本产品的长度，设定计算步长为 5m，产品进入长度 80m，整个方案耗时 7s，得到的预配载方案如图 9.5 所示。

依据 BALANCE 软件顺利实现了重达 5000 多吨的 SUPER M2 自升式平台的上驳操作，其上驳场景如图 9.6 所示。

从本章三个实例可以发现，BALANCE 软件适用于不同形式产品的配载。每次配载的压载舱数目大多为 4 个，参与配载的压载舱符合"排水就排存水量较大的，注水就注存水量较小的"原则，符合工程实际操作，同时排注水的压载舱范围符合产品的进入范围，排水区域和注水区域分布合理，有利于总纵强度。

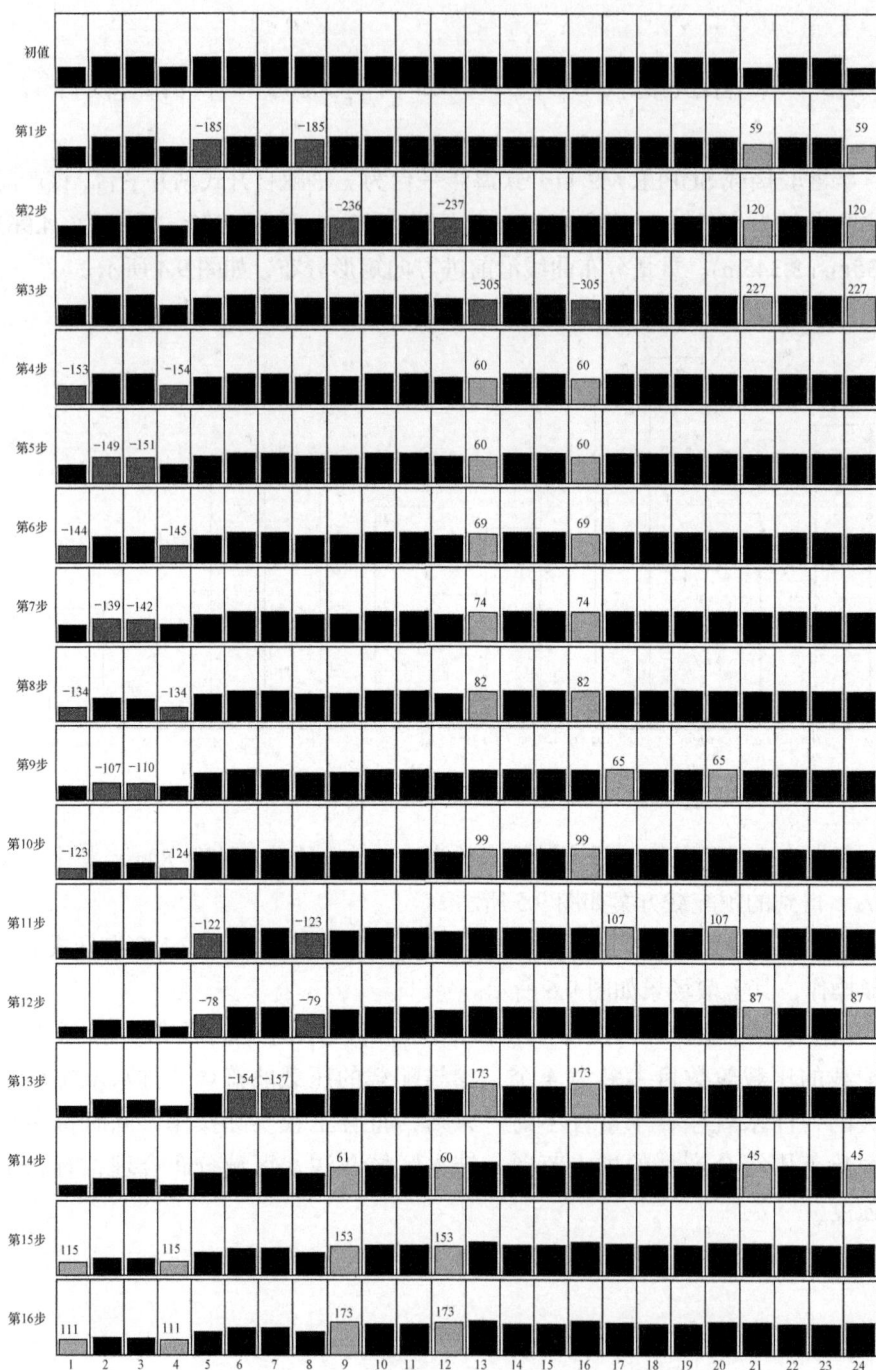

图 9.5　配载方案(半潜驳接载 SUPER M2 自升式海洋平台)

图 9.6　滑道方式产品上驳场景

第 10 章 总结与展望

10.1 总 结

浮式陆海接载装备实时配载的实质是实时确定压载水调整方案，通过调节压载水使接载装备在满足强度和稳性等要求的前提下处于特定的浮态，以保证接载装备作业的顺利进行。本书主要针对浮式陆海接载装备的预配载仿真模型和实时配载模型的建立及求解、上驳产品对接载装备所施加载荷的实时确定，以及调节水舱阀门开关时刻的实时确定方法、软件系统的开发等进行了介绍，可总结如下：

(1) 根据接载过程的力学分析，建立了接载装备配载的数学模型，并提出了四种具有实际应用价值的配载算法，即 K 系数方程组法、基于载荷曲线的配载强度控制算法、基于内点法的配载优化算法和改进的遗传算法。

K 系数方程组法和基于载荷曲线的配载强度控制算法为本书创新的配载算法。通过引入配载能力比系数和同排同注系数将配载的不定方程问题转化为可求解的恰定方程组，同时根据配载前的载荷分布曲线控制压载水的合理分布，产生有利于总纵强度的配载方案，实现"每次配载排注水越少越好，存水量小的压载舱多注水，存水量大的压载舱多排水"的作业要求。

基于内点法的配载优化算法结合工程实际将配载的非线性规划问题转化为线性规划问题，采用原始-对偶路径跟踪法优化线性规划问题。实际计算表明，用该算法不仅可以快速得到优化方案，而且方案符合配载实际要求。

遗传算法不依赖梯度信息，能在搜索过程中自动获取搜索空间信息，具有鲁棒性好、不要求目标函数连续可导、能够多点搜索、能与其他算法组成混合算法等众多优点，在求解非线性、多约束等问题时性能优越。

针对以往下水驳船作业过程中手动配载依赖于操作人员的经验且操作烦琐、效率低下的缺点，本书结合工程实际及力平衡原理，建立了预配载仿真模型、实时配载的平衡方程组模型和优化模型，从而得到满足接载装备浮态、稳性及强度等要求的实时调水方案。平衡方程组模型和优化模型各有其优缺点：对于舱室布置对称性明显的驳船，适于采用力学平衡方程组模型求解，其计算速度快，结果稳定；而对于舱室布置任意性较强的驳船，则宜于采用优化模型求解，尽管计算速度稍慢，但其适应性较强，配载结果也较为合理。

(2) 接载装备在接载作业过程中所承受的下水产品实时压力载荷是影响配载方案是否准确、合理的一个关键因素。该载荷的确定与产品移运上驳方式密切相关。本书主要基于滑道和气囊这两种常见的移运方式对该载荷的计算方法进行了讨论。

对于滑道移运方式，可采用产品已上驳部分重量载荷直接积分、弹性基础梁法和有限元法进行计算。直接积分方法将产品、滑道和驳船均看成刚体，未考虑它们的柔性，所得结果与实际有一定差距，特别是产品相对滑道具有较长悬臂的情形，当对驳船浮态要求较松时可采用该方法。弹性基础梁法适用于产品相对于其支承滑道存在较大悬臂端的情形，其公式虽然复杂，但计算结果精度较高，与实际情形较为接近，且易于编程实现，能满足驳船配载计算实时性的要求。有限元法可应用于各种情形，结果精度高，但往往需借助其他有限元软件，不能满足配载实时计算要求。

对于气囊移运方式，驳船所承受产品的压力载荷既与驳船上支承产品的各气囊的实时压力有关，又与驳船上支承产品的气囊根数及其位置密切相关。本书依照力平衡原理，假设驳船及产品的变形相对于气囊的变形来说可以忽略，气囊压力与其变形呈正比关系，给出了支承产品气囊压力的实时计算方法。依照运动学原理，通过分析气囊和产品的相对运动关系，可实时得到驳船上支承产品的气囊根数和对应坐标。结合各气囊的实时压力和坐标，可得到驳船所承受的气囊压力载荷。实例计算分析表明，在气囊移运方式下，驳船所承受产品的载荷具有离散性、突变性和周期性的特点，不宜采用滑道移运方式所用的方法进行近似计算。

(3) 根据本书提出的配载算法和数学模型，开发了 BALANCE 配载系统。该系统已经有三个版本，分别应用于三家实际造船企业。BALANCE 系统由硬件和软件两大系统组成，用于船舶与海洋结构等产品的滑道拖拉滑移下水作业。根据输入的有关参数，BALANCE 系统可以计算驳船对上驳产品(进入驳船部分)的托举力，计算产品在岸码头前沿和驳船端部剖面所承受的剪力和弯矩，同时，计算驳船在当前状态的剪力、弯矩、稳性和浮态，对作业是否正常给出判断，并给出确保作业的下一步配载方案。该系统有力简化了人为操作的复杂性，提高了工作的效率。

10.2　展　　望

本书给出了接载装备预配载仿真模型和实时配载的数学模型及解法，并研究了模型中不同移运方式下接载装备所承受的产品实时载荷的计算方法；当配载方案已知后，研究了如何确定各调节水舱的阀门的开关时刻。但由于自身水平的局限性，加之时间和精力有限，一些有价值的问题没有解决或解决好，有待于今后作进一步的研究。

(1) 本书在调节水舱阀门开关时刻的优化确定中，对各调节水舱阀门的流量按常量进行处理。而该流量往往与泵的数量和管路布局如管接头数量、管路长度等密切相关，具有强烈的非线性关系；对于开度阀而言，阀门开度的大小也是影响阀门流量的关键因素，从而影响阀门的开关时刻。因此，如何建立恰当的压载水管路模型和阀门流量非线性公式，是值得研究的一个问题。

(2) 接载装备实时配载的模型及其算法与相关的测控技术相互结合也是十分必要的。例如，在整个下水过程中需要实时确定压载舱液位、驳船吃水、潮水高度和产品上驳长度等，而这些数据的准确与否直接影响调水方案的优劣。若结合这些测量手段，能实现计算机自动控制开关管路及舱室阀门，即实现调水控制的全自动化，这将大大减轻操作人员的工作量和降低出现人为失误的可能性。

参 考 文 献

[1] 李沁溢. 国外先进船体建造技术现状和发展趋向. 造船技术, 2007, (5): 9-12.

[2] Yang Y T, Park B N, Ha S S. Development of load-out design methodology and numerical strength evaluation for on-ground-build floating storage and offloading system. Ocean Engineering, 2005, 32(8): 986-1014.

[3] 梅孝恒, 周延东. 带有间断不对称式滑靴的大型结构物拖拉滑移装船技术. 中国海上油气工程, 1997, 9(2): 1-7.

[4] Fang M C, Lee Z Y. Portable dynamic positioning control system on a barge in short-crested waves using the neural network algorithm. China Ocean Engineering, 2013, 27(4): 469-480.

[5] Hokanson L. Barge rigging: Know how to stow it and how to use it. Marine Engineering/Log (1956—1977), 1963, 68(2): 76.

[6] El Yaagoubi A, El Hilali Alaoui A, Boukachour J. Multiobjective container barge transport problem. International Conference on Logistics Operations Management, New York, 2016: 1-6.

[7] 魏梦月. 集装箱配载优化研究. 大连: 大连海事大学硕士学位论文, 2011.

[8] 王照宁. 集装箱船舶自动配载系统管理模型的建立与研究. 大连: 大连海运学院硕士学位论文, 1993.

[9] 杨星, 季永青. 集装箱船配载优化方法研究. 武汉理工大学学报(交通科学与工程版), 2002, (2): 223-226.

[10] 张维英. 集装箱船全航线配载智能优化研究. 大连: 大连理工大学博士学位论文, 2006.

[11] 车鉴. 集装箱船舶配载计划优化研究. 上海: 上海交通大学硕士学位论文, 2008.

[12] Kaisar E I. A stowage planning model for multiport container transportation. Washington: University of Maryland, 2006.

[13] Sauerbier C L. Marine Cargo Operations. New York: John Wiley & Sons, 1985.

[14] 宋立新. 散装谷物船的配载及计算机自动实现研究. 大连: 大连海事大学硕士学位论文, 2002.

[15] 杨军. 散货船自动配载系统的研究与实现. 武汉: 武汉理工大学硕士学位论文, 2004.

[16] 杜嘉立, 杨盐生, 张义军. 基于 Visual C++散货船自动配载仪的开发. 大连海事大学学报, 2004, (4): 9-12.

[17] 杨久青. 计算机辅助油轮配载. 大连海运学院学报, 1992, (4): 401-408.

[18] 马骏, 郭昌捷. 油船配载控制与剩余强度研究. 大连理工大学学报, 1995, (6): 867-872.

[19] 周丰. 船舶配载的计算机算法改进. 武汉交通职业学院学报, 2004, 6(1): 77-79.

[20] 成鹏飞, 刘慧芬. 计算机优化物流环节在船舶配载上的应用. 矿业研究与开发, 2002, 22(5): 41-44.

[21] 刘勇, 徐言民. 船舶配积载模糊优化专家系统. 船海工程, 2002, (6): 33-35.

[22] 简兆权, 丁承民. 基于神经网络专家系统的货船配载系统的设计与实现. 交通与计算机,

1997, 15(1): 5-9.

[23] 孙静. 船舶最佳纵倾及压载微机系统. 大连海运大学学报, 1988, (2): 50-60.

[24] 邱文昌, 吴善刚. 对船舶最佳压载方案编制问题的研究. 上海海事大学学报, 2001, 22(2): 4-8.

[25] 王鸿鹏. 一种优化编制船舶装载计划的新方法. 集美大学学报(自然科学版), 2002, 7(1): 38-44.

[26] 张俊, 王忠煜. 滚装船舶车辆优化配载系统的研究与实现. 交通信息与安全, 2000, 18(s1): 43-46.

[27] 宋振洪. 客滚船舶车辆的动态装载算法. 计算机工程, 2004, 30(s1): 522-523.

[28] 张明霞, 夏益美, 林焰, 等. 全回转起重船作业过程稳性仿真. 船海工程, 2007, 36(4): 137-141.

[29] 段兴锋. 基于型值表的船舶装载仪的研究. 大连: 大连海事大学硕士学位论文, 2008.

[30] 吴祥虎, 程远胜, 刘均. 船舶纵向下水配载优化研究. 中国舰船研究, 2006, 1(2): 23-25.

[31] 林焰, 蔡尊德. AutoCAD 2002 环境下驳船自动配载研究. 大连理工大学学报, 2005, 45(5): 676-681.

[32] 杨立, 林焰, 纪卓尚. 基于总纵弯矩的驳船配载优化设计. 船舶, 2004, (4): 24-27.

[33] 张权松. 船用动载横倾平衡系统. 柴油机, 2005, 27(3): 36-37.

[34] 胡恩纯, 黄大乐. 沉箱出运过程的浮船坞调水技术及量化分析. 华南港工, 2008, (1): 47-53.

[35] 赵龙星, 陈建, 陈维钧, 等. 特殊用途浮船坞作业控制系统研究. 上海船舶运输科学研究所学报, 2006, 29(1): 26-28.

[36] 宗诚, 陈远猷. 浮船坞的实时控制. 船舶设计通讯, 1997, (3): 36-42.

[37] 陈谦, 吴宏. 浮船坞沉浮的智能控制. 船舶, 2007, (1): 43-44.

[38] Shields J J. Containership stowage: A computer-aided preplanning system. Marine Technology, 1984, 21(4): 370-383.

[39] Martin G L, Randhawa S U, McDowell E D. Computerized container-ship load planning: A methodology and evaluation. Computers & Industrial Engineering, 1988, 14(4): 429-440.

[40] Botter R C, Brinati M A. Stowage container planning: A model for getting an optimal solution. Computer Applications in the Automation of Shipyard Operation and Ship Design, IFIP Transactions B(Application in Technology), 1992, 5(1): 217-229.

[41] Wilson I, Roach P. The deep-sea container-ship stowage problem: Modelling and automating the human planning process. Proceedings of the 2nd International ICSC Symposium on Intelligent Industrial Automation, Nimes, 1997: 129-135.

[42] John J D. Expert system applications to ocean shipping—A status report. Marine Technology, 1990, 27(5): 265-284.

[43] Dubrovsky O, Levitin G, Penn M. A genetic algorithm with a compact solution encoding for the container ship stowage problem. Journal of Heuristics, 2002, 8: 585-599.

[44] Sato K, Itoh H, Awashima Y. Expert system for oil tanker loading/unloading operation planning. Computer Applications in the Automation of Shipyard Operation and Ship design, 1991: 231-243.

[45] Wang W, Morgenthal G. Dynamic analyses of square RC pier column subjected to barge impact using efficient models[J]. Engineering Structures, 2017, 151: 20-32.

[46] Chakrabarti S. Handbook of Offshore Engineering. Amsterdam: Elsevier, 2005.

[47] Cole L G. The treatment of ship bilge, ballast and dock rain-water run-off by an ELECTROX TM process. Ocean Engineering, 1996, 19(8): 72-74.

[48] Lee H H, Wang P W. Analytical solution on the surge motion of tension-leg twin platform structural systems. Ocean Engineering, 2000, 27(4): 393-415.

[49] Arup O. Solution for the shallows. Offshore Engineering, 1998, 1: 42-43.

[50] Ferguson N, Zarate H, Kitani T, et al. An analytical study and systematic monitoring procedure developed for the load-out operation of the north rankin jacket 'A'. Proceedings of 15th Annual Offshore Technology Conference, Houston, 1983: 497-504.

[51] Piter E, Digre K, Tabone A. Bullwinkle loadout analysis. Proceedings of 21st Annual Offshore Technology Conference, Houston, 1989: 469-478.

[52] Hofferber J E, Macleod N A, Mcgarragh T G, et al. Loadout, transportation, and installation of the harmony and heritage jackets. Proceedings of 23rd Annual Offshore Technology Conference, Houston, 1991: 371-380.

[53] Kurniawan A, Ma G W. Optimization of ballast plan in launch jacket load-out. Structural and Multidisciplinary Optimization, 2009, 38(3): 267-288.

[54] 刘亚东, 高国庆. 气囊搬运技术在码头大型沉箱施工的应用. 建筑施工, 2006, (1): 58-61.

[55] 冯章杰, 陆克发. 气囊"滚筒"拖运技术在港口工程中的应用. 珠江现代建设, 2006, (3): 7-11.

[56] 韩邦峰, 滕涛. 半潜驳不搭岸出运沉箱应用技术. 水运工程, 2007, (4): 93-95.

[57] 桑运水, 王允, 郭刚. 大型平台滑移装船和浮装就位技术. 中国造船, 2003, 44(s1): 129-134.

[58] 朱崇诚. 大型海上平台滑移装船有限元分析. 天津: 天津大学硕士学位论文, 2004.

[59] 么子云. 大型结构物滑移装船技术的研究. 天津: 天津大学硕士学位论文, 2004.

[60] 翟晓岗. 大型结构物滑移装船过程的优化控制. 天津: 天津大学硕士学位论文, 2005.

[61] 刘桂涛. 基于力反馈的大型结构物滑移装船计算机检测系统研究. 天津: 天津大学硕士学位论文, 2005.

[62] 周延兴. 大型结构物滑移装船监控系统及实验研究. 天津: 天津大学硕士学位论文, 2006.

[63] 张伟. 大型结构物滑移装船过程仿真研究. 天津: 天津大学硕士学位论文, 2006.

[64] Amate J, Sánchez G D, González G. Development of a semi-submersible barge for the installation of a TLP floating substructure. TLPWIND(R) study. Journal of Physics: Conference Series, 2016, 749(1): 12-16.

[65] 盛振邦. 船舶静力学. 上海: 上海交通大学出版社, 1992.

[66] Wang W, Morgenthal G. Dynamic analyses of square RC pier column subjected to barge impact using efficient models. Engineering Structures, 2017, 151: 20-32.

[67] 王志荣, 钱培英. 船体及舱室处理新方法在破舱稳性计算中的应用. 船舶工程, 1988, (5): 4-11.

[68] 朱照辉. 基于数据库的船舶破舱稳性计算确定性方法研究. 大连: 大连理工大学硕士学位论文, 1999.

[69] 杨博良, 钱培英, 黄鸿权. "客船分舱与稳性等效规则"分析及电算方法. 中国造船, 1983, (1): 47-57.

[70] Nakhata T. Stability analysis of nonlinear coupled barge motions. Corvallis: Oregon State University, 2002.

[71] 孙承猛, 刘寅东. 组合体破损稳性计算方法研究. 中国海洋平台, 2005, 20(6): 34-36.

[72] 中国船级社. 钢质海船入级与建造规范. 北京: 人民交通出版社, 1994.

[73] Walters R A, Davidson M T, Consolazio G R, et al. Characterization of multi-barge flotilla impact forces on wall structures. Marine Structures, 2017, 51: 21-39.

[74] 孙承猛, 刘寅东. 一种船舶最小稳性和自由浮态计算的改进算法. 中国造船, 2007, 48(3): 1-4.

[75] 孙承猛, 刘寅东. 船舶浮态计算的一种优化方法. 大连海事大学学报, 2006, 32(2): 39-41.

[76] 王杰德. 船体强度与结构设计. 北京: 国防工业出版社, 1995.

[77] 陈亮亮, 罗慧明, 陶荣斌, 等. 某海洋试验船横向强度评估. 广东造船, 2017, 36(2): 25-27.

[78] 彭长威. 浮船坞接载过程中结构应力及变形研究. 大连: 大连理工大学硕士学位论文, 2013.

[79] 孙承猛, 管官, 纪卓尚. 基于 CSR 有限元分析球扁钢等效方法研究. 船舶, 2009, 20(2): 58-62.

[80] 雷坤. 半潜驳船和浮船坞预配仿真与实时配载关键技术及软件实现. 大连: 大连理工大学博士学位论文, 2010.

[81] 雷坤, 林焰, 纪卓尚. 基于内点法的驳船接载配载方案优化模型. 中国造船, 2010, 51(2): 149-154.

[82] 唐焕文. 实用最优化方法. 大连: 大连理工大学出版社, 2000.

[83] 徐清振, 肖成林. 遗传算法的研究与应用. 现代计算机: 专业版, 2006, (5): 19-22.

[84] 胡小林. 基于改进遗传算法的下水驳船配载算法. 大连: 大连理工大学硕士学位论文, 2015.

[85] 曹立明, 王小平. 遗传算法——理论、应用与软件实现. 西安: 西安交通大学出版社, 2002.

[86] 周明. 遗传算法原理及应用. 北京: 国防工业出版社, 1999.

[87] 谷宇. 遗传算法在驳船自适应舱群配载方案优化中的应用研究. 大连: 大连理工大学硕士学位论文, 2012.

[88] 潘正君. 演化计算. 北京: 清华大学出版社, 1998.

[89] 朱筱蓉, 张兴华. 基于小生境遗传算法的多峰函数全局优化研究. 南京工业大学学报(自然科学版), 2006, 28(3): 39-43.

[90] 田小梅, 龚静. 实数编码遗传算法的评述. 湖南环境生物职业技术学院学报, 2005, 11(1): 25-31.

[91] 夏华波. 基于改进遗传算法的驳船配载方案优化研究. 大连: 大连理工大学硕士学位论文, 2009.

[92] 陈静, 林焰, 张明霞, 等. 改进遗传算法在船舶压载水置换方案求解中的应用. 中国造船, 2009, (1): 75-82.

[93] 刘寅东, 孙承猛. 吃水随航道水深变化时的船型论证方法. 船舶工程, 2005, 27(1): 24-27.

[94] 秦品乐, 孙敏敏, 王运龙, 等. 平地造船滑移过驳高差测量系统: 中国, ZL201220587323.1. 2013.

[95] 孙承猛, 刘寅东. 浮船坞实时配载模型及算法. 大连理工大学学报, 2006, 46(6): 857-861.

[96] 解小冬, 刘寅东, 孙承猛. 基于 LabVIEW 的浮船坞配载实时控制与仿真. 系统仿真学报,

2006, 18(11): 3095-3099.

[97] 奥特加 J M, 莱因博尔特 W C. 多元非线性方程组迭代解法. 朱济纳, 译. 北京: 科学出版社, 1983.

[98] 孙昕. 关于投影梯度法的一些新的研究结果. 大连: 辽宁师范大学硕士学位论文, 2007.

[99] 夏洪胜, 盛昭瀚, 徐南荣. 多目标决策问题的交互式简约梯度法. 系统工程, 1992, (1): 36-41.

[100] 霍水泉, 李人厚. 多目标规划的惩罚函数法. 西安交通大学学报, 1993, (3): 75-80.

[101] 陶海, 沈祥福. 斜拉桥索力优化的强次可行序列二次规划法. 力学学报, 2006, 38(3): 381-384.

[102] 王向慧, 连志春, 徐志英, 等. 基于 Pareto 最优概念的多目标进化算法研究. 计算机工程与应用, 2008, 44(27): 58-61.

[103] 李香平, 张红阳. 模拟退火算法原理及改进. 教育技术导刊, 2008, 7(4): 47-48.

[104] 岳晓辉. 基于禁忌搜索算法的蛋白质结构预测的研究. 大连: 大连理工大学硕士学位论文, 2005.

[105] 孙靖民. 机械优化设计. 北京: 机械工业出版社, 1999.

[106] Bertsekas D P. Multiplier methods: A survey. Automatica, 1976, 12(2): 133-145.

[107] 史明仁. 一个使用乘子法的最优化 FORTRAN 通用程序 OPTIMA. 北京工业大学学报, 1984, (3): 54-64.

[108] Sun C M, Ji Z S. Research on optimization of valve open time of the launch barge's ballast tanks. Journal of Marine Science and Application, 2009, 8(1): 1-6.

[109] 孙承猛, 刘寅东, 纪卓尚. 浮船坞实时配载实用计算方法研究. 武汉理工大学学报(交通科学与工程版), 2009, 33(3): 592-595.

[110] 朱谦阳, 等. 航海气象与海洋学. 大连: 大连海事大学出版社, 1999.

[111] Maglić L, Zec D, Frančić V. Effectiveness of a barge-based ballast water treatment system for multi-terminal ports. Promet—Traffic & Transportion, 2015, 27(5): 429-437.

[112] Smith K B. Honorable discharge: Barge puts ballast water treatment systems to the test. Workboat, 2015, 72(6): 36.

[113] 董智惠, 韩端锋, 林晓杰, 等. 基于井群原理的起重船压载水系统仿真[J]. 交通运输工程学报, 2016, 16(2): 82-89.

[114] 裴益轩, 郭民. 滑动平均法的基本原理及应用. 火炮发射与控制学报, 2001, (1): 21-23.

[115] 刘会勇. 混凝土泵排量实时测量方法研究. 杭州: 浙江大学博士学位论文, 2008.

[116] 程远胜, 曾广武. 船舶坐墩墩反力的分析计算. 华中科技大学学报(自然科学版), 1994, (10): 68-72.

[117] 程远胜, 曾广武. 非概率不确定性及其对船舶坐墩配墩优化的影响. 工程力学, 2003, 20(3): 129-133.

[118] 张寿富, 朱小龙. 船舶布墩理论与实践. 江苏船舶, 1995, (3): 19-30.

[119] 陈铁云. 船舶结构力学. 北京: 国防工业出版社, 1984.

[120] 斯曼斯基 A. 船舶结构力学手册 第三卷. 孙海涛, 等译. 上海: 上海科学技术出版社, 1980.

[121] 卓家寿, 赵宁. 不连续介质静、动力分析的刚体-弹簧元法. 河海大学学报(自然科学版),

1993, 21(5): 34-43.

[122] 刘玉擎. 有限弹簧元在桥梁结构分析中的应用研究. 桥梁建设, 2005, (6): 19-22.

[123] 孙承猛, 纪卓尚. 下水驳船承受气囊移运货物载荷实时计算. 船海工程, 2008, 37(6): 49-52.

[124] 武清玺. 理论力学. 北京: 高等教育出版社, 2003.

[125] 雷坤, 林焰. 半潜驳船配载仪软件系统实现. 船海工程, 2009, 38(6): 163-166.

[126] Lin Y, Chen M, Yu Y Y, et al. Hydraulic pushing device: US, 9278835. 2016.

[127] 林焰, 陳明, 于雁雲, 他. 平地造船及び陸海積載用のゼロトルク自動修正油圧押動装置: 日本, 5721908. 2015.

[128] 于雁云, 林焰, 陈明, 等. 电磁式船用靠球: 中国, ZL201320228048.9. 2013.

[129] 林焰, 陈明, 于雁云, 等. 一种用于浮船坞坞墙上的引船限位液压装置: 中国, ZL201220121231.4. 2012.

[130] 林焰, 陈明, 于雁云. 用于平地造船和陆海接载的无扭矩自纠偏液压顶推装置: 中国, ZL201210014452.6. 2013.

[131] 林焰, 陈明, 于雁云. 用于浮船坞引船的液压定位装置及其工作方法: 中国, ZL201210082109.5. 2014.

[132] 林焰, 陈明, 于雁云. 用于平地造船的液压顶推装置: 中国, ZL201220054593.6. 2012.

[133] 林焰, 陈明, 于雁云, 等. 一种无辊链轴辊承载的自适应小车装置: 中国, ZL201220123393.1. 2012.

[134] 张明霞, 林焰, 秦品乐, 等. 平地造船模式下滑移下水过程浮船坞配载仪软件[简称: 下水浮船坞配载仪软件]V1.0. 北京: 国家版权局, 2011.

[135] 林焰, 陈明, 秦品乐, 等. 用于陆海连接运输的接载装备浮态控制装置: 中国, ZL201220067207.7. 2012.